Frederick Edward Warren, Church Catholic

The Manuscript

Irish Missal Belonging to the President and Fellows of Corpus Christi College,

Oxford

Frederick Edward Warren, Church Catholic

The Manuscript

Irish Missal Belonging to the President and Fellows of Corpus Christi College, Oxford

ISBN/EAN: 9783337735227

Printed in Europe, USA, Canada, Australia, Japan

Cover: Foto ©Lupo / pixelio.de

More available books at **www.hansebooks.com**

THE
MANUSCRIPT IRISH MISSAL

BELONGING TO

THE PRESIDENT AND FELLOWS OF

CORPUS CHRISTI COLLEGE

OXFORD

EDITED WITH INTRODUCTION AND NOTES BY

F. E. WARREN, B.D.

FELLOW OF ST. JOHN'S COLLEGE, OXFORD

LONDON
PICKERING AND CO.
196, PICCADILLY, W.
1879

PREFACE.

This publication of the Irish MS. Missal preserved in the Library of Corpus Christi College, Oxford, is due to a suggestion made by Mr. Bradshaw in a communication addressed to the "Academy," on January 12, 1878, and to a general expression of the desirability of such an undertaking on the occasion of its exhibition by its present editor before the Society of Antiquaries at Burlington House on May 16, 1878.

The manuscript has a two-fold interest, liturgical and palæographical, and amid the increasing activity in these two departments of research, both within and without the University of Oxford, it is hoped that there may be some persons to whom such a volume as the present may prove not altogether devoid of attraction or destitute of information.

The variations of the Canon of the Mass in the four extant Irish Missals have been exhibited in parallel columns, the Canon of the Sarum Missal being adopted as the standard of comparison. An alphabetical list has been appended of the first lines of Collects, Secrets, and Postcommons which occur in the Corpus, but not in the Roman or Sarum Missals. It has not been thought needful to tabulate in a similar way the numerous variations in Lections, Offertories, and other component parts of each missa.

The marginal notes to the text of the Missal indicate only the more important, not all the verbal, variations of reading in corresponding passages in the Roman and Sarum Missals.

All passages from the Bible which occur in the form of Lections, Epistles, and Gospels have been collated with the modern Textus Receptus of the Vulgate, and in the case of the New Testament, with the Codex Amiatinus as well, in the hope of throwing some light on the vexed question of the exact nature of the Latin version of the Scriptures once used by the Celtic Church of Great Britain and Ireland. Out of about one thousand various readings the larger number are due either to the conventional modes adopted in Missals of introducing and concluding passages of Scripture, or to orthographical discrepancies, or to carelessness on the part of the scribe; but there remains, over and above these, a considerable number of *bonâ fide* differences of text which cannot be accounted for by any such causes of variation.

The following is a list of some of the books referred to for purposes of illustration and comparison:—

"Missale de Arbuthnott," Burntisland, 1864.

"Missale Gallicanum," &c., Burntisland, 1855.

"Missale Lateranense," (Roman, xi. cent.), Romæ, 1754.

"Missale Mozarabicum," Migne, *Pat. Lat. Curs.*, tom. lxxxv.

"Missale Romanum," Mechliniæ, 1870.

"Missale Sarisburiense," Burntisland, 1861.

"Pamelii Liturgicon," Coloniæ, 1609.

"Rituale Romanum," Mechliniæ, 1870.

"Manuale Sarisburiense," London, 1554.

"Biblia Sacra Vulgatæ Editionis." Augustæ Taurinorum, 1875.

"Novum Testamentum Latine, interprete Hieronymo, ex celeberrimo Codice Amiatino." Ed. Constantius Tischendorf, Lipsiæ, 1850.

The thanks of the Editor are due primarily

to the President and Fellows of Corpus Christi College, for their permission to publish the Missal, and for their generous loan of it unrestricted by conditions of time and place; to the Society of Antiquaries for permission to exhibit it at Burlington House, and to many of its Fellows individually for facilitating its publication by the practical way in which as subscribers they forwarded the undertaking; to the Earl of Ashburnham for permission to collate the Canon of the Stowe Missal; to Mr. J. T. Gilbert for permission to view the then unpublished sheets of the Second Part of the "National MSS. of Ireland;" to the Rev. W. Bell for similar permission in the case of the Drummond Castle Missal; also to various friends, as well as anonymous correspondents, who have contributed information and suggestions during the progress of the work.

St. John's College, Oxford,
Lady Day, 1879.

COMPARATIVE TABLE

OF

VARIOUS READINGS IN THE TEXT OF THE CANON OF THE MASS IN THE EXTANT IRISH MISSALS.

[N.B.—The Sarum Canon (*Pitsligo Edit.*) has been adopted as a standard of comparison, with rubrics omitted, and with the words in which it differs from the Roman printed in brackets. In the limited time recently placed at the editor's disposal for collating the Canon of the Stowe Missal, he was only able to make a hurried transcript of it, and he has not been able to compare the proof-sheets with the original MS. There is, therefore, an incompleteness about that part of the work; but the whole volume is replete with such transcendent palæographical and liturgical interest that it is to be hoped that its noble owner will permit its publication whenever a competent Irish scholar can be found to undertake the task. Vol. XXIII. of the *Transactions of the Royal Irish Academy* contains a fragmentary description of it, with a translation of its Irish rubrics by Dr. Todd. Orthographical peculiarities have not been noted except in the case of the Stowe Missal.]

Comparative Table.

SARUM MISSAL.
(*Sixteenth century.*)

Per omnia saecula saeculorum. Amen.
Dominus vobiscum.
Et cum spiritu tuo.
Sursum corda.
Habemus[1] ad Dominum.
Gratias agamus Domino Deo nostro.
Dignum est justum est.
Vere dignum est justum est, æquum et salutare nos tibi[1] semper et ubique gratias agere Domine sancte Pater,[2] omnipotens æterne Deus, per Christum Dominum nostrum.[3] Per quem majestatem tuam laudant angeli, adorant dominationes, tremunt[4] potestates, cœli cœlorumque virtutes, ac beata Seraphim[5] socia exsultatione concelebrant, cum quibus et nostras voces ut[6] admitti jubeas deprecamur, supplici confessione dicentes.
Sanctus,[7] "Sanctus, Sanctus, Dominus Deus Sabaoth, pleni sunt cœli et terra gloria tua. Osanna * in excelsis; benedictus qui venit in nomine Domini, Osanna in excelsis."[ii]

Item in aliis Præfationibus conclusio.[9]
Et ideo cum Angelis et Archangelis, cum thronis et dominationibus cumque omni militia cœlestis exercitus hymnum gloriæ tuæ canimus sine fine dicentes : *sequitur*
Sanctus
                Canon
Te igitur, clementissime Pater per Jesum Christum Filium tuum Dominum nostrum supplices[i] rogamus ac[ii] petimus uti accepta habeas et benedicas[a] hæc ☩ na hæc mu ☩ nera, hæc san ☩ cta sacrificia illibata.[iii] Imprimis[iv] quæ tibi offerimus pro *Ecclesia tua sancta* Catholica, quam pacificare, custodire, adunare[vi] et regere digneris toto orbe terrarum una cum[vii] famulo tuo[viii] Papa nostro N.β et Antistite nostro N.γ [* et Rege nostro N.♂][viii] et omnibus orthodoxis[ix] atque catholicæ et[x] apostolicæ fidei cultoribus.[xi]
Memento[xii] Domine famulorum[xiii] famularumque tuarum[xiv] N. et N.[xiv] et omnium circumstantium[xv] quorum tibi fides cognita est et nota devotio; [xvi]pro quibus tibi offerimus vel * [xv] qui tibi offerunt hoc sacrificium laudis, pro se suisque omnibus, pro redemptione animarum suarum,[xvii] pro spe salutis et incolumitatis suæ, tibi que[a] reddunt vota sua æterno Deo vivo et vero.

STOWE MISSAL.
(*Seventh and ninth centuries.*)

(*Commencing at fol. 22 a, in ninth cent. hand.*)

[1] + hic
[2] om.
[3] qui cum unigenito tuo et spiritu sancto deus es unus et immortalis deus incorruptibilis et immotabilis deus inuisibilis et fidelis deus mirabilis et laudabilis deus honorabilis et fortis, deus altisimus et magnificus deus unus et uerus deus sapiens et potens deus sanctus et spiciosus deus magnus et bonus deus terribilis et pacificus deus pulcher et rectus deus purus et benignus deus beatus et iustus deus pius et sanctus non unius singulariter personæ sed unius trinitatis substantiæ te credimus te benedicimus te adoramus te laudamus nomen tuum in eternum et in sæculum sœuli per quem salus mundi per quem uita hominum per quem resurrectio mortuorum ᚱᚢᚾᚺᛏᛟᚱᛖᛒᛁᛋᚢᛗᛖᛏᚢᛁᚾᚪᛁᚱᚾᛟᚺᛗᚪᛁᛒᛟᛖᚾᚾᚢᛖᛗᛒᛖᚱᛁᚾᚪᛒᛁᚪᛒᛁᛒᛃᛖᛡᚪᛚ, per quem maiestatem &c. (as Sarum.)
[4] trment   [5] saraphim   [6] uti
[7] ᚠᛈᚢᛒᛏᛟᛏᛖᚳᛒᛁᚴᛟᚢᛚᛖᚳᛟᛈᛏᛁᚻᛚᛒᚢᛃᚪᛈᚱᛖᚠᛒᛖᚱᚱᛈᚢᚪᛒᛁᚪᛒᛁᚳᛃᛖᛡᚪᛚ,
[8] + benedictus qui uenit de celis ut conuersaretur in terris homo factus est ut dilicta carnis deleret hostia factus est ut per passionem suam uitam æternam credentibus daret :—per dominum.

canon dominicus papæ gilasi.

[i] + te   [ii] et
[iii] inlibata   [iv] inprimis
[v] tua sancta æclesia
[vi] et unare
[vii] + beatissimo
[viii-viii] n. papa nostro episcopo sedis apostolicæ
[ix] ortodoxis   [x] *om.*
[xi] + et abbate nostro. n. episcopo . . . *hic recitantur nomina uiuorum*
[xii] + etiam   [xiii] + tuorum n.
[xiv-xiv] *om.*
[xv] circum adstantium
[xvi-xvi] *om.*
[xvii] + Pro stratu servorum suorum et ministrorum omnium puritate pro integritate uirginum et continentia uiduarum pro aeris temperiæ et fructum fecunditate terrarum pro pacis redotu et fine discriminum pro incolumitate regum et

Comparative Table.

DRUMMOND MISSAL. (Eleventh century.)	CORPUS MISSAL. (Twelfth century.)	ROSSLYN MISSAL. (Fourteenth century.)
¹ habeamus	¹ habeamus	
	ii-ii om.	* om. ⁷ after excelsis: eterne deus. Qui cum unigenito filio tuo et spiritu sancto, unus es deus, unus es dominus, non in unius singularitate personæ, sed in unius trinitate substantiæ. quod enim de tua gloria, revelante te, credimus, hoc de filio tuo, hoc de spiritu sancto, sine differentia discretionis sentimus, ut in confessione veræ sempiternæque deitatis, et in personis proprietas, et in essentia unitas, et in majestate adoretur æqualitas. Quem laudant angeli atque archangeli Cerubim quove ac Seraphim qui non cessant jugiter clamare, una voce dicentes, Sanctus, sanctus, sanctus.
⁹ Item in sollempnibus diebus.	⁹ om. rubric.	⁹ om. rubric
ʰ et	ⁱⁱ et	
ⁱᵛ in primis	³ bene ✠ dicas.	
ᵛⁱⁱ + beatissimo ᵍ ill γ om.		
ⁱˣ ortodoxiis	¹¹ om.	¹¹ om.
ˣⁱⁱⁱ⁻ˣⁱᵛ om. ˣᵛ + atque omnium fidelium Christianorum	ˣᵛⁱ⁻ˣᵛⁱ om.	ˣⁱᵛ ˣˡᵛ om. * ut for vel.
¹ om. que	¹ om. que	

SARUM MISSAL.

Communicantes et memoriam venerantes, Inprimis gloriosæ semper-[que[2]] Virginis Mariæ, genetricis Dei et Domini nostri Jesu Christi, sed et beatorum apostolorum ac martyrum tuorum, Petri, [R. et[3]] Pauli, Andreæ, Jacobi, Johannis, Thomæ, Jacobi, Philippi, Bartholomæi, Matthæi,[xviii] Simonis et * Thaddæi,[xix] Lini, Cleti,[xx] Clementis, Sixti[xxi] Cornelii,[xxii] Cypriani,[xxiii] Laurentii,[xxiv] Chrysogoni,[xxv] Johannis et Pauli, Cosmæ et Damiani,ζ et omnium sanctorum tuorum, quorum meritis precibusque concedas, ut in omnibus protectionis tuæ muniamur auxilio. Per [xxvi]eundem Christum Dominum nostrum. Amen.[lxxvi]

Hanc igitur oblationem servitutis nostræ, sed et cunctæ familiæ tuæ,[xxvii] quæsumus, Domine, ut placatus accipias,[xxviii] diesque nostros in tua pace disponas, atque ab æterna damnatione nos eripi,[xxix] et in electorum tuorum jubeas grege numerari. Per Christum [xxx] "Dominum nostrum., Amen.* [xxx]

Quam oblationem tu, Deus [omnipotens [xxxi]] in omnibus, quæsumus, bene ✠ dictam,ª asceri ✠ ptam, ra ✠ tam, rationabilem, acceptabilemque facere digneris,[xxxii] ut nobis cor ✠ pus, et san ✠ guis fiat dilectissimi Filii tui Domini nostri Jesu Christi.

Qui pridie quam pateretur,[xxxiii] accepit panem in sanctas ac venerabiles manus suas, et,⁴ elevatis oculis [xxxiv] in [xxxv] cœlum ad te Deum Patrem suum omnipotentem, tibi gratias agens,[xxxvi] bene ✠ dixit, fregit, dedit-que[xxxvii] discipulis suis, dicens,[xxxviii] Accipite et manducate ex hoc omnes. Hoc est enim corpus meum. Simili modo [posteaquam] cœnatum est,[xxxix] accipiens[xl] et hunc præclarem calicem in sanctas ac venerabiles manus suas, item tibi gratias agens,[xli] bene ✠ dixit, dedit-que[xlii] discipulis suis dicens, Accipite et bibite ex eo [xliii] omnes. Hic est enim calix sanguinis mei, novi et æterni testamenti, mysterium [xliv] fidei, qui pro vobis et pro multis effundetur in remissionem peccatorum. Hæc quotiescumque[xlv] feceritis,[xlvi] in mei[xlvii] memoriam facietis..

STOWE MISSAL.

pace populorum ac reditu captivorum pro votis adstantium pro memoria martirum pro remisione peccatorum nostrorum et actuum emendatione eorum ac requie defunctorum et prosperitate itineris nostri pro domino papa episcopo et omnibus episcopis et prespeteris et omni aeclesiastico ordine pro imperio romano et omnibus regibus christianis pro fratribus et sororibus nostris pro fratribus nina(?) directis pro fratribus quos de caliginosis mundi huius tenebris dominus arcisire dignatus est uti eos in æterna summæ lucis quietæ pietas diuina suscipiat pro fratribus qui uaris dolorum generibus adfliguntur, uti eis diuina pietas curare dignetur pro spe salutis et incolimitatis suæ tibi reddunt uota sua eterno deo uiuo et uero commonicantes :—

In natale domini.

Et diem sacratisimam celebrantes in quo incontaminata uirginitas huic nundo edidit saluatorem :—kl.

Et diem sacratisimam celebrantes circumcisionis domini nostri. ihu xpi :—stellæ

Et diem sacratisimam* celebrantes natalis calicis dni ni ihu xpi . . pasca.

Et noctem uel diem sacratisimam resurrectionis dni nostri ihu xpi :—in clausula pasca

Et diem sacratisimam celebrantes clausulæ pascæ dni nostri ihu xpi :—ascensio

Et diem sacratisimam celebrantes ascensionis dni nostri ihu xpi ad cœlum :—pentacosten

Et diem sacratisimam celebrantes quinquagensimæ dni ni ihu xpi in qua spiritus sanctus super apostolos discendit.

(7th century hand.)

Et memoriam uenerantes imprimis gloriosæ semper uirginis mariæ genetricis dei et dni ni ihu xpi M tuorum petri sed et beatorum apostolorum ac martirum pauli anriæ iacobi iohannis thomæ iacobi pilippi bartholomei, (*&c. as Sarum*).

[xviii] mathei	[xix] thatbei	[xx] aneliti
[xxi] xisti	[xxii] cornili	[xxiii] cipriani
[xxiv] laurenti	[xxv] crisogoni	[xxvi-xxvi] om.

[xxvii] + quam tibi offerimus in honorem dni ni ihu xpi et in commemorationem beatorum martirum tuorum in hac æclesie quam famulus tuus ad honorem nominis gloriæ tuæ ædificauit :—

[xxviii] + eumque atque omnem populum ab idulorum cultura eripias ad te deum uerum omnipotentem conuertas.

[xxix] eripias	[xxx-xxx] om.	[xxxi] om.

ª *One cross only, after benedictam.*

[xxxii] dignareque	[xxxiii] patiretur
[xxxiv] + suis	[xxxv] ad	[xxxvi] egit
[xxxvii] om.	[xxxviii] diciens	[xxxix] om.
[xl] accepit	[xli] agiens	[xlii] om.
[xliii] hoc	[xliv] misterium	
[xlv] quotiescumque	[xlvi] feceretis	

[xlvii] (*In a 9th cent. hand*) memoriam faciatis, passionem mei predicabitis resurrectionem meam adnuntiabitis aduentum meum sperabitis donec iterum ueniam ad nos de cælis . . (*7th cent. hand*) unde et &c.

Comparative Table. 5

DRUMMOND MISSAL.	CORPUS MISSAL.	ROSSLYN MISSAL.
² om.	² om.	² om.
	³ et	
⁴ + Mathie		* om.
⁵ + Martini, Gregorii, Augustini, Hironimi, Benedicti, Patricii. Necnon et illorum Martyrum Confessorum, Virginum quorum hodie in conspectu gloriæ tuæ celebratur triumphus.	¹ om.	¹ om.
η-η om.		
xxxi om.	* om. xxxi om. The five crosses are omitted.	xxxi om.
⁶ om.	⁶ om.	⁶ om.
xxxvii om.	γ om. The cross is omitted. xxxvii om.	
xiii om. xiiii hoc.	xiii om. The cross is omitted.	xiii om.
ν faciatis.	ν fa (only the two first letters being written).	ν faciatis.

Comparative Table.

SARUM MISSAL.	STOWE MISSAL.

Unde et memores,[lviii] Domine, nos [tui servi] sed et plebs tua sancta ejusdem [lix] Christi Filii tui Domini[a] [Dei[1]] nostri tum☩ beatæ passionis, nec non et ab inferis resurrectionis, sed et in cœlos gloriosæ ascensionis, offerimus præclaræ majestati tuæ de tuis donis ac datis, hostiam pu☩ram, hostiam san☩ctam, hostiam immacu☩latam, pa☩nem sanctum vitæ æternæ et calicem ☩ salutis perpetuæ.[b]
 	
Supra quæ propitio ac sereno vultu respicere[li] digneris,[lii] et accepta habere, sicut[liii] accepta habere dignatus es munera pueri tui justi Abel, et sacrificium patriarchæ nostri Abrahæ,[liv] et quod tibi obtulit summus sacerdos tuus Melchisedech, sanctum sacrificium, immaculatam hostiam.
 	
Supplices te rogamus,[lv] omnipotens Deus, jube hæc[lvi] perferri[lvii] per manus sancti[a] angeli tui in sublime [lviii]altare tuum,[lviii] in conspectu divinæ majestatis tuæ ut quotquot ex hac [lix]Altaris participatione[lix] sacrosanctum Filii tui cor☩ pus et san☩guinem sumpserimus[lx] omni benedictione cœlesti[lxi] et gratia repleamur per eumdem Christum [b]Dominum nostrum. Amen.[b]
 	
Memento etiam, Domine [lxii]animarum[c] famulorum[a] famularumque tuarum [d]N. et N.[d][lxii] qui nos præcesserunt cum signo fidei et dormiunt in somno pacis;[lxiii] ipsis, Domine,[c] et omnibus
	[xlviii] ☩ sumus [xlix] om. [l] om.
	[b] Crosses are omitted.
	[li] aspicere [lii] dignare [liii] sicuti
	[liv] abrachæ [lv] ☩ et petimus [lvi] om.
	[lvii] ☩ · in · [lviii-lviii] sublimi altari tuo
	[lix-lix] hoc altari sanctificationis
	[lx] sumserimus [lxi] om.
	[lxii-lxii] ☩ et eorum nomina
	[lxiii] ☩ cum omnibus· in toto mundo· offerentibus· sacrificium spiritale· deo patri· et filio et spiritui· sancto sacris· ac uenerabilibus sacerdotibus· offert· senior· noster· N· præspiter· pro se· et pro suis· et pro totius· æclesiæ· cetu· catholicæ· et pro commemorando anathletico gradu· uenerabilium patriarcharum· profetarum apostolorum et martirum· et omnium quoque· sanctorum· ut pro nobis dominum deum nostrum exorare dignentur.,
	
	(9th cent. hand.)
	
	sancte stefane ora pro sancte comgilli ora pro
	                [nobis [nobis
	„ martini „ „ cainichi „
	„ hironime „ „ findbarri „
	„ augustine „ „ nessani „
	„ grigorii „ „ faetni „
	„ hilari „ „ lugidi „
	„ patricii „ „ lacteni „
	„ ailbei „ „ ruadani „
	„ finnio „ „ carthegi „
	„ finnio „ „ cœmgeni „
	„ ciarani „ „ mochonne „
	„ ciarani „ „ brigta „
	„ brendini „ „ ita „
	„ columba „ „ scetha „
	„ columba „ „ sinecha „
	                           „ samdine „
	omnes sancti orate pro nobis
	propitius esto parce nobis domine. propitius esto libera nos domine ab omni malo nos dne per crucem tuam. libera nos dne peccatores et rogamus audi nos filii dei te rogamus audi nos ut pacem dones te rogamus. audi nos agne dei qui tollis peccata mundi misserere nobis : xpe audi nos xpe audi nos xpe audi nos :—
	              oratio ambrosi.
	Ante conspectum diuinæ maiestatis tuæ deus adsisto qui inuocare nomen sanctum tuum presumo misserere mihi dne homini· peccatori (uito fæceis?) immunde inhærenti. ignosce indigno sacerdoti per cuius manus hæc oblatio uidetur offerri parce dne pulluto peccatori labe pre ceteris capitalium et non intres in iudicio cum seruo tuo quia non iustificabitur in conspectu tuo omnis niuens scilicet nitiis ac voluntatibus carnis granati sumus recordare domine quod caro sumus et non est alius tibi comparandus in tuo conspectu etiam cœli non sunt mundi quanto magis nos homines terreni quorum ut dixit :—
	              (7th cent. hand.)
	ablis dauid naumn iohannis
	zeth heliæ ambacuc baptistæ
	enoc helessiæ sophoniæ et uirginis

Comparative Table. 7

DRUMMOND MISSAL.	CORPUS MISSAL.	ROSSLYN MISSAL.
xlviii + sumus	xlix *om.*	π *om.*
xlix + que	z *om.* ϖ *om.*	
ϖ *om.*		
b + *after calicem is omitted.*	h *These five crosses are omitted.*	
liii sicuti		
liv Abrhæ		
	lvii *om.* s *om.*	
	b.b *om.*	b.b *om.*
a *om.*	G *om.*	G *om.*
a + tuorum σ-σ *om.*	lxii + et illorum	σ *om.* et N.
	c *om.*	

Comparative Table.

SARUM MISSAL.

		STOWE MISSAL.	
noe	essaie	agte	marie
melch	heremiæ	sachariæ	petri
sedech	ezechelis	malachiæ	pauli
abrache	danielis	tobiæ	andriæ
isac	hestre	ananiæ	iacobi
iacob	osse	azariæ	iohannis
ioseph	iohel	misahelis	pilipi
iob	amos	nucha-	bartha
mosi	abdiæ	beorum	lomæ
essu	ionæ	item in-	tomæ
samuelis	michiæ	fantum	mathei
iacobi	et ceterorum	isernini	cuani
simonis	patrum	corbani	dœlach (?)
tathei	heremi	erci	laurenti
manchani	sciti	catheri	melleti
madiani (?)	item	ibori	iusti
marci	episcoporum	ailbi	aedo
luce	martini	conlai	dagani
stefani	grigori	maic	tigernich
cornili	maximi	nissæ	muchti
cipriani	felicis	moinenn	ciannani
et ceterorum	patrici	senani	buiti
martirum	patrici	finbarri	eogeni
pauli	secundini	ni	declani
antoni	auxili	colmani	carthæi (?)
maile	columbe	et omnium	
ruen	colmani	pausantium	
item et	comgelli	qui nos in domi	
sacerdo-	coemgem	nica pace preces	
tum		erunt abdel	
uinniani		am usque in ho-	
ciarani		diernum diem	
oengusso		quorum deus non	
endi		nominauit	
gilde		et nouit	
brendini		ipsis et omnibus in	
brendini		xpo quiescentibus	
cainnichi		locum refrigerii	
columbe		(&c. as Sarum.)	
lxiv-lxiv om.		lxv dignare	
lxvi martiribus + cum petro paulo patricio			
lxvii om.		lxviii agna	
lxviii-lxix + cicilia felicitate anatasia agatha			
lxx meritis	lxxi-lxxi om.		[lucia

in Christo quiescentibus locum refrigerii, lucis, et pacis ut^y indulgeas deprecamur. ^{lxii} Per eundem Christum Dominum nostrum. Amen.^{z lxiv}

Nobis quoque peccatoribus famulis tuis de multitudine miserationum tuarum sperantibus, partem aliquam et societatem donare digneris^{lxv} cum ^d tuis sanctis^d Apostolis et martyribus^{lxvi} cum Johanne, Stephano, Matthia, Barnaba, Ignatio, Alexandro, Marcellino, Petro, Felicitate,^{lxvii} Perpetua, Agatha,^{lxviii} Lucia, Agnete,^y Cæcilia, Anastasia v^{lxix} et [cum] omnibus sanctis tuis, intra quorum nos consortium non æstimator ^v meriti,^{lxx} sed veniæ, quæsumus, largitor^v admitte. Per^{lxxi} Christum^x Dominum nostrum.^{x lxxi}

Per quem hæc omnia, Domine, semper bona creas, sancti ✠ ficas, vivi ✠ ficas, bene ✠ dicis, et præstas nobis, per ip ✠ sum, et cum ip ✠ so, et in ip ✠ so est tibi Deo Patri omni ✠ potenti in unitate Spiritus ✠ Sancti omnis honor et gloria, Per omnia sæcula sæculorum. Amen.^t

Oremus.

Præceptis salutaribus moniti et divina institutione formati, audemus dicere :

Pater noster qui es in cœlis . . tentationem, Sed libera nos a malo. Amen.^e

Libera nos quæsumus, Domine, ab omnibus malis, præteritis, præsentibus, et futuris; et intercedente^a beata et gloriosa semper-[que^f] virgine Dei genitrice Maria [et] beatis Apostolis

¹ (*From this point the Canon is given verbatim.*)

Fiat domine misericordia tua super nos quemadmodum speramus in te cognoverunt dnu· al· in fractione panis· al· panis quem frangimus corpus est dni ni ihu xpi· al· calix quem benedicimus all. sanguis est domini ni ihu xpi· all. in remisionem peccatorum nostrorum all
(*9th cent. hand.*)

Fiat domine misericordia tua super nos all quemadmodum spera uinnus in te all cognouerunt dmn all

Credimus domine credimus in hac confractione

Comparative Table.

DRUMMOND MISSAL.	CORPUS MISSAL.	ROSSLYN MISSAL.
	y om. lxiv-lxiv om.	lxiv-lxiv om.
a + rubric: *Elevat vocem in his tribus dictis.*		
	d-d sanctis tuis	
	lxvii om.	
r Agna v + Eugenia, [Brigita	r Agna v Anatassia	r Agno
s-v om.		lxx meritis
b-x om.	x-x om.	
¹ *The last two crosses in this section are omitted.*	¹ *The eight crosses in this section are omitted.*	
	ᵉ om.	
ᵐ + pro nobis	ᶠ om.	

SARUM MISSAL.

tuis Petro et Paulo atque Andrea, [cum] omnibus sanctis, da propitius pacem⊕ in diebus nostris, ut ope misericordiae tuae adjuti, et a peccato, simus semper liberi et ab omni perturbatione securi, per eundem⁶ Dominum nostrum Jesum Christum Filium tuum, Qui tecum vivit ʰet regnat in unitate Spiritus Sancti Deus,ʰ Per omnia saecula saeculorum. Amen.
(*The variations between S. and R. henceforth are too numerous for notification.*)
Pax Domini sit semper vobiscum.
Et cum spiritu tuo.
Agnus Dei, qui tollis peccata mundi: miserere nobis.
× Agnus Dei, qui tollis peccata mundi: miserere nobis.×
Agnus Dei, qui tollis peccata mundi: dona nobis pacem.
Haec sacro ✠ sancta commixtio corporis et sanguinis Domini nostri Jesu Christi, ↓fiat mihiⁱ omnibus-queᵏ sumentibus↓ salus mentis et corporis,⁹ et ad vitam aeternam promerendam ˡet capessendamˡ preparatio salutaris. ᵐ Per eundem Christum Dominum nostrum. Amen.ᵐ⁹
* Domine, sancte Pater, omnipotens aeterne Deus, da mihi hoc ⁿsacrosanctum corpus et sanguinem Filii tuiⁿ Domini nostri Jesu Christi ita digneᵒ sumere, ut ᵖmerear per hocᵖ remissionem omnium peccatorum meorum accipere et tuo Sancto Spiritu repleri; et pacem tuam habere; quia tu es Deus solus et praeter te non est alius, cujus regnum et imperium gloriosum sine fine permanet in saecula saeculorum. Amen.ˣ
Pax tibi et ecclesiae Dei. Et cum spiritu tuo.
† Deus Pater, fons et origo totius bonitatis, qui ductus misericordia Unigenitum tuum pro nobis ad infima mundi descendere et carnem sumere voluisti, quam ego indignus hic in manibus meis teneo, te adoro, te glorifico, te tota mentis ac cordis intentione laudo et precor; ut nos famulos tuos non deseras, sed peccata nostra dimittas, quatenus tibi soli vivo ac vero Deo, puro corde et casto corpore, servire valeamus. Per eundem Christum Dominum nostrum. Amen.† *
‡ Domine Jesu Christe, Fili Dei vivi, qui ex voluntate Patris, cooperante Spiritu Sancto per mortem tuam mundum vivificasti; libera me, quaeso, per hoc sacrosanctum corpus a cunctis iniquitatibus meis et ab universis malis; et fac me tuis semper obedire mandatis, et a te nunquam in perpetuum separari permittas, Salvator mundi. Qui cum Deo Patre et eodem Spiritu Sancto vivis et regnas Deus per omnia saecula saeculorum. Amen.‡
Corporis et sanguinis tui, Domine Jesu Christe sacramentum, quod licet indignus accipio, non sit mihi judicio et condemnationi; sed tua prosit pietate corporis mei et animae saluti. Amen.

STOWE MISSAL.

corporis et effussione sanguinis nos esse redemptos et confidimus sacramenti huius adsumptione munitos ut quod spe interim hic tenemus mansuri in celestibus ueris fructibus perfruamur per dnm.:
Diuino magisterio edocti et diuina institutione formati audimus dicere ·· pater noster ·· rl.
Libera nos dne ab omni malo preterito presenti et futuro et intercedentibus pro nobis beatis apostolis tuis petro et paulo patricio da propitius pacem tuam in diebus nostris ut ope misericordiae tuae adiuti et a peccato simus semper liberi et ab omni perturbatione securi ·· per dominum:—
pax et caritas dni nostri ihu xpi et commonicatio sanctorum omnium sit semper nobiscum et cum spiritu tuo
pacem mandasti pacem dedisti pacem derilinquisti pacem tuam dne da nobis de celo et pacifictum hunc diem et ceteros dies uitae nostrae in tua pace disponas ·· per dmn ···
Commixtio corporis et sanguinis dni ni ihu xpi sit nobis salus in uitam perpetuam amen:—
ecce agnus dei ecce qui tollis peccata mundi pacem meum do uobis· all pacem relinquo uobis: all pax multa diligentibus legem tuam dne all: et non est in illis scandalum· all regem celi cum pace all plenum odorem uitae· all nouum curmen cantare all omnes sancti uenite· all uenite comedite panem meum all et bibite uinum quod miscui uobis all ·· dns reget me qui manducat corpus meum et bibit meum sanguinem all ipse in me manet et ego in illo. all dni est terra ·· hic est panis uiuus qui de celo discendit all qui manducent ex eo uiuet in eternum · all ad te dne leuaui animam meam panem caeli dedit eis dus all panem angelorum manducauit homo· all iudica me dne ··· Comedite amici mei · all et inebriamini carissimi all hoc sacrum corpus dni saluatoris sanguinem · all sumite uobis in uitam eternam all ·· in labis meis meditabor ymnum · all cum doceueris me et ego istias respondebo · all . benedicam dominum in omni tempore all semper laus eius in ore meo all . gustate et uidete all suauis est dns · all · ubi ego fuero all ibi erit et minister meus all . sinite paruulos uenire ad me all et nolite eos prohibere· all . talium est enim regnum celorum all · penitentiam agite · all appropinquauit enim regnum celorum · all regnum celorum uim patitur · all et uiolenti rapiunt illud . all. Uenite benedicti patris mei possidete regnum · all quod nobis paratum est ab origine mundi · all · gloria . uenite sicut erat . uenite:— moel caich scripsit

(*7th cent. hand.*)

praesta ut
enundemur occultis et ab ostium liberemur insidiis.
Gratias tibi agimus domine sancte pater omnipotens aeterne deus qui nos corporis et sanguinis xpi filii tui commonione satiasti tuamque miseri-

Comparative Table. 11

DRUMMOND MISSAL.	CORPUS MISSAL.	ROSSLYN MISSAL.
ᵍ + tuam		
		ᵍ om.
ʰ ʰ om.		ʰ·ʰ om.
x-x om.		
Domine sancte Pater omnipotens eterne Deus, da mihi corpus et sanguinem Domini n. J. C. Filii tui ita sumere, ut per hoc merear remissionem omnium peccatorum meorum accipere et tuo Sancto Spiritu repleri, quia tu es Deus cujus regnum et imperium gloriosum permanet in saecula saeculorum. Amen. *Quando misceatur corpus.* Haec sacrosancta commixtio corporis et sanguinis D. n. J. C. fiat omnibus sumentibus salus mentis et corporis et ad vitam capessendam aeternam praeparatio salutaris. Per Christum. Perceptio corporis et sanguinis tui, Domine J. C. quam indignus sumere praesumo non mihi proveniat in judicium et condemnationem, sed pro tua pietate prosit mihi ad purgationem peccatorum et ad tutamentum mentis et corporis, qui vivis ac regnas.	ⁱ om. ᵍ·ᵍ om. *·* om.	ᵏ que om.	ᵠ-ᵠ sit omnibus sumentibus ˡ-ˡ om. ᵐ·ᵐ om. ⁿ·ⁿ om. ᵒ om. ᵖ-ᵖ per hoc merear ˣ *From this point the Canon is given verbatim.* Percepto corporis et sanguinis tui Domine Jesu Christe, quam ego indignus peccator sumere praesumo non mihi proveniat in judicium et condemnationem sed pro tua pietate prosit mihi ad purgationem peccatorum et ad tutamentum mentis et corporis qui cum deo. Domine J. C. Fili Dei vivi qui ex voluntate Patris, cooperante Spiritu Sancto per mortem tuam mundum vivificasti, libera me per hoc sacrum corpus et sanguinem tuum a cunctis iniquitatibus et universis malis meis, et fac me tuis semper obedire praeceptis, et a te nunquam in perpetuum separari, qui vivis. Placeat tibi, Domine Deus, sanctae Trinitatis, obsequium servitatis meae et praesta ut sacrificium quod oculis tuae majestatis indignus obtuli tibi acceptibile mihi que et omnibus pro quibus illud obtuli sit te mise-
†-† om. ‡-‡ om.		
	¦ *From this point the Canon is given verbatim.* Domine J. C., Fili Dei vivi, qui ex voluntate Patris, cooperante Sancto Spiritu, per mortem tuam mundum salvasti, libera me per hoc sacrum corpus et sanguinem tuum a cunctis iniquitatibus et ab universis malis meis ; et fac me tuis obedire mandatis et a te nunquam in perpetuum separari. (Qui. Corpus Dni. n. J. C. custodiat me in vitam. Sanguis Dni n. J. C. sit mihi ad purificationem	
Corpus et sanguis Dni n. J. C. mihi indigno maneat ad salutem et proficiat ad remedium in vitam eternam. Amen.		

Comparative Table.

SARUM MISSAL.

§ Ave in æternum, sanctissima caro Christi, mihi ante omnia et super omnia summa dulcedo. Corpus Domini nostri Jesu Christi sit mihi peccatori via et vita.

In no ✠ mine Patris et Filii et Spiritus Sancti. Amen.

Ave in æternum, cœlestis potus, mihi ante omnia et super omnia summa dulcedo. Corpus et sanguis Domini nostri Jesu Christi prosint mihi peccatori ad remedium sempiternum in vitam æternam. Amen.

In no ✠ mine Patris et Filii et Spiritus Sancti. Amen.

Gratias tibi ago, Domine, sancte Pater, omnipotens, æterne Deus, qui me refecisti de sacratissimo corpore et sanguine Filii tui Domini nostri Jesu Christi, et precor ut hoc sacramentum salutis nostræ quod sumpsi indignus peccator, non veniat mihi ad judicium neque ad condemnationem pro meritis meis, sed ad profectum corporis mei et animæ saluti in vitam æternam. Amen.§

Quod ore sumpsimus, Domine, pura mente capiamus, et de munere temporali fiat nobis remedium sempiternum.

|| Hæc nos communio, Domine, purget a crimine, et cœlestis remedii faciat esse consortes.

Adoremus crucis signaculum; per quod salutis sumpsimus sacramentum.

Dominus vobiscum.

Oremus. (*Postcommunio.*)

Dominus vobiscum.

Benedicamus Domino, *vel*, Ita missa est, *vel*, Requiescant in pace. ||

(*Tacita voce*) Placeat tibi, ¶Sancta Trinitas,¶ obsequium servitutis meæ, et præsta ut hoc sacrificium quod oculis tuæ majestatis indignus obtuli, tibi sit acceptabile, mihique et omnibus pro quibus illud obtuli, sit, te miserante, propitiabile. Qui vivis et regnas Deus ʳ per omnia sæcula sæculorum. Amen.ʳ

ʳIn nomine Patris,' &c.

STOWE MISSAL.

cordiam humiliter postulamus ut hoc tuum domine sacramentum non sit nobis reatus ad pœnam sed intercessio salutaris ad ueniam sit ablutio scelerum sit fortitudo fragilium sit contra mundi periculo firmamentum hoc nos communio purget a crimine et celestis gaudi tribuat esse participes:—

misa acta est
iu pace:—

Comparative Table. 13

DRUMMOND MISSAL.	CORPUS MISSAL.	ROSSLYN MISSAL.
§-§ om.	mentis in vitam eternam. Placeat tibi, Sancta Trinitas, obsequium servitutis meæ et præsta ut hoc sacrificium quod oculis tuæ majestatis indignus obtuli acceptabileque et omnibus pro quibus illud obtuli, sit te miserante propitiabile.	rante propitiabile, qui vivis et regnas Deus per omnia secula seculorum. Amen.
Quod ore sumpsi Domine mente capiam et de corpore et sanguine Dni. n. J. C. fiat mihi remedium sempiternum. Amen. ‖-‖ om.		
⁹⁹ Domine Deus		
¹¹ om.		
¹¹ om.		

LIST OF PASSAGES IN THE OLD TESTAMENT AND APOCRYPHA COLLATED WITH THE VULGATE.

Passage	Fol.	Passage	Fol.	Passage	Fol.
Gen. i.-ii. 2.	104b	Is. xlix. 1-7.	142b	Sap. x. 10-14.	181a
„ xxii. 13-19.	118a	„ liii. 1-10, 12.	87b	Ecclus. xiv. 22, xv. 3-6.	179a
Ex. xii. 1-11.	95a	„ liv. 17-lv. 11.	109b	„ xv. 1-6.	56a
„ xiv. 24-31.	107a	„ lx. 1-6.	60a	„ xxiv. 14-16.	12b
„ xv. 27-xvi. 10.	70b	Ier. i. 4-10.	140b	„ xxiv. 11-20.	155b
Deut. xxxi. 22-30.	118b	Osee vi. 1-6.	94a	„ xxiv. 23-31.	160a
Prov. iii. 13-20.	171a	Ioel. ii. 12-19.	66b	„ li. 1-12.	157a
„ x. 28-32.	157b	Mal. iii. 1-4.	133a	„ li. 13-17.	186b
„ xi. 3, 6, 8-11.		Sap. iii. 1-8.	179b	Baruch. iii. 9-37.	120a
Is. vii. 10-15.	136a	„ iv. 1-2.	189a	2 Mac. xii. 43-45.	26a
„ ix. 2, 6-7.	46b	„ iv. 7-15.	177a		

LIST OF PASSAGES IN THE NEW TESTAMENT COLLATED WITH THE TEXTUS RECEPTUS AND WITH THE CODEX AMIATINUS OF THE VULGATE.

Passage	Fol.	Passage	Fol.	Passage	Fol.
Matt. i. 1-16.	160b	Luc. ix. 23-27.	176a	Acta xix. 1-8.	122a
„ i. 18-21.	45b	„ x. 38-42.	156a	Rom. i. 1-5.	45a
„ ii. 1-12.	60b	„ xi. 27, 28.	12b	„ viii. 28-32.	174a
„ ii. 13-18.	58b		154b	„ xiii. 11-14.	43a
„ iv. 1-11.	69b	„ xi. 33-36.	182a	1 Cor. vi. 15-20.	38a
„ v. 1-12.	169b	„ xiv. 26-33.	177b	„ ix. 24-27.	62b
„ vi. 16-21.	67b	Ioan. i. 1-14.	52b	„ x. 1-4.	
„ xiii. 44-52.	187a	„ iii. 1-15.	138b	„ xi. 20-32.	91b
„ xvi. 13-19.	148b	„ v. 24-29.	27b	„ xii. 7-11.	9b
„ xix. 3-6.	38b	„ vi. 51-55.	27a	„ xv. 51-57.	25b
„ xix. 27-29.	129a	„ vii. 37-40.	28a	2 Cor. vi. 1-10.	68b
„ xx. 1-16.	63b	„ xi. 21-27.	26b	„ ix. 6-10.	152b
„ xx. 17-19.	11a	„ xii. 12-19.	72a	„ xiii. 11, 13.	7b
„ xxi. 1-9.	74a	„ xiii. 1-15.	92b	Gal. v. 10-12.	138a
„ xxiii. 34-39.	55a	„ xiv. 15-17.	10a	„ vi. 12-14.	138b
„ xxv. 1-13.	189a	„ xiv. 15-21.	123a	Eph. ii. 19-22.	172b
„ xxv. 14-23.	183b	„ xiv. 23-31.	125b	Phil. ii. 5-11.	76a
„ xxvi.	76b	„ xv. 7-11.	171b	„ ii. 8-11.	11a
„ xxvii.		„ xv. 12-16.	173a	Col. iii. 1-4.	112a
Marc. i. 1-8.	43b	„ xv. 17-25.	174b	1 Thess. iv. 13-18.	25a
„ vi. 17-29.	158a	„ xv. 26-xvi. 4.	8a	Tit. ii. 11-15.	46b
„ x. 13-16.	196b	„ xx. 11-18.	150a	„ iii. 4-7.	49b
„ xvi. 1-7.	115a	„ xx. 19-27.	117a	Heb. i. 1-12.	51a
Luc. i. 5-17.	141a	„ xxi. 15-19.	146a	„ vii. 23-27.	185a
„ i. 26-38.	136b	„ xxi. 19-24.	57a	1 Ioan. v. 4-10.	116b
„ i. 57-68.	143b	Acta ii. 1-11.	124b	Apoc. i. 1-5.	104a
„ ii. 1-14.	47a	„ iii. 1-10.	145a	„ v. 6-12.	166b
„ ii. 15-20.	49b	„ vi. 8-10.	54a	„ vii. 1-12.	168a
„ ii. 22-32.	133b	„ vii. 54-60.		„ xiv. 1-5.	58a
„ vi. 20-23.	167a	„ ix. 1-22.	127a	„ xiv. 13.	25a
	180b	„ xii. 1-11.	147a		

ILLUSTRATIONS.

PLATE I.—Autotype Facsimile of Fol. 31 a, exhibiting the ordinary arrangement of the various parts of a Missa.

PLATE II.—Autotype Facsimile of Fol. 51 a, exhibiting the style of ornamentation employed for capital letters.

PLATE III.—Autotype Facsimile of Fol. 58 a, exhibiting the water-stained condition of many of the leaves, and the method of punctuation employed.

PLATE IV.—Autotype Facsimile of Fol. 111 b, exhibiting the bi-columnar arrangement of a Litany.

PLATE V.—Autotype Facsimile of Fol. 202 a, exhibiting specimens of rubrics, and their arrangement, and the soil-stained and water-stained aspect of the latter part of the Missal.

[N.B.—Six photozincographed and coloured facsimiles of pages in this Missal are exhibited on Plates L. and LI. of the Second Part of the *National Manuscripts of Ireland*, published by authority of the Lords Commissioners of Her Majesty's Treasury, under the direction of the Master of the Rolls in Ireland, 1878. Representations of the Missal as it appears when closed, and of its leather satchel, are given in Appendix II. of the same volume.]

& conpectioaj oipenuiz. ꝑonsꝫeꝛ
ꝑnmili̇ aui.ıı. leıtıtꝫ ⁊ ꝛuꝛꝛobeat ınıolꝺꝫ ꝑ.
Oꝛcenoancꝛaɔte oɨꝫ ꝑcer pꝯ
ınȝenteautıaꝛ ꝑꝛnuloꞃi au̇ꝫꝛ
ıı. leuutanıın ꝫoıe ꝗıuɔıa ꝛꝛeıꝑıat.
Iꝛꝛ ꝑeaꝛꝗ aoꝯꝑꝗuın, ꝑ aꞇꝫceꝑsſ
ıaɔear heneoıtatꝛ au̇ꝫ ꝺe oꝛꝺꝯrı̇ſꝫ ꝑ.

Oꝛ ꝑmbꝫ mıe conꞅꞅꞅꝺꝺqomıſ
ſ ueme laıꝛꞅtoı ⁊ huıııane
ꝛaluaꞅꝛ ıucton, qı̇ıı̇ɽ ɔemꝗa
autıu ıı̇tıṅı̇enı conꞅꞅaꝺonuı̇ı ꝑꞅer
ꝗ erhoc ꝛeaɔ ꝗıauꝛeıuuɽ ıııꝺe
ɔenꝺeꞅ beata ıuaiua ꝑıın uıı̇ ·
ꝺıı̇ıe ⁊beato ııı cʜıaele anchan
ꝫelo auıı omınbꞅ ꝛcıꞅ auraɔ ꝑꝑe
tue beaquɔnıı̇ı̇ı compııꞇıqum
uenıı̇e conceɔaꝛ̇ꝫ ꝑ. Sec̀
Os cꞅ unueuıɔ̇uıı̇ꞅ ꝛcıꝑe ꝑꝛeteꞅ

confess[...] om[n]ia cum [...]
mala [...] propter [...]
lingua n[ost]ra loquetur[...] om[n]i[...]
[...]p[er]t[...] h[...]
Ideo [...] mon[...] [...]
[...] ag[n]um [...]
[...] et qua[m] non[...] h[abe]n[t]
S[er]mo ex[...] p[...] ex [...]
[...] au[...] uoce[m] [...]
[...] ta[n]q[uam] uoce[m] aqua[rum] [...]
multaru[m] et ta[n]q[uam] uoce[m] [...]
[...] magni et uox qua[m] audi[ui]
sic[ut] citharedo[rum] citha[ri]z[antium]
in citharis suis et cantabant
qua[m] nouu[m] [...]
et nemo [...]
[...] illa [...]

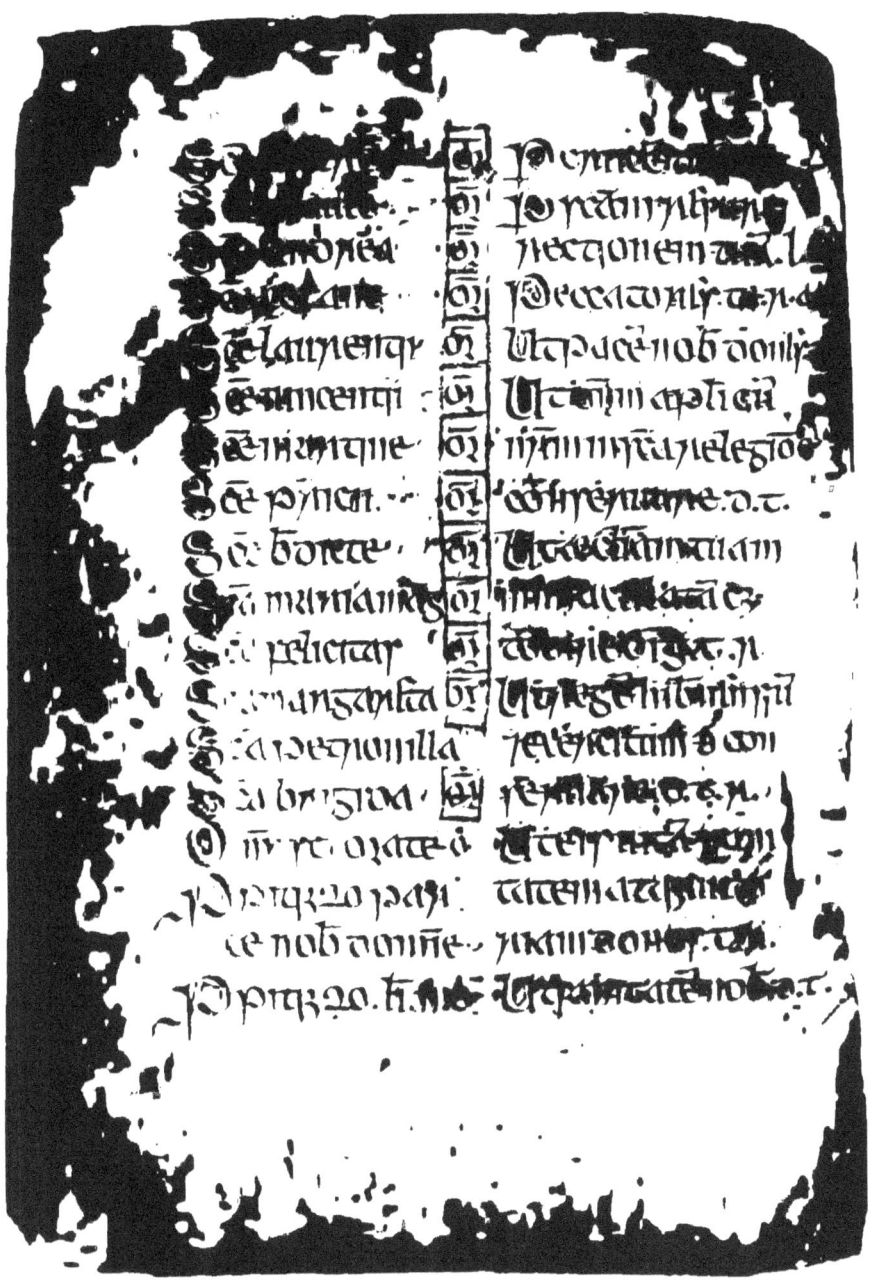

CONTENTS.

INTRODUCTION:

	Page
Description of the Missal	19
Gatherings, Ruling, Writing	20
Abbreviations and Contractions	22
Accents, Punctuation	26
Forms of Letters	27
Ornamentation	28
Additions and Corrections	29
Glosses	30
Carelessness of the Scribe	32
Orthography	33
Rubrics	36
Table of Contents	37
Date of the MS.	42
History of the MS.	49

INTRODUCTION.

THE Missal now for the first time appearing in print is one of the few Irish service books, and one of the only four Irish Missals which are known to be in existence, having escaped the general destruction which befell all such articles at the dissolution of the monasteries in Ireland, A.D. 1537, and which, from a liturgical, a palæographical, and an antiquarian point of view is alike to be deplored. The other three are: I. The Stowe Missal, the property of Lord Ashburnham, described at some length by Dr. O'Conor, in his *Catalogue of the Stowe Library*, Appendix i. p. 47. See also *Proceedings of Royal Irish Academy*, vol. vi. p. 398; *Transactions of do.* vol. xxiii. *ad finem;* Westwood's *Miniatures and Ornaments of Anglo-Saxon and Irish MSS.* p. 88. II. The Drummond Castle Missal, the property of Lady Willoughby d'Eresby, about to be published by the Pitsligo Press. III. The Rosslyn Missal, in the Advocates' Library at Edinburgh. There is an account of the two last-named missals in Bishop Forbes' valuable preface to his edition of the Scottish *Missale de Arbuthnott*. The present Missal, which belongs to the President and Fellows of Corpus Christi College, Oxford, and which will be alluded to hereafter as "the Corpus Missal," stands third in point of chronological order, being less ancient than the Stowe and Drummond Castle Missals, and older than the Rosslyn Missal. The grounds for determining its date will be mentioned presently.

It is a volume of small dimensions, being about six and a-half inches in length by five in breadth, but of great thickness in proportion to its height, owing partly to the solid character of the tough dark vellum on which it is written, and partly to the large handwriting with which its pages are filled. Its outer pages are blackened with age. It was originally bound in strong wooden covers, portions of which remain, polished by long wear. It is preserved in its ancient leather satchel, the back of which is ornamented with diagonally-impressed lines and circles now nearly obliterated by constant use. At the upper angles strong leather straps are affixed, fastened with leather ties to a broader central strap which passed over the shoulders, from which it was suspended, and so doubtless carried by many an itinerant Irish priest, visiting distant villages and outlying hamlets on foot or horseback. It was an old custom peculiar to Ireland among Western countries, but common in the East, to keep books in satchels of leather, which were called in Irish *polaire* or *tiagha lebar*, the *pelliceus sacculus* of Adamnan (*Vit. S. Columbæ*, lib. ii. c. 8, with Reeve's note). The leather cover of the Book of Armagh and that of the shrine of St. Maidoc are figured in Petrie's *Round Towers*, pp. 327, 332. Mr. Petrie proceeds to state that they are the only specimens of the kind remaining in Ireland or in the British Islands. Attention had not then been called (A.D. 1845) to the *polaire* of the Corpus Missal. Prof. Westwood (*Transactions of the Royal Irish Academy*, vol. xx.; *Archæologia*, vol. xliii. p. 136) has also found another among the Irish MSS. in the convent of St. Isidore at Rome. Various Eastern satchels of similar material and design may be seen in the British Museum. Another encasing an Ethiopian MS. is preserved in the Library of St. John's College, Oxford.

The MS. itself in its present condition consists of 212 leaves, which have been numbered consecutively, but nine leaves are missing between fol. 117 b and fol. 118 a, containing the missæ for Rogation Days and for Ascension Day; one leaf between fol. 202 b and fol. 203 a, containing a portion of the baptismal office; and one leaf or more (probably six leaves) at the end of the book, which accounts for the "Ordo commendationis animæ" ending somewhat abruptly on fol. 212 b.

Gatherings.—It consists of gatherings of twelve leaves, signed in the middle of the lower margin of the last page with Roman numerals, enclosed within straight lines in the form of a square. The signing ceases at the end of the fifteenth gathering, but it is evident from an examination of the back of the volume that there were originally nineteen of such divisions, which implies the present loss of sixteen leaves to be accounted for in the way suggested in the preceding paragraph.

Ruling.—Single lines are deeply drawn on the recto of each leaf, with a hard point at intervals indicated by equidistant prickings on the extreme edge of the margins, which are only here and there observable, having frequently disappeared from the wearing away of the edges of the book. These dry lines do not extend beyond the text, which is bound between single vertical lines drawn right across the page, so as to leave a margin of about $1\frac{1}{4}$ inch in depth on the lower and right-hand side of the recto, and on the lower and left-hand side of the verso of each leaf, and a margin of about $\frac{3}{4}$ inch in depth on the upper and left-hand side of the recto, and the upper and right-hand side of the verso of each leaf.

Writing.—It is written throughout in Latin, in large and heavy angular Irish characters, resembling those of the text of the early fragment of the Annals of Tighernach in the Bodleian Library (Rawl. B.), and of the fragment of an old Hiberno-Latin Hymnarium, which has long been in the possession of the Franciscans of the Irish Province. There are eighteen lines on each page, except where the huge size of illuminated initial letters has limited the otherwise available room, as on f. 51 a, 114 b, and in one or two cases where (after fol. 191 a), owing probably to defective ruling, the number has either been increased to nineteen, or reduced to seventeen. The words are throughout slightly spaced; such at least was the intention of the scribe, although in many instances the intermediate space is reduced to a vanishing point. Space is also occasionally economized in these two ways: extra words which a line may not be long enough to contain are protruded on to the margin, and enclosed like the rubrics and titles within an outline red border (sixteen times); or, when the first line of a new paragraph has been written, the scribe has filled up a blank at the close of the preceding line before going on to write the line next below (five times). This method is a peculiarity of Irish MSS. The inserted words are separated from the concluding words of the preceding paragraph by a symbol known as *ceann fa eite* or *cor fa cosan*; for a specimen see fol. 171 a 7. A descriptive title is prefixed to each missa, written in red or in black ink, enclosed in a red border, and their proper designations are prefixed in the same way to the separate collects, lectiones, &c., with this exception, that the words "Epistola" and "Evangelium" appear very seldom, the reference to the book in the Old or New Testament from which they are taken being substituted for them; and neither the Roman word "Introitus," nor its Sarum equivalent "Officium," occurs. In the few cases where a title is prefixed to the Introit the word "Antiphon" is used, generally represented by its initial letter. The same title is used in the Drummond and Rosslyn Missals, and may be regarded as an Irish peculiarity derived perhaps from the similar use of the term in the ancient Gallican Liturgy.

The Introit, Psalmus, Gradual, Tract, Verses, Offertorium, and Communio, are written in a smaller handwriting than the rest of the volume. Roman numerals are frequently found in the text instead of words for numbers.

Abbreviations and Contractions.—The following is a complete list of the abbreviations and contractions which are of frequent occurrence throughout the volume, together with the marks used for their indication:—

— The ordinary mark for indicating a contraction is a short straight line placed horizontally over the word from which a portion has been omitted. This line is sometimes turned up to the right, so as to present the appearance of a small hook at that end only (⁓). Throughout the Canon of the Mass, and occasionally after fol. 191 a, it is obliquely but slightly drawn from the left upwards to the right, turning in an opposite direction at both ends (⁓). It usually represents the

Introduction. 23

omission of the following letter or
letters: a-e, am (final), e, e-e, em (final),
en, er, et, eu, e-u, ie, i-e, i-i, is (final), n,
n-m, nem (final), on, os, or, ri, ua, ue, ui,
un, uo, u-u.

e.g. ꝼꝺꝛe, eꞇꝗ, ꝺꝗ, ᵹꞃꞃᴀꞇꞽo, eꞽuꞃo̅, ueꞃꞇꞽṁꞇᴀ, ꝓꝓ, ꝓꝛoꝼᴀꞃum, mꝓ, ᴀꞃᵹꝸꞃ, (clꝸ), ꝺꝺnꞃ, (ꝛn̄, ꝛu̅), ꝼꝸo, nobꞽ, cᴀ̅ꞇon, ᴀꞽᴀ, ꝓꝛoceꞃꞃꞽo̅, u̅,ꞽꝓꞇ. ꝼᴀ̅ꞃ, (ꝛeꝛ̄, ꝼꝸꞃ), ᵹꝸo̅ᴀ, ꝛꝛ̄, (ꝗꝛꞽ), ꞃeꝗbᴀnꞇuꞃꞽ, (ꝸ), ꝗ̄ (ꝛꝛ̄), occuꝓꝓꞇ, (nc̅), ꝗo̅ꞃꞽ, (ꝗꞇꝗꞇ), oc̅ꞽꞃ.

for facere, etiam, dei, generatio, ejusdem,
vestimenta, pueri, prophetarum, meus,
angelus, (celum), dicens, (sine, sive),
filio, nobis, cantor, anima, processionem,
non, post, foras, (fores, foris), gloria, suas,
(quasi), sequebantur, (vel), qui, (suis),
occurrunt, (nunc), quodsi, (quotquot),
oculus.

ᵘ = omission of *ua*, as ꝛ̆ = sua, &c.
" = ,, ,, *ra*, as ꞇu̅ꞽ = travi, &c.
7 = ,, ,, *ri*, as ꝓꞽnuꞃ = primus, or
ir, as ꝺꝺ = circum, or *ui*, as ꝺeꝺo =
quicquid.
˻ = omission of final *m* or *um*, as uꞃꞇꝉ =
vitam, ꝣ = cum.
' = omission of *ur*, generally final, always
after *t*, as ꝓᴀꞃcꞽꞇ' = pascitur, ꞇ'bᴀ =
turba; or *ri* (once only), ꞃeꞃꞇ'cꞇꞽone
= restrictione (f. 70 b 9).
ᵛ = omission of *ur*, ꞃeꝓꝸeᴀꞽn̄ = repleamur,
ꝓꞽꝼꞽcᴀꞇꞽo = purificationem, &c.; or *ru*,
as ꞇ̄cꝺ = crucem, &c.

ɔ *for* con.   ꞃ *for* psalmus.
ə ,, ejus.   ꞁ ,, quam.
ꞃ ,, enim.   ꞽ ,, quem.
ꝑ ,, est.   ꝗ ,, quid.
7 ,, et.   q̄ ,, qui (or q̄).
ꞗ ,, hic (adv.).   ꝗ ,, quia.
ꞗ̄ ,, hæc.   ꝑ ,, quod.
ꞗ ,, hoc.   ᶜ ,, secundus.
ᵢₖ ,, igitur.   ᵢᵢ ,, sicut.
ᵚ ,, mihi.   ᵢc ,, tibi.
ꝳ ,, nisi.   ꝫ ,, *us*, or *ue* (final).
ꝑ ,, per.   ᴀꝵ ,, amodo.
p̄ ,, pre.   ᵹ̄ ,, ergo.
ꝑ ,, pro.   ꞽn̅ꞇ ,, intro.
ꝼ ,, prima (so   ꝳ ,, meo.
ᵘ ,, quinta, &c.). ꝑ ,, post.

Introduction.

p̄	*for*	post.	ꜩ	*for*	tibi.
q̄	,,	quo.	t̄	,,	tuo.
q̄r	,,	quos.	ū	,,	vero.
q̄m̄	,,	quomodo.	ū	,,	ut.

And the following:—

āll	*for*	alleluia.	bn̄r	*for*	habens.
an̄	,,	ante.	bn̄o	,,	habere.
ꜳ	,,	antifona.	hc̄	,,	habet.
apl̄s	,,	apostolus.	hō	,,	homo.
āp	,,	aprilis.	b̄r̄	,,	hujus.
āp	,,	apud.	īo	,,	ideo.
ā	,,	aut.	īb	,,	idus.
aū	,,	autem (*never* ħ).	ib̄r	,,	Jesus.
b̄	,,	bene.	ıob̄r	,,	Iohannes
bōc̄re	,,	benedicere.	īr̄l	,,	Israel.
bōcr	,,	benedictus.	ir̄lm	,,	Hierusalem.
bōx	,,	benedixit, &c.	k̄al	,,	Calendæ.
c̄p	,,	caput.	k̄l	,,	,,
c̄o	,,	communio.	k̄r̄īnr	,,	carissimus.
c̄on	,,	Corinthii.	k̄m̄r	,,	,,
c̄r	,,	cujus.	lēc	,,	lectio.
ōō	,,	David.	l̄	,,	,,
ōr	,,	deus (*once for* dies).	t̄ı	,,	liber.
			m̄a	,,	Maria.
ōo	,,	dicit.	m̄a̖ı	,,	martyr.
ōɲ	,,	dicitur.	m̄ır	,,	,,
ōīr	,,	discipulus.	m̄ı	,,	mater.
ōx	,,	dixit.	m̄āo	,,	Mathens.
ōn̄r	,,	dominus.	m̄āo	,,	Mattheus.
b̄	,,	,,	m̄iro	,,	miserere.
ccl̄a	,,	eclesia.	m̄ira	,,	misericordia.
.ccl̄a	,,	,,	ōl	,,	nihil.
ccl̄a	,,	ecclesia.	nc̄em	,,	noctem.
c̄p̄r	,,	episcopus.	n̄o	,,	nomen.
c̄p	,,	,,	n	,,	Nonæ.
c̄pl̄a	,,	epistola.	ōıı	,,	noster.
ēō	,,	esse.	n̄	,,	,,
euāŋ	,,	evangelium.	nūr	,,	numerus.
cūa	,,	,,	off	,,	offertorium.
cūn	,,	eundem.	omn̄īpr	,,	omnipotens.
c̄	,,	,,	om̄r	,,	omnis.
r̄c̄r	,,	factus.	oīr	,,	,,
f̄eb	,,	februarius.	ōr	,,	,,
f̄r̄	,,	frater.	p̄n̄	,,	pater.
z̄en	,,	genuit.	pr̄iaıcha	,,	patriarcha.
z̄r̄ao	,,	gradale.	p̄lr	,,	populus.
z̄ra	,,	,,	p̄c̄o	,,	postcommunio.
z̄ra	,,	gratia.	pco	,,	,,

Introduction.

p̄t̄	*for* potest.	rem̄	*for* sempiternus.
p̄r̄a	,, præsta.	ric	,, sicut.
p̄p̄	,, propter.	rici	,, sicuti.
p̄	,, psalmus.	rpēr	,, species.
qn̄	,, quando.	rp̄r	,, spiritus.
qn̄o	,, quanto.	ſ	,, ,,
qm̄r	,, quæsumus.	ſn̄	,, super.
q̄r	,, ,, (*twice*).	ſn̄a	,, supra.
q̄p	,, quippe.	tn̄	,, tamen.
qm̄o	,, quomodo (*see above*).	tm̄	,, tantum.
		tēm	,, tempore.
qm̄	,, quoniam.	çm̄	,, ,,
R	,, gradale.	tpe	,, ,,
℞	,, resposum.	ē	,, ,,
℞	,, ,,	v	,, versus.
r̄ac	,, sacerdos.	uji	,, vester.
rc̄r	,, sanctus.	uj3	,, vigilia.
r̄	,, ,,	u3ir	,, virginis.
rp̄ia	,, sapientia.	un̄	,, unde.
rp̄a	,, ,,	uſ	,, usque.
t̄ec	,, secreta.	xp̄s	,, Christus.
r̄	,, secundum.	x	,, ,,
r̄	,, sed.	x	,, ,,
rm̄p	,, semper.	xp̄ianur	,, Christianus.
rp̄	,, ,,		

The above list is nearly exhaustive of the contractions and abbreviations used in the Missal. In the case of any abbreviations not represented in it, the omitted letters are represented by italics in the following pages, so that by its aid the original condition of any page can be reconstructed by the reader, accurate except in the few cases where (*a*) more than one form of abbreviation is employed, (*b*) where sometimes the abbreviated, sometimes the unabbreviated form of a word is employed, (*c*) where more than one form of orthography is employed, as " profeta" and " propheta," " martir" and " martyr," " mihi" and " michi," " nihil" and " nichil," " Israhel" and " Israel" (in each of these cases the first-named and more frequent form of the word has been printed); (*d*) where only the abbreviated form is found, as in the case of " pr̄a" and " qūs," for " presta" and " quesumus," which have been thus written, because in the few cases where the first syllables of those words in other compounds are written at length, they appear as " pre" and " que," though it is probable that had the scribe written those words always at length, they would occasionally have appeared as "prçsta" and "quçsumus," or as "præsta" and "quæsumus." The other alternative would have been to have adopted the plan followed in the publications of the Palæographical Society, and to have represented by italics every letter which is not in the original text. But this plan is open to two objections. It involves a great deal of trouble both to the writer and to the printer. It does not secure perfect accuracy, for how even with the aid of italics can such an abbreviation as "xps" for "Christus" be adequately represented?

Accents.—An accent, consisting of a thin stroke drawn downwards from right to left (′) is occasionally used. It is placed more frequently over i and o than over the remaining vowels, and more frequently over monosyllables than over longer words.

Punctuation.—The marks adopted throughout for punctuation are :—

1. The middle or low point (.), equivalent in force to the modern full-stop or comma, and like the rest of the marks of punctuation very capriciously employed. It is also used as a mark of abbreviation after a shortened word.

2. The semicolon (;) and the inverted semicolon (⁏). These stops are used with great frequency and for the most part alternately in the Epistles, Gospels, and Lections, seldom elsewhere; although a single semicolon occasionally makes its appearance in the Canon or towards the close of a collect.

3. The following stop (⁜) is used thrice only, twice in a collect, once in a postcommunio (ff. 14 a 5, 43 a 11, 49 a 2). I have not discovered a similar stop in any other MS.

4. A point followed by a virgule (.,) is used seventeen times at the close of a collect, lection, &c.

5. The mark of interrogation (⸮) is placed above the line, either at the end only, or frequently both at the beginning and end of a question. It is not always used where the sense demands it, and on the other hand it is occasionally attached to words which, though

Introduction. 27

capable of an interrogative rendering, are not so rendered in the Vulgate.

Another mark, resembling the mark of interrogation, but with its lower limb straightened (ꝛ), is placed over words in the Lections and Epistles with a frequency varying with the length of the Epistle (3, 4, 5, 6, 7, 8, 12, 14, or 22 times). It is also placed occasionally over a word in a Gospel, but never more than once, and then near the close. It is probably meant to guide the voice in reciting, but it is impossible to assign any rule for its position or to reconcile it with the modern ecclesiastical usage of intonation.

Forms of letters.—Capital letters are used at the beginning of every collect. They are of various sizes. The gigantic initial letters of the Canon of the Mass and of the Christmas and Easter Missæ occupy the whole height and half the width of the page. Other initial letters occupy half or a quarter of the height of a page, according to the dignity of the festival or the fancy of the scribe, the ordinary height of an initial letter of a collect being about three-quarters of an inch. Every Preface is introduced by the following shaped and sized design, a common form in early missals of an amalgamated U and D, the initial letters of "Vere dignum." The ordinary letters, enlarged to twice their size and ornamented with patches of colour, are found (*a*) at the commencement of proper names within the Canon, (*b*) at the commencement of each clause of the Paternoster, and of a few other clauses within the Canon, and very exceptionally elsewhere, as at the commencement of the Easter Introit, and in the Gospel for All Saints' Day. With regard to the smaller letters, there is some variety of formation. The diphthong æ is indifferently written as a diphthong proper, or as a plain e, or as an e with a mark attached to it beneath, resembling the French cedilla. These three different ways of writing it will be found in three consecutive words at the close of the Secreta on f. 18 a. The diphthong œ is in five instances written as a diphthong, being represented on all other occasions by the

Introduction.

plain c. There are two forms of the letter c, the round Latin (c) and the long Irish (ꞇ), often used before f, m, n, r, s, t, except in the Canon, where the round c only is employed; also of the letter q (ꝗ), the former of which occurs with most frequency; also of the letter y (ꝩ), the latter being the transition form from Y into Y. There are three forms of the letter a (ᴀᴜᴀ), the third form being used less frequently than the former two. Also of the letter r (ꞃꞅꞇ), of which the first form occurs only in the Canon, and the third form only, but not always, after the letter o. Also of the letter s (ꞅꞃꞅ), the round s is always used in the Canon, and in the words "Deus" and "Dominus," otherwise it is interchanged indifferently with the second form; the third form is used before s and p. There are four forms of the letter i (ꞇꞅꞇ), of which the second form is used after the long s (ꞅ), the third form after t (ꞇꞅ), the fourth form occasionally after c, d, u, x (ᴍꝼᴅc, *medio*). h is often represented by the rough breathing (') placed over a word. u is often written in this form (˙) above the line. v never occurs except as an abbreviation of *versus*. y is never dotted. Two thin strokes resembling the accent stroke are frequently placed over the double i (ÿ). In one instance a double stroke is placed over a single i, and in three instances a single stroke over a double i, but these cases are probably accidental.

Ornamentation.—Almost every page of the Missal exhibits coloured initial letters, the prevalent colours being yellow, red, purple, and dark blue. The larger letters are mostly composed of interlacements in combination with lacertine animals, and throughout the volume there are fantastic representations of grotesque-looking beasts, extremely attenuated, and generally coloured with purple patches on a red ground, with elongated yellow tongues, tails, and topknots. The large letters composing the words "Per omnia" occupy the whole of the recto of the first page, contracted and formed into a mass of rude interlaced work, now so obscured and blackened by age or use as to be with difficulty followed. The whole of this ornamentation, though somewhat rougher in execution, is similar in character and design to that of many celebrated Irish MSS. of much greater antiquity. An illuminated border has been commenced, but not completed, round the Canon of the Mass. Capital letters are occasionally adorned by a number of small red dots following their outline, placed both within and without it. If a paragraph is concluded before the end of a line, the blank space is sometimes filled up by as many straight red lines, of the same width as the line, at close intervals, sloping from left to right, as may be required to fill up the space, or by zigzag red lines of greater length, extending perpendicularly from the bottom of the next line above to the top of the next line beneath.

Additions and corrections.—The whole of the volume is probably written by one scribe; certainly up to the end of fol. 170 b. On fol. 171 a, the fifth leaf of the fifteenth quire, where the Commune Sanctorum commences, extending to fol. 190 a, the following differences begin to present themselves:—

(*a*) The average size of the letters is slightly smaller.

(*b*) The handwriting is more crabbed and the abbreviations are more frequent.

(*c*) There is an almost entire discontinuance of the mark (᾽) over certain words in the Lections, and the introduction of a slightly different mark in its place on fol. 174 a.

(*d*) A new form of the letter d is introduced (δ for ꝺ).

(*e*) ꝓ is substituted for ꝑ as the abbreviation of *post*.

(*f*) The shape of the note of interrogation is changed, the top horizontal stroke commencing to be drawn from right to left instead of from left to right (ᴦ instead of ᴚ).

(*g*) Omitted letters are added in a small hand beneath the word to which they belong (paꞃꞇɛ = paratæ, fol. 189 b, &c.).

(*h*) ᴉ above the line, which has hitherto been used as an abbreviation for *ri*, is also used to represent *ir*.

(*i*) Hyphens (-) are placed at the end of lines to mark the non-completion of words.

On fol. 191 a, the first page of a fresh gathering, where the "Ordo baptismi" commences, a yet further difference presents itself in the aspect and character of the handwriting:—

(*a*) The letters are perceptibly larger.

(*b*) The number of lines on a page, instead of being uniformly eighteen, is sometimes increased to nineteen, and sometimes diminished to seventeen.

(*c*) The mark of contraction instead of being a short straight horizontal line, slants up frequently to the right hand side, forming a kind of hook at both ends.

On the other hand, the same peculiarities of arrangement, of orthography, and of punctuation which have been observed throughout the volume are presented up to its very last page, and create a conviction that the whole of it has been written by a single scribe, although it is just possible that the slight variations referred to above are indications that various parts of the book have been written by three independent, but certainly contemporaneous writers.

A few unimportant alterations of or additions to the text have been made by a later hand on ff. 13 a, 119 a, 121 b, 178 a, 185 a, 204 a, 204 b, to which attention is called in marginal notes.

Glosses.—The following marginal glosses and prayers have been added by later hands at various times.

Fol. 1 a. On the lower margin, in English characters, by an early hand:—

Et te in ueneratione uel assumptione uel natiuitate beatæ mariæ semper uirginis exultantibus omnibus collaudare benedicere et predicare, que et unigenitum tuum sancti spiritus obumbratione concepit et uirginitatis gloria permanente * mundo * christum dominum nostrum.

Fol. 2 a. There are traces of an Irish gloss on the lower margin, now illegible, blackened by wear and obliterated beyond recovery.

Fol. 2 b. On the top margin, with brackets in a later and small Irish hand.

all | Comaṙ o ṙínachan | mcub' cēp'

The letters on each side of the central bracket seem to be remnants of an earlier gloss.

Fol. 53 a. On the lower margin, beneath the Gospel for Christmas Day, by the same hand as the Preface on the lower margin of fol. 1 a:—

Protector in te sperantium deus sine quo nihil est ualidum nihil sanctum multiplicas super nos misericordiam tuam ut te rectore te duce sic transeamus per bona temporalia ut non amittamus eterna. per dominum

This is the Sarum Collect for the Fourth Sunday after Trinity (R. Third Sunday after Pentecost). There is no obvious reason for its being written here.

Fol. 61 b. On the lower margin in a cursive fifteenth century handwriting:—

Quia cum unigenitus tuus in substantia nostræ mortalitatis (*Sar.* nostræ carnis; *Rom.* carnis nostræ) apparuit, in noua nos immortalitatis suæ luce reparauit.

This is the Rom. Proper Preface for the Epiphany, and has evidently been written here by some person who preferred it to the Preface supplied on fol. 62 a for that festival.

Fol. 157 a. On the upper part of the right-hand margin, in a late thirteenth century Irish handwriting:—

ꞃ́ ꞁoꞇꞃ' ꞃ́ ceꞃꞁ
Uaꞃ ꞃ́coꞃ ba
cóa ꞁoḣeꞃ
ꝃacꝣuꞃꝣaꞃ
Ꞇoꝃoꞃ ob'a
ꝺꞄ Fꞁꞃꞃca
Caꞃꝃaó
cú ꞃua

This would perhaps run, written out at length:—

Macrobius MacCor[pre]
Brian MacCon Ba
eda Johannes
MacGungan
Tomos a Bria
fich Finsca
Carmach
cum sua

This gloss is imperfect and incapable of translation, but it is important as probably containing the name or names of former owners of the Missal.

Fol. 190 b. Across the lower portion of a blank page separating the Commune Sanctorum from the Ordo Baptismi, written probably by an Irish scribe, but in English characters, with which he was imperfectly acquainted, and in the thirteenth century:—

Deus qui beatum bertinum confessorem tuum atque abbatem sanctitatis gratia sterilem arborem fructiferam mirifice fecisti scurris posentibus fructum [miserum] paullum aduersus naturam [tradidisti] meritis ac precibus pro dono non postolabili [mortificasti] per christum dominum nostrum.

The words in brackets are doubtful, and several more are unintelligible. St. Bertinus, a French saint (A.D. 610-709), in his youth for twenty years an inmate of the Irish monastery of Luxeuil, is commemorated in the Sarum Kalendar (not in the Roman) and, of course, in French Kalendars, on September 5, but I have failed to find the above collect in any English or French missal.

Carelessness of the Scribe.—An absence of care or a want of skill evinces itself in various ways:—

By omission, (*a*) of a letter, or of the mark of contraction implying the presence of a letter, generally *n*, as digitas, obtineat, os, a, potes, implore, &c. *for* dignitas, obtineant, nos, ad, potens, imploret, &c.

(*b*) Of a syllable or syllables, or of the mark of contraction implying the presence of a syllable, as sui, uisum, immortalis, melam, remiscamini *for* servi, visurum, immortalitatis, medelam, reminiscamini.

(*c*) Of a word, as of mors, fol. 26 a; exorare, fol. 54 a; conservare, fol. 199 a.

(*d*) Of several words, *e.g.* of three words, fol. 182 a; of four, fol. 185 b; of five, fol. 150 a; of six, fol. 26 a; of nine, fol. 139 a; of sixteen, fol. 64 a; of twenty-one, fol. 146 a. All these omissions arise from homoioteleuton.

(*e*) Of the title of a missa, fol. 51 a, &c.

(*f*) Of the title of a collect, secreta, communio, &c.

(*g*) Of a red border, or of part of it, round a rubric, or the title of a missa, or a prayer.

By addition, (*a*) of a letter, as, sufficiant, obtineant, iustitiam, huic, *for* sufficiat, obtineat, justitia, huc.

(*b*) Of a syllable, by repetition, in intuere, fol. 62 a; me menimeris, fol. 67 a.

(*c*) Of a word, by repetition, passio, fol. 55 b; tua, fol. 64 b; erant, fol. 85 a; ritum, fol. 95 b; peccata, fol. 142 a.

(*d*) Of several words, as, preces sacerdotum, fol. 30 a. On fol. 85 b a whole text from St. John's Gospel is inserted in a chapter of St. Matthew. (Note 84, q. v.)

By substitution, (*a*) of a vowel for a diphthong, as, reliquia *for* reliquiæ; or for another vowel, as, sumus *for* simus; or for a consonant, as, obeata *for* oblata.

(*b*) Of one consonant for another; as, sit *for* sic, cecus *for* certus, declaratur *for* declaratus.

(*c*) Of one word for another, as,

Fol. 10 a, prandium *for* Paracletum.
,, 26 a, incorruptibilem *for* incorruptionem.
,, 119 a, filium *for* librum.
,, 141 b, uirtutis *for* altaris.
., 174 b, hodie *for* odio.
,, 177 a, aliua *for* malitia.
,, 187 a, sanguine *for* sagenæ.
,, 189 b, leo *for* oleo.
,, 194 b, remuneraute *for* renunciaturo.
,, 201 b, posuit *for* possunt.

This list suggests the probability that the scribe was imperfectly acquainted with Latin.

Occasionally the titles of Prayers, &c., are misplaced. Secreta is written for Postcommunio, fols. 44 b, 50 b; Offertorium for Gradale, fol. 173 a; a Gospel from St. John is attributed to St. Matthew, fol. 8 a; eight "uitia principalia" are alluded to, fol. 206 b, though immediately afterwards only seven are specified. There is an occasional confusion of cases, as te *for* tu, sapientis *for* sapiens, siti mea *for* sitim meam, anima *for* animæ, &c., or of genders, as, gloriam sempiternum, hos orationes.

Orthographical peculiarities.—Words exhibiting two peculiarities (*e.g.* frigia), or three (*e.g.* cirinentium), and various parts of speech from the same root (*e.g.* dampno, dampnatio) are generally represented only by a single entry in the following list:—

a *for* e : alaxandrinorum.
a   „   o : salamon, simbalum.
a *inserted* : sabaa.
æ *for* e : æcclesia.
b   „   p : obtata, obtime.
b   „   v : appropinquabit, illuminabit, implebit, habitabit, manducabit.
b   „   bb : baraban.
bb   „   b : barnabba.
c   „   cc : eclesia, rebeca.
c   „   ch : catecizo, crisma, caritas, sepulcrum, catecuminis, pulcra, pulcritudo, clamidem, crisogoni.
c   „   qu : cotidianus, cotidie, scame [cum, secutus, &c., are written *passim* for quum, sequutus, &c.].
cc   „   c : accerrimus, accolitus, peccodibus, pecceniæ.
cl   „   qu : sclaloribus.
ch   „   c : choortem, sadoch, choruscare.
ch   „   h : michi, nichilo, rachab, uechimenter.
d   „   b : bradium.
d   „   t : redeunde (= redeunte), tandum.
e   „   a : spergendum, fantasie.
e   „   i : antestite, apes, corinthei, degitum, denumerare, despondi, duodecem, exquesierat, helcam, iniurea, obteneat, redemi, relegio, tenea.
e   „   æ : *frequent.*
e   „   œ : *frequent.*
f   „   ff : afore, dificilis, difusa.
f   „   ph : antifona, blasfemia, effeta (= ephphetha), fantasia, fiolas, frigia, stefanus.
ff   „   ph : effa, effessios, effraim.
g   „   ch : dragmas.
h *omitted* : bartolomei, cristofori, ebdomadarius, ebrei, ieremias, icrusalem, matteum, mirra (= myrrha), neptalim, olocaustum, omeliam, ortodoxis, pampilia, pilippi, talami, tesolonicenses, tome, tronus, ymnus (*or* imnus).

In numerous other cases h is omitted as a letter, but represented by the rough breathing, thus, zep'ane (= Stephane), &c.

Introduction. 35

h *inserted* : bhimatu, cimitherio, iohel, israhel, lintheum, perhennis.
h *prefixed* : harena, hostiarius, hostium.
i *for* a : quadraginti, raphiel.
i „ æ : prignante, qui (*for* quæ).
i „ œ : citharidorum.
i „ e : calciamenta, cirine (= Cyrene), diderunt, discendat, discriptio, dispousata, idonius, meritrici, paraclitus, parascine, predistinatus, procident, quatinus, sepiliendum, uiniæ (= vinea).
i „ y : abisos (= abyssos), butirum, cipressus, cirino (= Cyrino), didimus (= Didymus), egiptus, libia (= Libya), martir, misterium, moisi, pampilia, proselitus, sinagogis, sirie.
i *omitted* : augusti(i)s, atri(i)s, dromidari(i), exordi(i)s, labi(i)s, respicens, uericund(i)a.
k *for* c : karissime, karitatis.
l „ ll : ilico, medularum, milia.
m „, mm : emanuel.
n „ m : circundederunt, nanque, nunquid, tanquam, utrunque.
n „ nn : conubii.
n *inserted* : accipiens, imponens, quons, quotiens.
nn *for* n : annanias, channan (Cana), mannasse.
o „ a : apocolipsis, fiolas (= phialas), tesolonicenses.
o „ u : baiolat, homanitas, incolomem, motabis, motui.
œ „ e : obœdiens.
p „ b : optuli, prespiter.
p „ pp : apretiati, capadociam, oportunus, pilipenses.
pp „ p : appollo.
p *inserted* : columpne, dampno, sollempnis, sompno.
r *for* rr : discurent.
rr „ r : kyrri, sarræ.
s „ ss : abscisus, amissise, dilexiset, isachar, iusu, misa, pasa, pasio, recubuiset.
ss „ s : accussat, anastassia, basses, cessare

      (= Cæsare), circumcissionem, confussa, diffussa, diuissus, emissit, essurire, extassis, gauissi, heresses, infussio, missit, mossi (= Mose), occassum, occissus, possui, quessiui, sussanna, uassa, uissionem.
s *inserted* : transquillitatem.
s *omitted* : exequendi, expectantes, expoliauit, expuerunt, exultet, exurgat, musitatis (= mussitastis).
st *for* z : astimos, citharistantium, stacharias, tesauristauit.
t ,, d : brigite, mentacium.
t ,, s : cirinentium (= Cyrenensuim), mentium.
th ,, d *or* dd : obeth, thatheus (= Thaddæus).
tt ,, t : mettent, semitte.
u ,, b : absorucat, appropinquauit, potauit, &c., a frequent source of confusion between futures and perfects.
u ,, o : diabulus, domu, idulorum, momentu.
u *inserted* : cuorda, longuus, surguo, uirgua, uirguo.
u *omitted* : extingere, langido, linga, sangis, sanitas, ungentum.
y *for* i : ymmolatur, ysaac, ysaia.
y *inserted* : elemoysinas.
z *for* s : zabactanai.
z ,, st : bapiza, euangelize, zelle (= stellæ), zephanus.
z *inserted* : angarizauerunt.

Rubrics.—There are no rubrics in the Canon of the Mass, nor in the strictly eucharistic portions of the volume, with the exception of a short direction on fol. 28 b, and a few cross references (such as, *ut supra*, &c.). But rubrics of some length and importance are placed to regulate the ceremonial observances of Candlemas, Ash Wednesday, and Holy Week, and in the Order of Matrimony (ff. 36 b–42 b), and the sacramental offices at the close of the volume. These rubrics are either written in red ink, or more usually in black ink surrounded by a red border, and they are written in smaller sized letters than the text itself.

Table of Contents.—The present contents of the volume are as follows:—

[Titles or portions of titles within brackets are not in the original text, the orthography and nomenclature of which have been otherwise accurately copied.]

Fol.
1 a.   [Canon Missæ.]
7 b.   Missa de sancta trinitate.
9 a.   Missa spiritus sancti.
10 b. Feria iii. de sancta cruce.
12 a. Missa de sancta maria.
13 b. De sancta maria ab aduentu domini.
14 a. De sancta maria a natiuitate usque ad purificationem.
14 b. De resurrectione.
15 a. De petro et paulo.
15 b. De sanctis presentis çclesiç.
16 a. Pro episcopo.
16 b. Pro rege.
16 b. Pro pace.
17 b. In. xl. pro pace in loco.
17 b. Pro iter agentibus.
18 b. Pro familiaribus.
18 b. Contra temtationem carnis.
19 a. Pro serenitate æris.
19 b. Pro petitione lacumarum.
20 a. Pro custodia monasterii et habitatorum eius.
20 b. Missa communis.
21 a. Missa communis.
21 b. Missa communis.
22 b. Pro facientibus elimoysinas.
23 a. Pro fidelibus defunctis in die obitus.
24 a. Missa in die sepulturæ.
24 b. A prima die obitus usque ad. xxx. diem.
25 a. Pro fidelibus defunctis commune.
29 b. Pro episcopo defuncto.
30 a. Pro abbate.
30 a. Pro sacerdotibus.
30 b. Pro diaconibus.
31 a. Pro fratribus nostre congregationis.
31 b. Pro parentibus defunctis.
32 a. Pro benefactoribus defunctis.
32 b. Pro carnalibus defunctis.
33 a. Pro feminis defunctis.
33 b. Pro his qui in cimitherio requiescunt.
34 a. Pro amico defuncto.

Introduction.

Fol.	
34 a.	Pro femina defuncta.
34 b.	Missa in anniuersario.
35 a.	Pro eo qui sine penitentię remedio defungitur.
35 b.	Pro fidelibus defunctis.
36 a.	Missa communis.

36 b.	[Ordo nuptiarum.]
38 a.	Missa [pro sponso et sponsa].
39 b.	Benedictio sponsæ.
42 a.	Benedictio cibi et potus nuptiarum.
42 a.	Benedictio talami.
42 b.	Benedictio corporum.

43 a.	Dominica i. de aduentu domini.
44 b.	Uigilia natalis domini.
46 a.	Missa in gallicantu.
49 a.	De luce ad lucem.
51 a.	[In die natiuitatis ad. iii. missam.]
53 b.	Natale sancti zefani protomartiris.
56 a.	In natale sancti iohannis euangeliste.
57 b.	Missa sanctorum innocentum.
59 b.	Epiphania domini.
62 b.	Dominica in lxx.
65 a.	Absolutiones in capite ieiunii.
65 a.	Benedictio cineris in capite ieiunii.
66 a.	Ad missam.
68 b.	Dominica in xl.
70 b.	Ordo in dominica palmarum.
75 b.	Missa in dominica palmarum.
87 a.	Feria quarta.
89 b.	Feria quinta in cena domini. Absolutio episcopalis uel sacerdotalis.
91 a.	Feria quinta in cena domini.
94 a.	Feria sexta in parasciue.
100 b.	Benedictio ignis noui de silice excussi in sabbato.
102 a.	Benedictio cerei in sabbato sancto.
111 a.	[Litania in sabbato sancto.]
112 a.	[Missa in sabbato sancto.]
114 b.	[Missa in dominica resurrectionis.]
116 a.	Dominica in albis.
118 a.	[Uigilia pentecostes.]
124 a.	Dominica pentecostes.

127 a.	Conuersio sancti pauli.
130 a.	Kal. feb. sancte brigidę uirginis.

Introduction.

Fol.
130 b. Incipit ordo in purificatione sanctę
   marię.
132 b. .iiii. n. feb. purificatio sanctæ mariæ.
135 a. .xvi. kal. ap. in natale sancti patricii
   episcopi.
135 b. .viii. kal. ap. annunciatio sanctę marię.
138 a. .v. non. mai. inuentio sanctę crucis.
140 a. .ix. kal. iulii. uigilia iohannis baptiza.
142 b. In die sancto iohannis.
144 b. .iiii. kal. iulii. uigilia sanctorum apostolorum petri et pauli.
147 a. Natale sanctorum apostolorum petri et pauli.
149 b. .xi. kal. aug. natale maria magdalenę.
151 a. .v. id. aug. uigilia sancti sancti laurentii.
152 b. In die sancto.
154 a. .xix. kal. sep. uigilia assumptionis sancte marie.
155 a. In die ad misam.
157 a. .iiii. kal. sep. decollatio sancti iohannis baptiste.
160 a. .vi. id. sep. natiuitas sancte marie.
162 a. .xviii. kal. oct. exaltatio sancte crucis.
164 a. .iii. kal. oct. festiuitas sancti micaelis arcangeli.
166 a. .ii. kal. nou. uigilia omnium sanctorum.
167 b. In die ad missam.

171 a. Uigilia unius apostoli.
172 b. In die ad misam.
174 a. Plurimorum apostolorum.
175 b. Uigilia unius martiris.
177 a. In natale unius martiris.
178 b. [Id.] in tempore pascali.
179 b. In natale plurimorum martirum.
181 a. Unius confessoris non pontificis.
182 b. Unius confessoris et pontificis.
181 b. Plurimorum confessorum.
186 b. Unius uirginis et martiris.
188 a. Unius uirginis non martiris.
188 b. Plurimarum uirginum.

191 a. [Ordo baptismi.]
203 b. [Ordo ad faciendam aquam benedictam.]
205 a. [Benedictio domorum.]
205 b. Benedictio domus ubi infirmus iacet.
206 a. [Uisitatio infirmi.]

Introduction.

Fol.
208 b. [Ordo ministrandi sacramentum extremæ unctionis.]
210 a. Ad communicandum infirmum.
212 a. [Ordo commendationis animæ.]

It will be observed that the above list of contents includes not only those invariable and variable elements in the service of the mass, which together form a missal in the modern and technical sense of that word, but that it contains also the Offices of Marriage (fol. 36 b), Baptism (fol. 191 a), Visitation of the Sick (fol. 206 a), Extreme Unction (fol. 208 b), and the Commendation of the Soul (fol. 212 a), so that the volume would be designated "a Sacramentary" as correctly or more correctly than "a Missal." These were the offices which the itinerant monkish priest would from time to time be called upon to perform, in addition to the celebration of the Liturgy, and by performing which he encroached, sometimes uninvited, on the province of the secular and parochial clergy.

These offices exhibit many features, both of language and ritual, differing from the corresponding services in the present Rituale Romanum. It must suffice to call attention briefly to some of the more important points.

In the Ordo Sponsalium (ff. 36 b–42 b):—

(*a*) The benediction of money and the ring deposited on a pallium before the altar at the commencement of the service.

(*b*) The holding of lighted torches by the bride and bridegroom during the Marriage Mass.

(*c*) The covering of the bridal pair with the pallium after the Sanctus during the Benediction (so Sarum).

In the Ordo Baptismi parvulorum (ff. 191 a–203 b):—

(*a*) The formulæ accompanying the separate unctions of the various parts of the body, eyes, ears, nose, mouth, heart, as well as forehead and breast, which are only provided, and with a different phraseology, in the present Roman office for the baptism of adults.

(*b*) The directions to the bystanders to place their hands on the infant's body and head.

(*c*) The touching of the ears and nose with

saliva precedes instead of following the introduction into church.

(d) A long Litany is interposed in the middle of the baptismal office at the benediction of the font.

(e) The direction that if a bishop is present, confirmation is immediately to follow the Baptism of the infant.

In the Office for Extreme Unction (ff. 208 b–210 a) :—

(a) The interposition of a Psalm between the separate acts of unction.

Other noteworthy features in the contents of this Missal, and their arrangement, are:—

(a) The position of the Canon at the commencement of the volume,[1] instead of being placed after the offices of Easter Eve (Roman), or after the Proprium de Tempore (Sarum). There is no Ordinarium Missæ.

(b) The position of the Proper Prefaces, which instead of being accumulated together before the Canon, are assigned to the various festival or other services to which they belong : viz., Christmas, Epiphany, Ash Wednesday, Easter, Ascension, Pentecost, Feasts of the B. V. M., for the dead (fol. 29 a), for a marriage (fol. 39 a), for baptism (fol. 199 b).

(c) The absence of a Calendar. This is much to be regretted, as no other part of a missal yields so much historical and hagiological information ; but the Drummond alone of the four extant Irish missals is enriched with one.

(d) The meagre character of the Proprium de Tempore and " Proprium de Sanctis," coupled with the very ample " Commune Sanctorum," and the long list of " Missæ Votivæ."

Special Missæ are provided for seven Sundays only, viz., the first Sundays in Advent and Lent, lxx., Palm Sunday, Easter Day, Low Sunday, and Pentecost. For other Sundays than these the Missa provided for the opening Sunday of the season must doubt-

---

[1] As in the Greg. Sacr. and in tenth and twelfth cent. Missals at Florence. (Bibl. Naz. MSS. xxx. 13, and Bibl. Laurent. Plut. xvi. Cod. viii.)

less have been repeated. The Saints' Days and Holy Days specially recognized are:—

Four Festivals of the B. V. M.: the Purification, Annunciation, Assumption, and Nativity.

Two of St. John the Baptist: the Nativity and Decollation.

Two of the Holy Cross: the Invention and Exaltation.

The single festivals of SS. Bridget, Peter and Paul, Mary Magdalene, Patrick, Laurence, Michael, All Saints, and Conversion of St. Paul.

The paucity of this list may be accounted for, partly, by the then non-existence of many later Saints' Days, partly by the wish to prevent the volume, which was intended to be portable, from assuming too large a size.

The structure and contents of the Missal are Petrine throughout; there is nothing in the nomenclature or arrangement to indicate an Ephesine influence. Its contents oscillate between the Sarum and Roman Missals, sometimes following the one, sometimes the other, sometimes departing from both by the introduction of whole Missæ or single collects, &c., which are not either Roman or Sarum, and which are evidently in some cases derived from a purely national source. In other cases, *e.g.*, the Epiphany Preface (fol. 62 a), the Offertorium for the Invention of the Cross (fol. 139 a), a different and non-Irish origin must be sought. Capital letters have been placed in the margin to indicate these variations in the elements in the Missal.

The MS. having now been described at length and with considerable detail, it remains to offer some remarks upon the questions of its date and past history.

Date of the MS.—In the absence of any direct statement in the volume itself, in the form of a colophon or otherwise, as to its age or authorship the question of date must be solved (i.) on palæographical grounds, (ii.) on liturgical evidence, (iii.) by the aid of any internal proof or indications of date which the contents of the volume may supply. Outside certain limits the date cannot be arbitrarily fixed by reference to one only of these convergent channels of information. A date must be assigned which not only will not violate the conditions, but will also satisfy the requirements of a threefold chain of evidence.

i. It is generally admitted among experts that there is no class of MSS. the date of which it is so difficult to ascertain with precision on purely palæographical grounds as the Irish. This difficulty is caused by the habit of Hibernian scribes to perpetuate by exact imitation of every detail, the smallest peculiarities of the shape of letters, punctuation, ornamentation, &c., in the writings of their predecessors. Zoomorphic ornamentation, which nearly disappeared in continental MSS. in the ninth century, is found in this and in other MSS. of purely Irish execution at a much later date.

The first printed reference to this Missal is that of the Rev. H. O. Coxe, who on p. 121 of his *Catalogus Codicum MSS. Collegii Corporis Christi*, Oxon. (1852), describes it thus:—

Codex membranaceus in 4to minori, ff. 211, sæc. forsan xi. exeuntis, in Hibernia, ut ex charactere conjectare liceat exaratus, &c.

This date, which a first sight of the volume might suggest, Mr. Coxe himself now retracts as too early. Professor Westwood, in his short description of the volume in *The Miniatures and Ornaments of Anglo-Saxon and Irish Manuscripts*, p. 96, describes the handwriting as of the twelfth or thirteenth century. Mr. Bradshaw does the same (*Academy*, Jan. 12, 1878, p.35). Mr. Gilbert, in his *Facsimiles of National Manuscripts of Ireland*, part ii., assigns it to about the date A.D. 1150. It is now ventured on purely palæographical considerations, to assign A.D. 1150-1250 as the extreme limits within which it must have been written, and to incline towards the earlier rather than the later limit on other grounds to be forthwith mentioned.

ii. With such a limited "Proper of Saints" and "Proper of Seasons" as this Missal contains, it would be unreasonable to draw any deductions as to its date from the absence of any of the lesser festivals. But there are more conspicuous instances of absence which cannot be so easily explained, a few of which may be alluded to here.

The list of Festivals of the B.V.M. naturally does not include the comparatively modern Feasts of the Visitation and Presentation, but the thirteenth century Festival of the Conception, first mentioned at the Council of Oxford, A.D. 1222, is likewise absent.

There is no Dies sanctæ Trinitatis or Festum Sanctæ Trinitatis (only a commemoration among the Missæ Votivæ). This was established as a feast of the Church during the Pontificate of Alexander III. (1159–81), and its general observance was instituted in England A.D. 1160.

The absence of any notice of St. Thomas of Canterbury, canonized A.D. 1173, and of other minor festivals or local saints cannot be insisted upon. More significant is the absence from the Canon of the words "pro quibus tibi offerimus vel," which became generally inserted in the text of the Canon in the eleventh century, and the presence throughout the volume, which has an exclusively Roman Canon, and is otherwise generally Roman, of considerable but not yet preponderating Sarum features of text and ritual. Unless the points which the Sarum and Irish Missals have in common are to be considered as unconnected and as jointly derived from a third and earlier source, the presence of a partial Sarum element points to the twelfth rather than the thirteenth century as the date of the present Missal. It seems to have been written soon after the last vestiges of the old national rite and of liturgical and ritual independence were swept away under St. Malachi, the great Romanizer of the Irish Church. Born A.D. 1075, he became Archbishop of Armagh (1129–1148), and in that capacity visited Pope Innocent II., demanded the pallium, which had not hitherto been worn by Irish bishops, and was invested with legatine authority over the Irish Church. His biographer, St. Bernard, expressly states that "Roman laws and ecclesiastical customs were introduced by him into his native country;"[1]

---

[1] "Fiunt de medio barbaricæ leges, Romanæ introducuntur. Recipiuntur ubique ecclesiasticæ consuetudines, contrariæ rejiciuntur." — BERNARD, *Vit. S. Malachiæ*, edit. Paris, 1719, p. 668.

Introduction.

and again, " He established in all churches the apostolical constitutions and the decrees of the holy fathers, and especially the customs of the holy Roman Church."[1] Gillebert, the papal legate, implies that there had been more than one liturgical Use in Ireland previously to his time. He said in the prologue of a book, " De usu ecclesiastico," addressed to the whole clergy of Ireland:—

"At the request, and also at the command of many of you, most dearly beloved, I have endeavoured to set down in writing the canonical custom of saying the hours, and performing the office of the whole ecclesiastical order, not presumptuously, but desiring to serve your most godly command, in order that those diverse and schismatical orders, with which nearly all Ireland has been deluded, may give place to one catholic and Roman office."[2]

In the year 1152, at a national synod held at Kells (Cennanus), the supremacy of Rome was acknowledged by many of the clergy.

In the year 1172, at the synod of Cashel (concilium Cassiliense), presided over by Christianus, Bishop of Lismore and papal legate, the Anglican Use, that is to say, the Sarum modification of the Roman Ordo, was commanded to be introduced into every church in Ireland by the following canon:—

" From this time forward let all the divine offices of the Holy Church be performed in all parts of Ireland, according to the Use of the Church of England."[3]

---

[1] "Apostolicas sanctiones, ac decreta sanctorum patrum, præcipueque consuetudines sanctæ Romanæ ecclesiæ, in cunctis ecclesiis statuebat."—BERNARD, *Vit. S. Malachiæ*, edit. Paris, 1719, p. 668.

[2] " Rogatu necnon et præcepto multorum ex vobis, carissimi, canonicalem consuetudinem in dicendis horis, et peragendo totius ecclesiastici ordinis officio, scribere conatus sum, non presumptive, sed vestræ cupiens piissimæ servire jussioni; ut diversi et schismatici illi ordines, quibus Hibernia pene tota delusa est, uni Catholico et Romano cedant officio."— GILLEBERTI, Limicensis Episc., *De Usu ecclesiastico*, MS. in Camb. Univ. Lib., quoted by Usher, Op. iv. 274 n.

[3] "Omnia divina ad instar sacrosanctæ ecclesiæ, juxta quod Anglicana observat ecclesia in omnibus partibus Hiberniæ amodo tradentur.

" Dignum etenim et justissimum est, ut sicut domi-

Introduction.

A general view of the Corpus Missal, with its contents partly Roman, partly Sarum, partly representing another and an independent element, suggests a date during this transitional period of the Irish Church. On liturgical grounds it may be traced with probability to the earlier portion of the second half of the twelfth century.

It is obvious that the date at which a Missal was written in no way limits the earliness (only the possible lateness) of the date at which this or that portion of it was originally composed. It may not therefore be superfluous to call attention to the internal evidence which some of the more purely Irish contents afford as to the very early date to which they must in the first instance be referred.

Take, for example, the prayers for the Festival of St. Patrick, which are as follows:—

"*Oratio:* Deus qui sanctum patricium scotorum apostolum tua prouidentia elegisti ut hibernenses gentes in tenebris et in errore gentilitatis errantes. ad uerum dei lumen scientie reduceret. et per lauacrum regenerationis filios excelsi dei efficeret tribue nobis quesumus eius piis intercessionibus ut ad ea que recta quantocius festinemus. per. *Secreta:* Hostias tibi quas in honore sancti patricii offerimus deuotas accipias ut nos a timore iudicii liberemur. per. *Post communionem:* Omnipotentem deum uniuersitatis auctorem suppliciter exoramus ut qui spirituale sacrificium in honorem sancti patricii offerimus fiat nobis remedium sempiternum. per" (fol. 135 a).

Here the following indications of the antiquity of the language can be traced. (1) The equivalent use of the words Scoti and Hibernenses; (2) the reference to the previous heathenism of Ireland;[1] (3) the oblique and

---

num et regem ex Anglia sortita est divinitus Hibernia; sic etiam exinde vivendi formam accipiant meliorem. Ipsi namque regi magnifico tam ecclesia[m] quam regnum Hiberniæ debent quicquid de bono pacis et incremento religionis hactenus est assecuta."—GIRALD, Cambr. *Hibern. Expugnat,* part i. cap. xxxiv.; WILKINS, *Concilia,* vol. i. p. 473.

[1] Compare the petition for the safety of the "christianorum exercitus," fol. 198 b.

Introduction.

primitive mode of the Invocation of Saints with which the collect concludes ; (4) the allusion in the Secreta to the day of judgment is probably based on a passage in the Gaelic hymn ascribed to Fiacc (Bishop of Sletty, consecrated by St. Patrick in the fifth century), in which the angel Victor is represented as consoling St. Patrick in his last moments with an assurance that on the day of doom the men of Erin would stand around him before the judgment-seat of God ;[1] (5) the allusion to the Eucharistic offering as " spirituale sacrificium" (so in Stowe Missal, p. 6, n. lxiii.).

iii. Internal evidence as to date is afforded by the following invocations in the Litany for Easter Eve, praying that God may preserve the King of the Irish and his army, and grant them life, health, and victory :—

" Ut regem hibernensium et exercitum eius conseruare digneris :

" Ut eis uitam et sanitatem atque uictoriam dones te rogamus" (fol. 111 b).

There is an invocation of a similar character in the Litany in the Baptismal Service :—

" Ut dominum illum regem et exercitum christianorum in perpetua pace et prosperitate (conseruare) digneris" (fol. 198 b).

In the Easter Eve Office there is a petition inserted "Pro gloriosissimo rege nostro. N. eiusque nobilissima prole. N." (fol. 104 b). None of these clauses are represented in the Roman and Sarum Missals. They must therefore have a special historical significance, and yield a clue to the date of the book in which they are found, unless we are to adopt the unreasonable and improbable hypothesis of a later scribe slavishly copying some predecessor's work, and reproducing exactly words which under altered circumstances could bear no meaning at all.

Before its conquest by the English there were several contemporaneous kings in Ireland

---

[1] In the *Academy*, March 23, 1878, p. 259, there is a valuable paper from the pen of Mr. Gilbert, which contains this and other information. See also Mr. Bradshaw's letter on the same subject, *Academy*, Jan. 5, 1878, p. 34.

—generally five in number—the most powerful of whom assumed the title of "Rex Hiberniæ," "Rex Hibernensium," or "Rex regum." Ware,[1] from whose pages this information is drawn, proceeds to give a long list of these "Reges Hibernensium," ending with

1. Tirdelvacus O'Conor, ob. 1157. He was King of Connaught, and was buried in the Cathedral of Clonmacnoise near the altar of St. Ciaran.

2. Mauritius, *alias* Moriertachus, Nelli filius, ob. 1166. Vulgo dictus Mauritius Mac Loghlin. There is record of a "Concilium magnum episcoporum et magnatum Hiberniæ a Mauritio Mac Loghlin rege Hiberniæ convocato." He founded a monastery for Cistercian monks at Newry, dedicated to the Blessed Virgin Mary and St. Patrick, A.D. 1153.[2]

3. Rodericus O'Conor, filius Tirdelvaci, rex Gonatiæ, successit A.D. 1166, obiitque A.D. 1198. He was the last native Rex Hibernensium. During his reign Henry II. entered Ireland, which passed under English rule. At the Synod of Cashel, A.D. 1172, attended by all the Irish kings except Roderick O'Conor,[3] who doubtless shunned the occasion of his own degradation, the English king publicly assumed the title of "Dominus Hiberniæ," which was borne by his successors until Henry VIII. was declared "Rex Hiberniæ," at a Parliament held at Dublin in 1541.

There can be little doubt that the "Rex Hibernensium" of the Corpus Missal is the first named of these three kings, Torlogh (Tirdelvacus) O'Conor, and that the "nobilissima proles" is his son Roderick O'Conor, from whose hands the sceptre of all Ireland passed into those of Henry II. There is still extant an elegant metal cross made for Torlogh O'Conor, Monarch of Ireland, on which he is

---

[1] "Durante pentarchia, qui regum potentissimus dominium totius insulæ arripiebat, vulgo rex Hiberniæ dicebatur et a nonnullis rex regum... Quando cœperit pentarchia non liquet, fuisse autem seculo quinto a Christo certum."—WARÆUS, *Antiq. Hibern.* ch. iv. p. 16. Lond. 1658.
[2] *Ib.* p. 211.
[3] WILKINS, *Concilia*, i. 471.

designated in Gaelic "Righ Erend," or "King of Erin."[1]

From these various considerations a date may be assigned to the Missal between A.D. 1152, the year of the Synod of Kells, and A.D. 1157, the year of the death of Torlogh O'Conor.

Past History.—There is no record of the past history of this Missal, which has lain for a long time past in the Library of Corpus Christi College, Oxford. The earliest printed reference to it is in Mr. Coxe's Catalogue of the MSS. belonging to the various colleges in Oxford, to which allusion has been already made (p. 43), and we are thus thrown back upon the volume itself for information.

There is a tradition in the College that it was discovered in an Irish bog. This tradition is supported by the blackened and stained appearance of its leaves, almost all of which, but more especially the first twenty and the last sixty, exhibit more or less of a water mark. (See Plates III. and V.) There are also very minute earthy particles deposited between some of the later leaves, a few of which it was found possible to detach and to submit to Dr. Walter Flight, F.G.S., of the Mineralogical Department of the British Museum, who reported thus: "We examined the mould under the microscope, and in one case saw what appeared to be spiral tissue, and may have been a fragment of a sphagnum or moss. I am sorry to say that no chemical test could decide the question."

The tradition may therefore be accepted. It is not impossible, *per se*, for the antiseptic properties of peat would have a preservative rather than a destructive effect; and a similar fate befell once the far more celebrated Irish MS. of the Gospels, known as the Book of Kells, which was sacrilegiously stolen out of church, A.D. 1006, and found after two months in a mutilated condition under some sods.[2]

---

[1] *Academy*, March 23, 1878, p. 200.
[2] "Codicem Evangeliorum divi Columbæ gemmis et auro cælatum quidam latrunculi e basilica majori Kenunnasensi de nocte furantur: et post duos menses

Introduction.

The entry of the words "Thomas O Sinnachan," in a late Irish hand on fol. 2 b, probably indicates the name of a former possessor, and as the Irish family of O'Sinnachan usually anglicized their name into Fox, it may suggest some connection of the volume with the family of the founder of the College, Richard Fox, Bishop of Winchester, A.D. 1516.

Originally it belonged to a monastery. This is evident from (*a*) the titles and contents of various missæ, *e.g.* "Pro sanctis presentis eclesie," fol. 15 b; "Pro custodia monasterii et habitatorum eius," fol. 20 a; "Pro abbate," fol. 30 a; "Pro fratribus nostre congregationis," fol. 31 a. (*b*) From the monastic character of the Irish saints invoked on fol. 198 a, viz. SS. Columba, Brendinus, Finnianus, Ciaranus, Furseus, in addition to S. Patricius and S. Brigida. (*c*) From the contents of certain rubrics, especially those on fol. 130 b and fol. 211 b, q. v. (*d*) From the incidental allusions in some of the prayers, as on ff. 111 b, 199 a.

It may be further inferred that it was a convent with male inmates only, from the omission of the following words: of "quarumque" from the Postcom. on fol. 18 b; of "famularumque tuarum" from the Oratio on fol. 25 a, and from the Sec. and Postcom. on ff. 34 b, 35 a; of "et sororibus" from the title of the Missa on fol. 31 a; of "et sorores" from the Or., Sec., and Postcom. on fol. 31 a b; of "vel sorori nostræ" after the words "fratri nostro" in the first Coll. in the Communion of the Sick, fol. 201 a.

To the final questions, "Where was this monastery?" and "What was its name?" An answer may be given with probability rather than certainty: the Abbey of Clones. Clones, or Cluaineois, is a small town in the barony of Dartrey, in the county of Monaghan, where there was an abbey dedicated to SS. Peter and Paul, and occupied by monks of the Augustinian Order. A monastery was founded there in the sixth century by St. Tighernach, of the blood

---

auro et cœlatione exutus reperitur sub cespitibus."—
COLGAN, *Triad. Thaum. Acta*, 1647, 508.

Introduction.

royal, who died and was interred at Clones (to which place he had removed the episcopal seat from Clogher), A.D. 548.[1]

The slight connecting links between the Corpus Missal and Clones are these:—

(*a*) The first name in the Irish Gloss on fol. 157 a is Macrobius, which is also the name of an abbot of Clones who died A.D. 1257.[2]

(*b*) SS. Peter and Paul, to whom the abbey of Clones was dedicated, are conspicuous among the few saints for whom special missæ are provided. There is a votive mass "De Petro et Paulo," on fol. 15 a; a missa for the Conuersio S. Pauli, fol. 127 a; for the Uigilia SS. Apostolorum Petri et Pauli, fol. 144 b; for the Natale SS. Apost. Petri et Pauli, fol. 147 a.

F. E. W.

---

[1] Archdall's *Monasticon*, Dublin, 1786, p. 582.
[2] *Annals of the Four Masters*, sub an.

EXPLANATION OF ABBREVIATIONS
EMPLOYED IN THE MARGINAL NOTES.

A. = Codex Amiatinus.
D. = Missale Drummondense.
R. = Missale Romanum.
Ros. = Missale Rosslynianum.
S. = Missale ad usum Ecclesiæ Sarisburiensis.
P. = Proprium.
V. = Bibliorum sacrorum Vulgata editio.
R. Rit. = Rituale Romanum.
S. Man. = Manuale ad usum Ecclesiæ Sarisburiensis.

R. placed at the side of a Collect, &c., indicates that it is found in the Roman but not in the Sarum Missal.

S. indicates that it is found in the Sarum but not in the Roman Missal.

P. indicates that it is not found in the corresponding position either in the Roman or the Sarum Missal.

An asterisk (*) indicates the omission of a word in cases where the text has become illegible from wear.

Italics represent letters not in the original text. They are only employed in the case of abbreviations or contractions not included in the list given in the Introduction, p. 24.

For Table of Contents, see Introduction, p. 37.

The punctuation of the MS. has been generally retained, but the stops and marks described on p. 26, sections 3, 5, have been omitted, as they are unrepresented in modern type.

PER OMNIA
secula seculorum. amen.
Dominus uobiscum. Et cum spiritu tuo.
Sursum corda. habeamus¹ ad dominum.   ¹ R. habemus.
Gratias agamus domino deo nostro.
Dignum et iustum est.
UERE DIGNUM et iustum est equum et
salutare. nos tibi semper et ubique gratias
agere. domine sancte pater omnipotens çterne
deus. per christum dominum nostrum.
Per quem maiestatem tuam laudant angeli
adorant dominationes tremunt potestates. celi
celorumque uirtutes ac beata seraphin. socia
exultatione concelebrant. cum quibus et nostras
uoces. ut admitti iubeas deprecamur: supplici
confessione dicentes.
Sanctus.
Et ideo cum angelis atque archangelis cum
tronis et dominationibus cumque omni militia
celestis exercitus ymnum² gloriæ tuæ canimus   ² R. S. hymnum.
sine fine dicentes. Sanctus
Te igitur clementissime pater per ihesum
christum filium tuum dominum nostrum. sup-
plices rogamus et³ petimus uti accepta habeas   ³ R. ac.
et benedicas hec do✠na. hec mu✠nera. hec
sancta sacrificia illibata. in primis que tibi
offerimus pro ecclesia tua sancta catholica quam
pacificare. custodire adunare. et regere digneris
toto orbe terrarum. una cum famulo tuo papa
nostro. N. et antistite nostro. N. et omnibus
ortodoxis atque catholice et apostolice fidei
cultoribus.
Memento domine famulorum famularumque
tuarum. N. et N. et omnium circumstantium
quorum tibi fides cognita est et nota deuotio⁴   ⁴ R. + pro quibus tibi offeri-
qui tibi offerunt hoc sacrificium laudis pro se   mus vel.
suisque omnibus pro redemptione animarum
suarum pro spe salutis et incolomitatis suç
tibi⁵ reddunt uota sua çterno deo uiuo et uero.   ⁵ R. tibique.
Communicantes et memoriam uenerantes
imprimis gloriosç semper uirginis mariæ genitricis dei et domini nostri ihesu christi sed et

beatorum apostolorum et⁵ martirum tuorum. Petri,⁶ Pauli, Andreę. Iacobi. Iohannis. Tomę, Iacobi. Pilippi. Bart'olomei. Mathei. Simonis Et tathei. Lini. Cleti. Clementis. Sixti. Cornelii. Cipriani. Laurentii. Crisogoni. Ioannis. Et pauli. Cosmę et damiani. Et omnium sanctorum tuorum quorum meritis precibusque concedas. ut in omnibus protectionis tuę muniamur auxilio. per eundem. christum dominum nostrum⁷

Hanc igitur oblationem seruitutis nostrę sed et cunctę familię tuę quesumus domine ut placatus accipias diesque nostros in tua pace disponas. atque ab ęterna dampnatione nos eripi et in electorum tuorum iubeas grege numerari: per christum dominum nostrum.⁸

Quam oblationem tu deus in omnibus quesumus benedictam. ascriptam. ratam. rationabilem acceptabilemque facere digneris ut nobis corpus et sangis fiat dilectissimi filii tui domini nostri ihesu christi.

Qui pridie quam pateretur accepit panem in sanctas ac uenerabiles manus suas⁹ eleuatis oculis in celum ad te deum patrem suum omnipotentem tibi gratias¹⁰ Benedixit. fregit dedit¹¹ discipulis suis dicens. Accipite et manducate ex hoc omnes. Hoc est enim corpus meum. Simili modo posteaquam¹² cenatum est. Accipiens et hunc preclarum calicem in sanctas ac uenerabiles manus suas. Item tibi gratias agens benedixit dedit¹³ discipulis suis dicens; accipite et bibite ex eo omnes. hic est enim calix sanginis mei noui et eterni testamenti misterium fidei. qui pro uobis et pro multis effundetur in remissionem peccatorum. Hec quotienscunque feceritis in mei memoriam facietis.

Unde et memores domine nos tui serui sed et plebs tua sancta¹⁴ christi filii tui dei¹⁵ nostri¹⁶ beatę. passionis necnon et ab inferis resurrectionis sed et in celos gloriosę ascensionis offerimus preclarę maiestati tuę de tuis donis ac datis hostiam puram. hostiam sanctam. hostiam immaculatam. panem sanctum uitę ęternę et calicem salutis perpetuę. Supra que propitio ac sereno uultu respicere digneris. et accepta habere sicuti accepta habere dignatus es munera pueri tui iusti abel. et sacrificium

patriarchę nostri abrahę. et quod tibi obtulit
summus sacerdos tuus melchisedech sanctum
sacrificium immaculatam hostiam
Supplices te rogamus omnipotens deus iube
hec[17] per manus[18] angeli tui in sublime altare
tuum in conspectu diuinæ maiestatis tuę.
Ut quotquot ex hac altaris participatione
sacrosanctum filii tui corpus et sanginem sump-
serimus omni benedictione celesti. et gratia
repleamur. per eundem christum.[19]
Memento etiam domine famulorum famularumque tuarum. N. et N. et[20] illorum[20] qui nos
precesserunt cum signo fidei et dormiunt in
sompno pacis. ipsis[21] et omnibus in christo
quiescentibus locum refrigerii lucis et pacis[22]
indulgeas deprecamur.[23]
Nobis quoque peccatoribus famulis tuis de
multitudine miserationum tuarum sperantibus
partem aliquam et societatem donare digneris.
cum sanctis[24] tuis[24] apostolis et martiribus. cum
iohanne Stephano. Mathia. Barnaba Ignatio.
Alexandro. Marcellino Petro.[25] Agatha. Lucia.
Agna.[26] Cecilia. Anastassia. et cum[27] omnibus
sanctis tuis intra quorum nos consortium non
estimator meriti. sed uenię quesumus largitor
admitte. per christum[29]
Per quem hec omnia domine semper bona
creas. sanctificas. uiuificas benedicis. et prestas
nobis. per ipsum. et cum ipso. et in ipso est
tibi deo patri omnipotenti in unitate spiritus
sancti omnis honor et gloria.
Per omnia secula seculorum amen.
Oremus preceptis salutaribus moniti et diuina
institutione formati audemus dicere.
Pater noster qui es in celis. Santificetur
nomen tuum. Adueniat regnum tuum. Fiat
uoluntas tua sicut in celo et in terra. Panem
nostrum cotidianum da nobis hodie. Et dimitte
nobis debita nostra. sicut et nos dimittimus
debitoribus nostris. Et ne nos inducas in
temptationem. Sed *libera nos a malo.*[29]
Libera nos quesumus domine ab omnibus
malis preteritis presentibus et futuris. et intercedente beata et gloriosa semper uirgine dei
genitrice maria et beatis apostolis tuis petro et
paulo atque andrea cum[30] omnibus sanctis.
Da propitius pacem in diebus nostris ut ope
misericordię tue adiuti. et a peccato simus

Fol. 5 a.
[17] R. + perferri. [18] R. + sancti.

[19] R. + Dominum nostrum. Amen.
[20] R. om.

[21] R. + Domine.
[22] R. + ut.
[23] R. + per eundem Christum Dominum nostrum. Amen.

Fol. 5 b.
[24] R. *transposes.*

[25] R. + Felicitate, Perpetua.
[26] R. Agnete. [27] R. om.

[29] R. + dominum nostrum.

Fol. 6 a.

[29] R. + Amen.

[30] R. et.
Fol. 6 b.

semper liberi et ab omni perturbatione securi.
per eundem dominum nostrum ihesum christum
filium tuum qui tecum uiuit et regnat in unitate
spiritus sancti deus
Per omnia secula seculorum. amen.
Pax domini sit semper nobiscum

[* From this point the variations from the R. Canon are too numerous for marginal reference.]

Et cum spiritu tuo.*
Agnus dei qui tollis peccata mundi miserere
nobis.
Agnus dei qui.
Agnus. dona nobis pacem.
Hec sacrosancta commixtio corporis et sanguinis domini nostri ihesu christi fiat omnibus sumentibus salus mentis et corporis.

Fol. 7 a.

Domine ihesu christe fili dei uiui qui ex uoluntate patris cooperante sancto spiritu per mortem tuam mundum saluasti libera me per hoc sacrum corpus et sanginem tuum a cunctis iniquitalibus et uniuersis malis meis. et fac me tuis obedire preceptis et a te nunquam in perpetuum separari qui.
Corpus domini nostri ihesu christi custodiat me in uitam.
Sangis domini nostri ihesu christi sit mihi ad purificationem mentis in uitam eternam.
Placeat tibi sancta trinitas obsequium scruitutis mee et presta ut hoc sacrificium quod oculis tue maiestatis indignus obtuli acceptabileque et omnibus pro quibus illud obtuli sit te miserante propitiabile.

Fol. 7 b.

𝔐issa de sancta 𝔗rinitate.

Benedicta sit sancta trinitas, atque indiuisa unitas confitebimur ei quia fecit nobiscum misericordiam suam.

S.

𝔓salmus. Benedicamus patrem et. cum. spiritu.

𝔒ratio.

Omnipotens sempiterne deus qui dedisti famulis tuis in confessione uere fidei eterne trinitatis gloriam agnoscere. et in potentia maiestatis adorare unitatem quesumus ut eiusdem fidei firmitate ab omnibus semper muniamur aduersis 'in qua vivis.'

1-4 S.
2 Cor xiii. 11, 13.
P.

𝔄d 𝔒orinthios.

Fratres.' gaudete.' perfecti estote exhortamini.' idem sapite. pacem habete. et deus pacis et dilectionis erit uobiscum; Et[1] gratia domini nostri ihesu christi.' et caritas[a] dei.' et commu-

Fol. 8 a. [1] A. V. om.
[a] V. charitas.

nicatio sancti² spiritus²⁓ sit³ semper³ cum omnibus vobis ³ in christo ihesu⁓ domino nostro;³ ⁴
𝔊𝔯𝔞𝔡𝔞𝔩𝔢. Benedictus es domine, qui intueris abisos et sedes super. cherubin.
ᵥ. Benedicite. deum celi et coram omnibus uiuentibus confitemini ei.
Alleluia. ᵥ. Libera nos, salua nos, iustifica nos o beata trinitas.

² A. *transpose.* ³ A. V. *om.*
³,³ A. V. *om.* ⁴ A. V. + Amen.

P.

P.

𝔖𝔢𝔠𝔲𝔫𝔡𝔲𝔪 𝔐𝔞𝔱𝔱𝔥𝔢𝔲𝔪.
¹ In illo tempore⁓ dixit dominus ihesus discipulis suis;¹ cum² uenerit paraclitus³ quem ego mittam uobis a patre spiritum ueritatis qui a patre procedit⁓ ille testimonium perhibebit de me; et uos testimonium perhibebitis⁓ quia ab initio mecum estis; hec locutus sum uobis ut non scandilizemini. absque sinagogis¹⁓ facient uos; sed uenit hora⁓ et⁵ ut omnis qui interficit uos arbitretur obsequium se prestare deo. Et hec facient uobis⁓ quia non nouerunt patrem neque me; sed hec locutus sum uobis⁓ ut cum uenerit hora eorum remiscamini⁶⁓ quia ego dixi uobis.

[Missale Lateranense, p. 157, *vide* Arbuthnott, p. 434.]
St. John xv. 26-xvi. 4.
¹,¹ A. V. *om.*
² A. V. + autem. ³ A. V. Paracletus.

⁴ A. V. synagogis.
Fol. 8 b. ⁵ A. V. *om.*

⁶ A. V. reminiscamini.

𝔒𝔣𝔣𝔢𝔯𝔱𝔬𝔯𝔦𝔲𝔪.
Benedictus sit deus pater unigenitusque dei filius sanctus quoque spiritus quia fecit nobiscum misericordiam suam.

𝔖𝔢𝔠𝔯𝔢𝔱𝔞
Sanctifica quesumus domine per tui nominis inuocationem huius oblationis hostiam. et per eam nosmetipsos tibi perfice munus ęternum. per.

𝔓𝔯𝔢𝔣𝔞𝔱𝔦𝔬.
U. D. eterne deus. per christum dominum nostrum. qui cum unigenito filio tuo et spiritu sancto⁓ unus es deus unus es dominus non in unius singularitate persone sed in unius trinitate substantię quod enim de tua gloria reuelente te credimus⁓ hoc de filio tuo hoc de spiritu sancto⁓ sine differentia discretionis sentimus. ut in confessione uerę sempiterneque deitatis⁓ et in personis proprietas⁓ et in essentia unitas⁓ et in maiestate adoretur equalitas. quem¹ laudant *angeli. atque archangeli⁓ cherubin. quoque ac. seraphin.* qui non cessant² jugiter.¹ *una uoce dicentes.* Per quem. Et ideo.

Fol. 9 a.

¹ R. S. Quam.
² S. R. + clamare.
³ S. R. *om.* R. + quotidie.

𝔠𝔬𝔪𝔪𝔲𝔫𝔦𝔬
Benedicimus deum celi et coram omnibus niuentibus confitebimur ei quia fecit nobiscum misericordiam suam.

𝔭𝔬𝔰𝔱𝔠𝔬𝔪𝔪𝔲𝔫𝔦𝔬
Proficiat nobis ad salutem corporis et animę

58 *Missale Vetus*

[1] R. S. + noster. susceptio.
[2] R. S.
[3,3] R. per Dominum. S. in qua vivis.

[2] R. S. domine deus[1] hujus sacramenti perceptio:[2] et sempiternę sanctę trinitatis eiusdemque indiuiduę unitatis confessio:[3] in qua uiuis et regnas deus per omnia secula.[3]

missa spiritus sancti.

Fol. 9 b.
[1] R. S. + alleluia.

Spiritus domini repleuit orbem terrarum alleluia et hoc quod continet omnia scientiam habet uocis alleluia alleluia.[1]

Psalmus. Exurgat. deus.

oratio

P.
[S. Ordinarium Missæ, p.579.]

Deus, cui omne cor patet et omnis uoluntas loquitur. et quem nullum latet secretum, purifica per infusionem sancti spiritus cogitationes cordis nostri: ut perfecte te diligere et digne laudare mereamur. per. ciusdem.

[Lect. Ambros. em. Thomasii.]
1 Cor. xii. 7-11.
P.
[1] A. V. om. [2] A. V. + autem.
[3] A. V. alteri.

ad corinthios

Fratres[1]: unicuique[2] datur manifestatio spiritus ad utilitatem; alii quidem per spiritum datur sermo sapientiae: alii autem sermo scientiae secundum eundem spiritum; alii[3] fides: in eodem spiritu. alii gratia sanitatum: in uno spiritu; alii operatio uirtutum: alii prophetia.

[4] A. V. linguarum.

alii discretio spirituum. alii genera lingarum[4]: alii interpretatio sermonum; hec autem omnia operatur: unus atque idem spiritus. diuidens singulis: prout uult.

Fol. 10 a.

Alleluia. ♭ Emitte spiritum tuum et creabuntur et *renouabis faciem terre.*

Alleluia. ♭ Spiritus qui a patro procedit ille me clarificabit.

secundum iohannem

[Mis. Mozar, p. 615. n.]
St. John xiv. 15-17.
P.
[1-1] A. V. om.
[2] A. V. paracletum.

[1]In illo tempore: dixit iesus discipulis suis[1]; si diligitis me: mandata mea seruate. et ego rogabo patrem et alium prandium[2] dabit uobis. ut maneat nobiscum in ęternum: spiritum ueritatis quem mundus non potest accipere.

[3] A. V. videt.
[4] A. cognoscitis.

quia non uidit[3] eum. nec scit eum; uos autem cognoscetis[4] eum: quia apud uos manebit et in uobis erit.

offertorium

Confirma hoc deus quod operatus es in nobis a templo tuo quod est in ierusalem tibi offerent reges munera. alleluia.

Secreta

P.
[S. Sec. ad invocandum gratiam sp. s.]

Hec oblatio domine cordis nostri maculas emundet ut sancti spiritus digna efficiatur habitatio. per. ciusdem.

communio

Spiritus ubi uult spirat et uocem eius audis alleluia. P.
Sacrificium salutis nostrę sumentes concede nobis quesumus domine deus purificatis mentibus tuę pietatis frequentare misterium. per dominum. Fol. 10 b. P. [S. as Sec.]

feria iii de sancta cruce. [= Missa Votiva de Sancta Cruce.]

Nos autem gloriari oportet in cruce domini nostri iesu christi in quo est salus uita et resurrectio nostra per quem saluati et liberati sumus.

psalmus. deus misereatur nostri et nos *illuminet uultus suus.*

oratio

Deus qui unigeniti filii tui domini nostri ihesu christi pretioso sanguine uiuifice crucis uexillum sanctificare uoluisti / concede quesumus eos qui eiusdem sancte crucis gaudent honore tua quoque protectione gaudere. per eundem.

ad pilipenses.

¹Fratres / christus factus est pro nobis obediens patri¹ usque ad mortem / mortem autem crucis. propter quod et deus exaltauit illum. et donauit illi nomen quod² est² super omne nomen. ut in nomine ihesu omne genu flectatur celestium terrestrium et infernorum; et omnis lingā confiteatur. quia dominus noster³ ihesus christus / in gloria est dei patris. Fol. 11 a. Phil. ii. 8-11.
1-1 A. V. Humiliavit semet ipsum factus obœdiens.
² A. om.

³ A. V. om.

gradale Christus factus est pro nobis obediens patri usque ad mortem. mortem autem crucis
b Propter quod et deus exaltauit illum et *illi nomen quod est super omne nomen.* Alleluia nos. autem.

Secundum Mattheum Mat. xx. 17-19.

¹In illo tempore¹ / ascendens ihesus ierosolimum² / assumpsit xii. discipulos suos³ secreto / et ait illis. ecce ascendimus ierosolimam¹ / et filius hominis tradetur principibus sacerdotum et scribis. et condemnabunt eum morte. et tradent eum gentibus ad illudendum⁵ / et flagellandum et crucifigendum ; et tertia die / resurget.
1-1 A. V. om. + et.
² A. Hierosolymis. ³ A.V. om.
⁴ A. Hierosolymam.
Fol. 11 b.

⁵ A. deludendum.

offertorium

Protege domine plebem tuam per signum sancte crucis ab omnibus¹ insidiis inimicorum omnium ut tibi gratam exhibeamus seruitutem, et acceptabile tibi fint sacrificium nostrum alleluia.²
¹ R. om.

² S. om.

secreta

Hec oblatio domine quesumus ab omnibus

nos purget offensis. que in ara crucis etiam immolata totius mundi tulit offensum. per.

Prefatio.

U. D. eterne deus ⁊ qui salutem humani generis in ligno crucis constituisti ⁊ ut unde mors oriebatur inde uita resurgeret ; et qui in ligno uincebat.[1] in ligno quoque uinceretur per Christum. dominum.

Communio.

Per lignum serui facti sumus et per sanctam crucem liberati sumus fructus arboris seduxit nos filius dei redemit nos alleluia.

postcommunio

Adesto nobis domine deus noster et quos sancte crucis letari facis honore eius quoque perpetuis defende subsidiis per dominum nostrum ihesum christum.

Missa de Sancta Maria

Salue sancta parens enixa puerpera regem qui celum terramque regit in secula seculorum.

psalmus Que gaudium matris hominis cum uirginitatis honore nec primam similem uisa est nec habere sequentem.

oratio

Concede nos famulos tuos quesumus domine deus perpetua mentis et corporis sanitate gaudere ⁊ et gloriose ac beate Marie semper uirginis intercessione a presenti liberari tristitia et futura perfrui letitia. per.

Sapientia.

Ab initio et ante secula creata sum ⁊ et usque ad futurum seculum non desinam et in habitatione sancta. coram ipso ministraui ; et sic in sion firmata sum ⁊ et in civitate sanctificata similiter requiem et in ierusalem potestas mea ; et radificaui in populo honorificato et in partes[1] dei mei hereditas illius ; et in plenitudine sanctorum. detentio mea.

graduale Benedicta et uenerabilis es uirgo maria que sine tactu pudoris inuenta es mater saluatoris.

v Uirgo dei genitrix quem totus non capit orbis in tua se clausit uiscera factus homo. Alleluia.

v Post partum uirgo inuiolata permansisti dei genitrix intercede pro.

secundum lucam

[1] In illo tempore ⁊ factum est cum loqueretur ihesus ad turbas.[1] extollens. uocem quedam mulier de turba dixit illi ; beatus uenter qui

te portauit? et ubera que suxisti ; at ille dixit. quin immo²? beati qui audiunt uerbum dei? et custodiunt illud.³

² A. Quippini.
³ A. om.

Offertorium

Felix valde¹ sacra uirgo maria et omni laude dignissima quia ex te ortus est sol *iustitie* christus dominus noster

¹ R. S. namque.

Tua domine propitiatione et beate dei genitricis semperque uirginis marie intercessione ad perpetuam atque presentem hec oblatio proficiat prosperitatem et pacem. per.

Prefatio.

U. D. eterne deus et te in veneratione * * * * *¹ exultantibus animis laudare benedicere et predicare * * * * * * * * * *² que et unigenitum tuum sancti spiritus obumbratione concepit et uirgenitatis gloria permanente huic mundo lumen in eternum effudit ihesum christum dominum nostrum per quem.

¹ On this lacuna, nearly a line in length, caused by erasure, a later hand has written, "beatæ mariæ semper virginis."
² Lacuna caused by erasure.
Fol. 13 b.

Benedicta a filio tuo domina quia per te fructum uite communicauimus.

P.

Postcommunio

Sumptis domine salutis nostrę subsidiis da quesumus beatæ dei genitricis semperque uirginis mariæ. patrociniis nos ubique protegi. in cuius ueneratione hec tuę obtulimus maiestati. per.

De sancta maria ab aduentu. domini.

Deus qui de beatę mariæ semper uirginis utero uerbum tuum angelo nuntiante carnem suscipere uoluisti presta supplicibus tuis ut qui uere eam dei genitricem credimus eius apud te intercessionibus adiuuemur. per eundem.

Secreta

Intercessio quesumus domine beatæ mariæ uirginis munera nostra commendet. Nosque in eius ueneratione tuæ maiestati reddat acceptos. per.

Fol. 14 a.

Celesti munere sacrati quesumus omnipotens deus. tua nos protectione custodi. et castimonię pacem mentibus nostris atque corporibus intercedente sancta maria propitiatus indulge. ut ueniente sponso filio tuo unigenito accensis lampadibus eius digni prestolemur occursum. qui tecum.

P. [D. Fol. 101 a.]

De sancta maria a natiuitate usque ad purificationem.

Deus qui salutis eterne beatæ mariæ uirginitate fecunda prestitisti. tribue quesumus: ut ipsam pro nobis intercedere sentiamus. per quam meruimus auctorem uitæ suscipere. dominum nostrum.

Secreta

Oblatis domine muneribus suppliciter deprecamur: ut qui ueram uerbi tui incarnationem fideliter ueneramur. ueram eiusdem substantiam carnis ac sanguinis quam per spiritum sanctum uirgo mater edidit in presenti hoc misterio salubriter percipiamus. per eundem.

Postcommunio

Hec nos communio domine purget a crimine. et intercedente beata uirgine dei genitrice maria celestis remedii faciat esse consortes. per.

De resurrectione.

Oratio.

Deus qui nos resurrectionis dominicæ annua sollennitate letificas concede propitius ut per temporalia festa que agimus peruenire ad gaudia eterna mereamur. per eundem.

Sacrificia domine paschalibus gaudiis immolata nobis tue propitiationis obtineat clementiam quibus ecclesia tua mirabiliter expascitur et nutritur. per.

Ab omni nos quesumus domine uetustate purgatos sacramenti tui ueneranda perceptio in nouam transferat creaturam. per.

De petro et paulo.

Deus cuius dextera beatum petrum ambulantem in fluctibus ne mergeretur erexit et coapostolum eius paulum tertio naufragantem de profundo pelagi liberauit exaudi nos propitius et concede ut amborum meritis eternitatis gloriam consequamur. per.

Secreta.

Offerimus tibi domine queSumus preces et munera que ut tuo digna sint conspectui apostolorum tuorum precibus adiuuemur. per dominum.

Protege domine populum tuum et apostolo-

Hibernicum.

rum tuorum patrocinio confidentem perpetua
defensione conserua. per dominum.

De sanctis presentis ecclesie
oratio.

[This Missa occurs in D. fol. 51 a. Gerbert i. 220 b.]

Propitiare quesumus domine nobis famulis P.
tuis per sanctorum confessorum tuorum. N. et
omnium sanctorum quorum corpora uel reliquiæ in presenti requiescunt ęcclesia merita
gloriosa ut eorum pia intercessione ab omnibus
semper muniamur aduersis. per.

secreta

Suscipiat clementia tua quesumus de manibus P.
nostris munus oblatum. et per beatorum confessorum tuorum et omnium sanctorum quorum
corpora uel reliquiæ in presenti requiescunt
ęcclesia orationes ab omnibus nos emundent
peccatis. per.

postcommunio

Diuina libantes que pro sanctorum confes- Fol. 16 a.
sorum tuorum et omnium sanctorum quorum P.
corpora vel reliquia in presenti requiescunt
ęclesia ueneratione tuę obtulimus maiestati:'
presta quesumus domine:' ut per ea ueniam
mereamur et celestis donis reficiamur. per.

Pro episcopo

Deus omnium fidelium pastor et rector famulum tuum quem ęclesię tuę preesse uoluisti
propitius respice. et da ei quesumus uerbo et
exemplo quibus preest proficere ut ad uitam
una cum grege sibi commisso perueniat sempiternam. per.

secreta

Oblatis quesumus domine placare muneribus
et famulum tuum quem ęclesię tuę pastorem
preesse uoluisti assidua protectione guberna.
per.

Postcommunio

Hec nos quesumus domini sacramenti perceptio Fol. 16 b.
protegat et famulum tuum. N. quem ęclesię
tuę preesse uoluisti pastorem una cum grege
sibi commisso saluet semper ac muniat. per.

Pro rege.
oratio

Quęsumus omnipotens deus ut famulus tuus

[1] R. S. tua miseratione.

P.
[D. fol. 45 b.]

Fol. 17 a.

rex noster qui tuo nutu[1] suscepit regni gubernacula uirtutum etiam percipiat incrementa quibus decenter ornatus et uitiorum uoraginem deuitare et hostes superare et a te qui uia ueritas et uita es gratiosus ualeat peruenire. per.

Secreta

Suscipe domine preces et hostias ęclesię tuę pro salute famuli tui regis nostri te supplicantis et in protectione fidelium populorum antiqua brachii tui operare miracula ut superatis pacis inimicis secura tibi seruiat libertas christiana. per.

Postcommunio

Hec domine communio salutaris famulum tuum regem nostrum ab omnibus tueatur aduersis quatinus et ecclesiastice pacis obtineant tranquillitatem et post istius temporis decursum ad ęternam perueniat hereditatem. per.

Pro pace.

Deus a quo sancta desideria recta consilia et iusta sunt opera da seruis tuis illam quam mundus dare non potest pacem. ut et corda nostra mandatis tuis dedita et hostium sublata formidine. tempora sint tua protectione tranquilla. per dominum nostrum.

Secreta

Fol. 17 b.

[1] By error for postcommunio.

Deus qui credentes in te populos nullis sinis concuti terroribus dignare preces et hostias dicatę tibi plebis suscipere ut pax tua pietate concessa christianorum fines ab omni hoste faciat esse securos. per.

Secreta[1]

Deus auctor pacis et amator quem nosse uiuere cui seruire regnare est protege ab omnibus impugnationibus supplices tuos at qui in defensione tua confidimus nullius hostilitatis arma timeamus. per.

P.
[This Missa is found in the S. Missa, "pro peccatoribus & pro pœnitentibus," and in the R. "pro remissione peccatorum."]

In xl pro pace in loco.

Exaudi domine quesumus supplicum preces et confitentium tibi parce peccatis ut paritcs nobis indulgentiam tribuas benignus et pacem. per.

secreta
Hostias tibi domine placationis offerimus. ut. et delicta nostra miseratus absoluas. et nutantia corda tu dirigas. per.

postcommunio
Presta nobis eterne saluator ut percipientes hoc munere ueniam peccatorum ./ deinceps peccata uitemus. per.

Pro iter agentibus
oratio
Adesto domine supplicationibus nostris. et uiam famulorum tuorum in salutis tuę prosperitate dispone ut inter omnes uię et uitę huius uarietates tuo semper protegamur auxilio. per.

Fol. 18 a.

secreta
Propitiare domine supplicationibus nostris et has oblationes quas tibi offerimus. pro famulis tuis benignus assume. ut uiam illorum et pręcedente gratia tua dirigas. et subsequente comitari digneris. ut de actu atque incolomitate eorum secundum misericordiæ tuę presidia gaudeamus. per.

postcommunio
Deus infinitæ misericordie et maiestatis immensę quam nec spatia locorum nec interualla temporum ab his quos tueris abiungunt ./ adesto famulis in te ubique confidentibus et per omnem quam ituri sunt uiam dux eis et comes esse dignare. per.

P.
[Gerbert. i. 288 a.]

pro familiaribus
oratio
Deus qui caritatis dona per gratiam sancti spiritus tuorum cordibus fidelium infundis ./ da famulis et famulabus tuis fratribus et sororibus nostris pro quibus tuam deprecamur clementiam salutem mentis et corporis ut te tota uirtute diligant. et que tibi sunt placita tota dilectione perficiant. per.

Fol. 18 b.

secreta
Miserere quęsumus domine famulis et famulabus tuis. pro quibus hoc sacrificium laudis tuæ offerimus maiestati.[1] ut per hoc sancta. sacrificia supernę benedictionis gratiam obtineant. et gloriam ęternę felicitatis[2] adquirant. per.

[1] S. + et præsta.
[2] R. beatitudinis.

postcommunio.

Diuina libantes misteria quęsumus domine ut hec salutaria sacramenta illis proficiant ad prosperitatem et pacem pro quorum[1] dilectione hec tuae obtulimus maiestati. per.

contra tem[ptationem] car[nis]

Ure igne sancti spiritus renes nostros et cor nostrum domine ut tibi casto corpore seruiamus et mundo corpore placeamus. per.

secreta.

Dirumpe domine igne sancti spiritus uincula peccatorum nostrorum ut sacrificare tibi hostiam laudis absoluta libertate possimus. et retribue que ante tribuisti. et salua nos per indulgentiam quos dignatus es saluare per gratiam. per.

postcommunio.

Domine adiutor noster et protector aduiua nos et refloreat caro nostra uel uigore pudicitię uel sanctimonię nouitate [1]ereptamque de manu tartari in resurrectionis gaudium iubeas pręsentari.[1] per.

Pro serenitate aeris

oratio

Ad te nos domine clamantes exaudi et aeris serenitatem nobis tribue supplicantibus. ut qui iuste pro peccatis nostris affligimur misericordia tua preueniente clementiam sentiamus. per.

secreta

Preueniat nos quęsumus domine gratia tua semper et subsequatur. et has oblationes quas pro peccatis nostris nomini tuo consecrandas offerimus[1] benignus assume. ut per intercessionem sanctorum tuorum cunctis proficiant ad salutem. per.

postcommunio

Plebs tua domine capiat sacrę benedictionis augmentum et copiosis beneficiorum tuorum subleuetur auxiliis quae tantis intercessorum deprecationibus adiuuatur. per.

pro petitione lacrimarum.

Omnipotens clementissime deus qui sitienti

populo fontem uiuentis aquę de petra produxisti. educ de cordis nostri duritia compunctionis lacrimas. ut peccata nostra plangere   Fol. 20 a.
ualeamus remissionemque te miserante mereamur accipere. per.

Secreta.

Hanc oblationem quesumus domine deus quam tuę pietati pro peccatis nostris offerimus propitius respice. et produc de oculis nostris lacrimarum flumina quibus debita flammarum incendia ualeamus extingere. per dominum.

Postcommunio.

Gratiam sancti spiritus domine deus cordibus   R.
nostris clementer infunde. que nos gemitibus efficiat lacrimarum maculas nostrorum diluere peccatorum atque ad optatę nobis indulgentię te largiente prestet effectum. per.

Pro custodia monasterii et habitatorum eius.   P.

[For other missæ in monasterio, see Gerbert. i. 278.]

Omnipotens sempiterne deus ędificator et   P.
custos supernę civitatis ierusalem ędifica et custodi monasterium istud cum habitatoribus eius ut sit in eo domicilium incolomitatis et pacis.   Fol. 20 b.

Secreta

Grata sit tibi deus hec oblatio munerum   P.
quibus hec congregatio cum * salute corroborata consistat. et in ea religiosus tuæ scruitutis fructus indesinenter proficiat. per.

Protege nos domine subsidiis pacis. mentis et corporis et spiritualibus enutriens alimentis   P.
a cunctis hostibus redde securos. per.

M[issa]. communis.

[= S. De omnibus sanctis per totum annum. R. ad poscenda suffragia sanctorum.]

Concede quesumus omnipotens deus. ut intercessio nos sanctę dei genitricis mariæ. sanctarumque omnium celestuum uirtutum. et beatorum patriarcharum prophetarum apostolorum martirum confessorum atque uirginum. et omnium electorum ubique lętificet? ut dum eorum merita recolimus patrocinia sentiamus. per.

Oblatis domine quesumus placare muneribus.   Fol. 21 a.
et intercedente beata dei genitrice maria cum omnibus sanctis tuis a cunctis nos defende periculis. per.

postcommunio.

Sumpsimus domine sancte marie et omnium sanctorum merita recolentes sacramenta celestia presta quesumus. ut quod temporaliter gerimus eorum precibus adiuti eternis gaudiis consequamur. per

m[issa] c[ommunis]

S.

Omnium sanctorum tuorum intercessionibus quesumus domine gratia tua nos saluet semper et christianis omnibus uiuentibus atque defunctis misericordiam tuam ubique pretende. ut uiuentes ab omnibus impugnationibus defensi tua opitulatione saluentur et defuncti remissionem mereantur suorum omnium accipere peccatorum. per.

Fol. 21 b.
S.

Secreta

Oblationibus nostris quesumus propitiatus intende et ob tuorum omnium sanctorum honorem ueniam nobis nostrorum tribue delictorum ac christianis omnibus uiuentibus atque defunctis hec sancta presens libatio et uite presentis commoda et futuri regni premia acquirat. per.

postcommunio

P.
[A similar Postcom. in S. p. 978.]

Purificent nos quesumus domine et diuini sacramenti perceptio et gloriosa omnium sanctorum tuorum oratio et animabus famulorum famularumque tuarum quorum commemorationem agimus remissionem cunctorum tribue peccatorum. per

m[issa] c[ommunis]

Fol. 22 a.

Omnipotens sempiterne deus qui uiuorum dominaris simul et mortuorum omniumque misereris quos tuos fide et opere futuros esse prenoscis te suppliciter exoramus ut pro quibus effundere preces decreuimus quosque uel presens seculum adhuc in carne retinet uel futurum iam exutos corpore suscepit pietatis tue clementia omnium delictorum suorum ueniam et gaudia consequi mereantur eterna. per.

Secreta

Deus cui soli cognitus est numerus electorum in superna felicitate locandus. tribue quesumus.

ut uniuersorum quos in oratione commendatos suscepimus. et omnium fidelium uiuorum atque mortuorum nomina beatę predestinationis liber ascripta retineat. per.

postcommunio

Purificent nos quesumus sacramenta que sumpsimus. et presta ut hoc tuum sacramentum non sit nobis reatus ad penam sed intercessio salutaris adueniat sit ablutio scelerum. sit fortitudo fragilum. sit contra mundi pericula firmamentum sit uiuorum atque mortuorum fidelium remissio omnium delictorum. per.

R. [D. Fol. 52 b.]

Fol. 22 b.

Pro facientibus elemoysinas

Inclina. domine aures pietatis tuę et exaudi preces nostras et aperi oculos maiestatis tue et respice propitius super famulos tuos. et qui nobis temporalia dona largiuntur dona eis indulgentiam peccatorum et in operibus bonis perseuerantiam. et in regno tuo magna pro paruis celestia pro terrenis et pro temporalibus sempiterna recipiant. per.

P.
[Goldasti Aleman. Rer. Scriptores, ii. 187. Tournay Mis. 1540.]
P.

secreta

Omnipotens sempiterne deus respice propitius in hos famulos tuos qui in pauperes tuos operantur uirtute custodi potestate tuearis. ut per multa curricula annorum lęti tibi in pauperes tuos hec operentur. per.

P.

postcommunio

Da quesumus famulis tuis. N. sperata suffragia obtinere. ut qui tuos pauperes uel tuas ecclesias memorantur sanctorum omnium simul et beati martiris tui laurentii mereantur consortia cuius exempla sunt secuti per dominum.

Fol. 23 a.
P.

Pro fidelibus defunctis in die obitus

Requiem ęternam dona eis domino et lux perpetua luceat eis.
psalmus Te decet imnus deus in Sion et reddentur nota in. exaudi orationem ad omnis caro ueniet. Requiem.

Oratio

Deus cui proprium est misereri semper et parcere supplices deprecamur pro anima famuli. tui N. qui hodierna die de hoc seculo migrare iussisti. ut non tradas eam in manus inimici ne obliuiscaris in finem sed iube eam a sanctis angelis suscipi et ad patriam[1] paradisi[1] perduci

Fol. 23 b.

[1] S. regionem vivorum.

70 Missale Vetus

<small>2,2 S. sanctorum tuorum mereatur societate lætari.</small>

et qui in te sperauit et credidit ²non penas ęternas sustineat sed gaudia eterna possideat.² per.

Secreta

R.

1,1 R. *om.*

Propitiare domine quesumus animę famuli tui. N. ¹cuius depositionis diem celebramus¹ et pro qua hostias placationis tibi immolamus maiestatem tuam suppliciter deprecantes. ut per hec placationis officia peruenire mereatur ad requiem sempiternam.

Postcommunio

Presta quesumus domine ut anima famuli tui. N. quam hodie de hoc seculo migrare iussisti꞉ his sacrificiis expiata indulgentiam pariter et requiem capiat sempiternam. per.

Fol. 24 a. S. p. 869.

Missa in die sepulture

Requiem ęternam.

S.

Omnipotens sempiterne deus misericordiam tuam supplices deprecamur. ut animam famuli tui. N cuius corporis debitum sepuiturę officium persoluimus in sinum abrahę iubeas collocari et cum dies agnitionis tuę aduenerit. inter sanctos et electos tuos cum resuscitari precipias. per

Secreta

S.

The text is corrupt.

Suscipe domine pro anima famuli tui. N. hostiam quam te deo patri benigne optuli pro nobis. et quia causa hominum descendisti de celis te redeunde sanctorum mereatur adiungi consortiis per te saluator mundi. qui. cum.

Postcommunio

S.

Fol. 24 b.

Presta quesumus domine ut anima famuli tui N. cuius hodie officia humanitatis exhibemus his sacrificiis expiata saluationis tue perpetuo munere gratuletur per.

P.

[A missa somewhat similar in title and contents is given in Gerbert, i. p. 327.]

P.

R. Rit. p. 226.

a prima die obitus usque ad trigesimam diem.

Omnipotens domine ut animę famuli tui. N. cuius obitus prinam. ii. iii. iiii. u. ui. uii. diem celebramus sanctorum atque electorum largiaris consortium et rorem misericordię tuę perhennem infundas. per.

Secreta

P.

Adesto domine supplicationibus nostris et hanc oblationem quam tibi offerimus ob diem

Hibernicum. 71

depositionis i. ii. iii. iiii. u. ui. uii pro anima
famuli tui N. placatus ac benignus assume.
per.

Postcommunio

Omnipotens sempiterne deus collocare dig- P.
neris animam et spiritum famuli tui. N. cuius i. [D. fol. 56 b.]
ii. iii. iiii. u. ui. uii. xxx. diem depositionis celebramus in sinibus abrahę. isaac et iacob. ut cum
dies agnitionis tuę uenerit in sanctos et electos Fol. 25 a.
tuos eum resuscitari precipias. per.

Pro fidelibus defunctis. commune.

Requiem.
Psalmus Te decet.
Inclina domine aurem tuam ad preces nostras
quibus misericordiam tuam supplices depreca-
mur. ut animas famulorum tuorum[1] quas de hoc   [1] S. + famularum quo tua-
seculo migrare iussisti pacis ac lucis regione   ram. R. famuli tui. N.
constituas et sanctorum tuorum iubeas esse   Diac. Card.
consortes. per.

Apocol[ipsis] Iohannis Apoc. xiv. 13.

[1]In diebus illis[1]/ audiui uocem de celo   [1] A. V. om. + et.
dicentem michi;[2] scribe/ beati mortui qui in [2] A. om.
domino moriuntur; amodo iam dicit spiritus/
ut requiescant a laboribus suis opera enim
illorum/ sequuntur[3] illos   [3] A. secuntur.

ad tesolo[nicenses.] [1] Thess. iv. 13-18.
                                                   [1] A. V. om.
Fratres[1]/ nolumus[2] uos ignorare[3] de dor-   [2] A. V. + autem.
mientibus/ ut non contristemini sicut et ceteri   [3] A. V. + fratres.
qui spem non habent; si enim credimus quod   Fol. 25 b.
ihesus mortuus est et resurrexit/ ita et deus eos
qui dormierunt per ihesum adducet cum eo;
hoc enim uobis dicimus in uerbo domini quia
nos qui uiuimus qui residui sumus in aduentum[4] [4] A. V. adventum.
domini non praeueniemus eos qui dormierunt;
quoniam ipse dominus in iusu[a] et in uoce   [a] V. jussu.
archangeli et in tuba dei descendet de celo. et
mortui qui in christo[5] resurgent primi; deinde [5] A. V. sunt.
nos qui uiuimus et[6] relinquimur/ simul ra-   [6] A. V. qui.
piemur cum illis in nubibus obuiam christo[7]   [7] A. domino.
in aera; et sic semper/ cum domino eri-   [8] A. om.
mus. itaque consolamini inuicem/ in[8] uerbis   [9] A. V. istis.
illis.[9]   [*] *Error* for 1 Cor. xv. 51-57.

ad tesoloni[censes.][*] [1] A. V. om.
                                                  [1] A. V. mysterium.
Fratres[a]/ ecce misterium[1] uobis dico omnes   [2] A. resurgimus. A. V. + sed.
quidem resurgemus; non omnes immutabimur[2]   [3] A. V. immutabimur. R.
in momento[4] in ictu oculi/ in nouissima tuba; [4] A. V. momento. Fol. 26 a.

[5] A. om.
[6] A. V. immutabimur.
[7] A. incorruptelam. V. incorruptionem.
[8] A. V. + Cum autem mortale hoc induerit immortalitatem.
[9] A. Absorta. V. absorpta.
[10] A. V. + mors.
[11] A. V. + est. [12] A. V. vero.
[13] A. V. transpose.

2 Mac. xii. 43-45.
[1.1] V. Et facta collatione.
[2] V. millia.
[3] V. drachmas. [4] V. misit.
[5] V. offerri. [6] V. om.
[7] V. + sacrificium.
[8] V. bene.

Fol. 26 b.
[9] V. et.

R.
S.

S.
S.
S.

Joh. xi. 21-27.
[1] A. V. om.
[2] A. V. + ergo.

Fol. 27 a.
[3] A. V. dicit. [4] A. V. illi.

[5] A. novissima.

[6] A. om.

Joh. vi. 51-55.
[1.1] A. V. om.

canet enim tuba[3] et mortui resurgent incorrupti; et nos immotabimur.[4] oportet enim corruptibile hoc induere incorruptibilem[7]; et mortale hoc induere immortalitatem[8]; tunc fiet sermo qui scriptus est; obsorbpa[9] est[10] in uictoria; ubi[11] mors uictoria tua. ubi[11] mors stimulus tuus; stimulus autem mortis peccatum[11]; uirtus autem[12] peccati lex; gratias[13] autem deo[13]; qui dedit nobis uictoriam.

lectio libri machabeorum.
[1] In diebus illis; uir fortissimus iudas collatione facta[1] xii. milia[2] dragmas[3] argenti; missit[4] ierusolimam offerre[5] eas[6] ibi pro peccatis mortuorum;[7] iuste[8] et religiose; de resurrectione cogitans nisi enim eos qui ceciderant resurrecturos speraret. superfluum uideretur et uanum orare pro mortuis; sed[9] quia considerabat quod his qui cum pietate dormitionem acceperant optimam haberent repositam gratiam; sancta ergo et salubris est cogitatio pro defunctis exorare; ut a peccatis soluantur;
graDale Requiem ęternam dona eis domine et lux perpetua luceat eis.
v Absolue domine animas eorum ab omni uinculo delictorum.
Tractus De profundis clamaui ad te domine domino exaudi orationem meam.
v Fiant aures tuę intendentes in orationem serui tui.
v Si iniquitates obseruaueris domine domine quis sustinebit.
Quia apud te propitiatio est et propter legem tuam sustinui te domine.

secundum iohannem
[1] In illo tempore[1]; dixit[2] martha ad ihesum; domine; si fuisses; hic frater meus non fuisset mortuus. sed et nunc scio; quia quęcunque poposceris a deo dabit tibi deus;[1] dixit[3] ei[4] ihesus; resurget frater tuus; dixit[3] ei martha. scio; quia resurget in resurrectione in nouissimo[5] die; dixit ei ihesus; ego sum resurrectio et uita; qui credit in me; etiamsi mortuus fuerit uiuet; et omnis qui uiuit et credit in me; non morietur in ęternum; credis hoc; ait illi; utique domine; ego credidi quia tu es christus filius dei uiui; qui in hunc[6] mundum. uenisti;

secundum iohannem
[1] In illo tempore; dixit ihesus turbis iudęorum;[1] ego sum panis uiuus qui de celo descendi; si quis manducauerit ex hoc pane; uiuet in

¿ternum ; et panis quem ego dabo caro mea
est:· pro mundi uita ; litigabant ergo iudei:·
ad inuicem dicentes ; quomodo potest hic[a]
carnem suam dare² uobis²³ ad manducandum:·
dixit ergo eis ihesus ; amen amen dico uobis ;
nisi manducaueritis carnem filii hominis. et
biberitis eius sanginem[b]:· non habebitis uitam
in uobis ; qui manducat carnem² meam² et
bibit⁴ sanginem[b⁵] meum.⁵ habet uitam ęternam ; et ego resuscitabo eum:· in nouissimo
die.

secundum iohannem.

¹In illo tempore:· dixit ihesus discipulis suis ;¹
amen amen dico uobis:· quia qui uerbum meum
audit et credit ei qui me² misit.² habet uitam
ęternam.³ amen amen dico uobis:· quia uenit
hora et nunc est:· quando mortui audient
uocem filii dei. et qui audierunt⁴ uiuent ; sicut
enim pater habet uitam in semetipso:· sic dedit
et filio uitam⁵ in semetipso habere.ᵃ et potestatem dedit ei⁶ iudicium facere quia filius
hominis est ; nolite mirari hoc:· quia uenit
hora in qua omnes qui in monumentis sunt
audient uocem[b] filii⁷ dei ;⁷ et procident⁸ qui
bona fecerunt. in resurrectionem uitę ; qui
uero mala fecerunt⁹:· in resurrectionem iudicii.

secundum iohannem

¹In illo tempore:· dixit ihesus discipulis suis
et turbis iudeorum.¹ omne quod dat mihi pater
ad me uenit ;² et eum qui uenit ad me non
eiiciam foras. qui³ de celo descendi.³ non ut
faciam uoluntatem meam. sed uoluntatem eius
qui misit me. hec est autem uoluntas eius qui
misit me patris:· ut omne quod dedit michi[a]
non perdam. ex eo quicquid[b] sed resuscitem
illud⁴ in nouissimo die. hic⁵ est enim uoluntas
patris mei qui misit me:· ut omnis qui uidet
filium et credit in eum habeat uitam ęternam ;
et ego⁶ resuscitabo⁶ eum:· in nouissimo die.

offertorium

Domine ihesu christe rex glorie libera animas omnium fidelium defunctorum de manu inferni et de profundo lacu libera eas de ore leonis ne absorueat eas
tartarus ne cadant in obscura¹ sed signifer sanctus
michael representet eas in lucem sanctam. Quam olim
abrahę promisisti et semini.

sacerdos se inclinat et dicit.

Hostias et preces tibi domine offerimus.

Fol. 27 b.
[a] V. + nobis.
² A. transposes.
³ A. nobis. V. om.

[b] A. V. sanguinem.

⁴ A. bibet.
⁵ A. V. transpose.

Joh. v. 24-29.
¹·¹ om.
S.
² A. V. transpose.
³ A. V. +et in iudicium non
  ueniet (V. uenit) sed tran-
  siet (V. transiit) a morte in
  uitam.
⁴ A. V. audierint.
⁵ A. V. + habere.
ᵃ A. V. om.
⁶ A. + et. Fol. 28 a.

[b] A. + ejus.   ⁷ A. om.
⁸ A. V. procedent.
⁹ A. V. egerunt.

Joh. vi. 37-40.
¹·¹ A. V. om.

² A. V. ueniet.
³ A. V. quia descendi de cœlo.

[a] A. V. mihi.
[b] A. V. om.
⁴ A. illum.   ⁵ A. V. hoc.
Fol. 28 b.

⁶ A. transposes.

¹ R. obscurum. S. + tene-
  brarum loca.

P.

Missale Vetus

S.   **Chorus.** Tu suscipe pro animabus illis quarum hodie memoriam agimus fac eas domine de morte transire ad uitam. quam olim.
S.   Orate fratres. pro fidelibus defunctis
S.   **chorus** Requiem ęternam dona eis domino et lux perpetua luceat eis.

Fol. 29 a.
² S. + vitiis.
S.

Animas famulorum tuorum ab omnibus² humanę conditionis quęsumus domine hęc absoluat oblatio quę totius mundi tulit immolata peccatum. per.

prefatio.

P.
[Gerbert, i. 328. D. fol. 55 b.]

U. D. per christum dominum nostrum. per quem salus mundi? per quem uita hominum? per quem resurrectio mortuorum per ipsum te dominum suppliciter deprecamur ut animabus omnium fidelium defunctorum indulgentiam largiri digneris perpetuam? atque a contagiis mortalitatis exutas in ęternę saluationis partem restituas. per quem.

communio

S.

Pro quorum memoria corpus christi sumitur dona eis domine requiem sempiternam

¹ S. sumitur.
² S. + requiem sempiternam.

b Et lux perpetua luceat eis. pro quarum *memoria* sanguis christi bibitur¹ dona eis domine²

postcommunio

S.
Fol. 29 b.
¹ S. + ut.
² S. + semper.
³ S. + mereantur.

Annue nobis domine per hoc sanctum sacrificium quod sumpsimus.¹ Animę famulorum tuorum famularumque tuarum remissionem quam² optauerunt percipere³ delictorum. per.

pro epis[copo] d[efuncto]

Deus qui inter apostolicos sacerdotes famulos tuos. N. pontificali fecisti dignitate censeri. presta quesumus ut ¹ quorum uicem ad horam gerebant in terris¹ eorum perpetuo consortio lętentur in celis. per.

¹·¹ R. *om.*

secreta

P.
[D. fol. 57 a.]

Suscipe domine quesumus pro animabus famulorum tuorum pontificum quas offerimus hostias. ut quibus pontificale donasti misterium dones et meritum. per.

postcommunio

P.
[D. fol. 57 a.]

Propitiare domine supplicationibus nostris ut animas famulorum tuorum N pontificum in regione uiuorum eternis iube gaudiis sociari per.

pro abbate.

Fol. 30 a. S.

Presta quesumus domine ut anima famuli. tui N quem in hoc seculo commorantem sacris muneribus decorasti in celesti sede gloriosa semper exultet. per.

S.

secreta

Suscipe quesumus domine hostias quas tibi pro anima famuli tui. N. humiliter immolamus ut cui sacerdotale officium contulisti dones et prçmium.[1] per.

S.

[1] S. meritum.

postcommunio

Concede quesumus omnipotens deus ut per hçc sancta misteria anima famuli[1] tui.[1] N. in conspectu tuo semper clara consistat qui tibi fideliter ministrauit. per.

S.

[1] S. tui abbatis.

pro sacerdotibus

oratio

Deus cuius misericordiæ non est numerus suscipe pro animabus famulorum tuorum sacerdotum preces[1] sacerdotum[1] preces nostras. et lucis eis lçtitiçque in[1] regionem in sanctorum tuorum societate concede. per.

S.
S.

[1] S. om.

secreta

Quesumus domine ut oblationem quam tibi offerimus pro animabus famulorum tuorum sacerdotum placatus accipias. et quos tuis altaribus seruire tribuisti ad beatorum pertinerç[1] iubeas consortia sacerdotum. per.

Fol. 30 b.
S.

[1] S. pervenire.

postcommunio

Presta quesumus [1]domine deus animabus famulorum tuorum sacerdotum[1] çternç felicitatis consortium. quibus donasti sacri altaris consequi ministerium. per.

S.

[1-1] omnipotens Deus. per hæc sancta mysteria animæ famuli tui sacerdotis.

pro diaconibus

Beati Zephani protomartiris tui quesumus domine intercessione nos protege et animas famulorum tuorum diaconorum. N. sanctorum tuorum iunge consortiis. per.

P.

secreta

Suscipe quesumus domine hostias placationis et laudis quas in honore sancti Zephani protomartiris tui nomini tuo consecrandas deferimus et pro requie famuli tui. N. leuite tibi suppliciter immolamus. per.

P.
[A similar Sec. in a missa pro amico defuncto, S. 874*.]
Fol. 31 a.

Missale Vetus

P.
[A similar Postcom. in a missa pro quolibet defuncto, S. 874⁵.]

postcommunio

Ascendant ad te domine preces nostrę ut animas famulorum tuorum. N. leuitarum ęternę gaudia suscipiant. et quos fecisti adoptionis participes iubeas hereditatis tuę esse consortes. per.

P.
[= S. Missa pro fratribus et sororibus.]

¹ S. + et sorores.
S.

pro fratribus nostrae congregationis

Deus uenię largitor et humanę salutis auctor quesumus clementiam tuam ut nostrarum congregationum fratres ¹ qui ex hoc seculo transierunt intercedente beata maria semper uirgine et beato michaele archangelo cum omnibus sanctis tuis ad perpetuę beatitudinis consortium peruenire concedas. per.

Fol. 31 b.
¹ S. + et sororum.

secreta.

Deus cuius misericordiæ non est numerus suscipe propitius preces humilitatis nostrę et animabus fratrum ¹ nostrarum congregationum quibus tui nominis dedisti confessionem per hec sacramenta salutis nostrę cunctorum remissionem tribue peccatorum. per.

¹ S. + et sororum.

postcommunio

Presta quesumus omnipotens deus. ut animę fratrum ¹ nostrarum congregationum pro quibus hoc sacrificium laudis tuę obtulimus maiestati per huius uirtutem sacramenti a peccatis omnibus expiatę lucis perpetuæ te miserante recipiant beatitudinem. per.

pro parentibus defun[ctis]

¹·¹ R. S. patris et matris meæ.
Fol. 32 a. ² R. S. *om.*

Deus qui nos patrem et matrem honorare pręcepisti miserere clementer animabus parentum ¹ nostrorum ¹ corumque peccata omnia ² dimitte nosque eos in ęternę claritatis gaudio fac uidere. per.

¹·¹ R. S. patris et matris meæ.

Secreta

Suscipe sacrificium domine quod tibi pro animabus parentum ¹ nostrorum ¹ offertur eisque gaudium sempiternum in regione uiuorum concede nosque felicitati sanctorum coniunge. per.

postcommunio

¹·¹ R. S. patris et matris meæ.

Celestis participatio domine sacramenti animabus parentum ¹ nostrorum ¹ requiem et lucem

obtineat perpetuam nosque cum illis gratia tua
coronet eterna. per.

Pro benefactoribus d[efunctis]

Miserere quesumus domine animabus om- S.
nium benefactorum nostrorum defunctorum. et
de[1] beneficiis quę nobis largiti sunt in terris. [1] S. pro.
pręmia ęterna consequantur in celis. per.

secreta

Suscipe domine hec munera pro animabus P.
omnium nostrorum requiescentium benefactorum et pro beneficiis eorum quibus sustenta-
mur. da eis retributionem in regno celorum. per.

postcommunio   Fol. 32 b.

Sumpta sacramenta domine nos absoluant[1] [1] S. + a.
uinculis peccatorum. et animabus[2] nostrorum [2] S. + omnium.
benefactorum defunctorum consortia obtineant S.
spirituum beatorum. per.

pro carnalibus. d[e]f[unctis].

P.
[= S. Pro masculis familiaribus.]

Omnipotens sempiterne deus, cui nunquam S.
sine spe misericordię supplicatur. propitiare
animabus famulorum tuorum. N. ut qui de hac
uita in tui nominis confessione decesserunt
sanctorum tuorum numero facias aggregari.
per.

secreta

Propitiare quesumus domine animabus famu- S.
lorum tuorum. N. pro quibus tibi hostias placationis offerimus. et qui in hac luce in fide
manserunt catholica in futura uita eis[1] retri- [1] S. + misericordissima.
butio condonetur. per.

postcommunio

Presta quesumus omnipotens deus ut animas S.
famulorum tuorum. N. ab angelis lucis sus- Fol. 33 a.
ceptas in preparata habitacula deduci facias
beatorum. per.

Pro feminis d[efunctis.]

Quesumus domine pro tua pietate miserere S.
animabus famularum tuarum et a contagiis
mortalitatis exutas in ęternę saluationis partem
restitue. per.

secreta

His sacrificiis quęsumus domine animę S.

famularum tuarum a peccatis omnibus exuantur.¹ a quibus¹ nemo liber existit ut per hec piç placationis officia perpetuam misericordiam consequantur. per.

1.1 S. sine quibus a culpa.

postcommunio
Inueniant quesumus domine animç famularum tuarum lucis çternç consortium cuius perpetuç gratiç¹ consecutç sunt sacramenta. per.

S.

¹ S. misericordiæ.

Fol. 33 b.

Pro his qui cimitherio requiescunt
oratio
Deus cuius miseratione animæ fidelium requiescunt famulis¹ et famulabus tuis omnibus hic et ubique in christo quiescentibus da propitius ueniam peccatorum ut a cunctis reatibus absoluti tecum sine fine lçtentur. per.

¹ S. animabus famulorum, &c.

secreta
Pro animabus famulorum famularumque tuarum hic et ubique omnium ¹ catholicorum dormientium¹ hostiam domine suscipe benignus oblatam ut hoc sacrificio singulari uinculis horrendç mortis exuti² uitam mereantur³ eternam. per.

1.1 S. in Christo quiescentium.

² S. exutæ.
³ S. + inuenire.

postcommunio
Deus fidelium lumen animarum adesto¹ supplicationibus² nostris. et da famulis et famulabus tuis quorum corpora hic et ubique requiescunt refrigerii sedem quietis beatitudinem luminis claritatem. per.

¹ S. + propitius.
² S. invocationibus.

Fol. 34 a.

Pro amico def[uncto.]

Deus cui proprium est misereri semper et parcere propitiare animç famuli tui. N. et omnia eius peccata dimitte. ut mortis uinculis absoluta transire mereatur ad uitam. per.

[These three prayers in S. are under the heading "In die trigintali."]

secreta
Intuere quesumus omnipotens çterne deus et¹ suscipere dignare hoc sacrificium quod tibi offerimus. pro anima famuli tui. N. et concede illi perpetuam et requiem sempiternam per.

S.
¹ S. + placatus.

postcommunio
Prosit quesumus domine animç famuli tui N. diuini celebratio sacramenti ut eius in quo sperauit et credidit çternam capiat te miserante consortium. per.

S.
[A similar Postcom. appears in R. with special application, Pro summo Pontifice; Episc.; Ep. Card.; Presbyt. Card.]

Pro femina d[efuncta]

Maiestatem tuam domine supplices deprecamur ut animę¹ famulę tuę. N. ab omnibus quę humanitus commisit exuta in tuorum censetur² sortem iustorum. per.

¹ S. anima.
Fol. 34 b.
² S. censeatur.

secreta

Hostias tibi domine¹ supplicatione deferimus ut animę² famulę tuę. N. per hec pie placationis officia ²perpetuam misericordiam consequatur.² per.

S.
¹ S. + humili.
ª S. anima.
².² S. pervenire mereatur ad requiem sempiternam.

postcommunio

Presta quesumus domine animę famulę tuę. N. misericordiam tuam sempiternam. ut eam mortalibus nexibus expeditam lux ęterna possideat. per.

S.

Missa in anniuersario

Deus indulgentiarum domine da animę famuli tui N. cuius anniuersarium depositionis diem commemoramus refrigerii sedem quietis beatitudinem¹ luminis claritatem. per dominum.

¹ R. + et.

secreta

Propitiare domine supplicationibus nostris. pro anima¹ et² spiritu² famuli tui. N. cuius hodie annua dies agitur pro qua tibi offerimus sacrificium laudis. ut eam sanctorum tuorum consortio sociare digneris. per.

¹ R. animabus famulorum famularumque tuarum.
² R. S. om.
Fol. 35 a.

postcommunio

Presta domine quesumus ut anima famuli¹ tui. N. cuius¹ anniuersarium ²celebramus depositionis diem² his purgata sacrificiis indulgentiam pariter et requiem capiat sempiternam. per.

¹,¹ R. famulorum famularumque tuarum quorum.
²,² S. R. depositionis diem recolimus (R.) commemoramus.

Pro eo qui sine penitentię remedio desiungitur.¹

Omnipotens et misericors deus in cuius humana condicio potestate consistit. animam famuli tui. N. quesumus¹ domine² absolue peccatis. et penitentię fructum quem uoluntas eius optauit mortalitate³ non perdat. per dominum.

P.
[¹ = defungitur?]
[= S. Pro defuncto morto preuento.]
S.
¹ S. + ab omnibus.
² S. om.
³ S. præuentus morte.

secreta

Satisfaciat tibi domine quesumus pro anima famuli tui N. sacrificium presentis oblatio. et

S.
Fol. 35 b.

Missale Vetus

[1] S. + inveniat.
[2] S. vocis.
[3] S. fructum te largiente perficiat.

S.
[1] S. præstatur.
[2] S. humanis cordibus.
[3] S. + quod.
[4] S. animæ.

peccatorum ueniam quam quesiuit.[1] et quod officio linge[2] implere non potuit. desideratæ penitentię[3] compensatione percipiat.[3] per.

postcommunio

Deus a quo speratur[1] humani[2] corporis[2] omne[3] bonum est tribue quesumus per hec sancta que sumpsimus ut sicut anima[4] famuli tui. N. penitentiam uelle donasti. sic indulgentiam tribuas miseratus optatam.

Pro fidelibus def[unctis.]

[1.1] S. omnium fidelium defunctorum.

Fidelium deus omnium conditor et redemptor animabus[1] famulorum famularumque tuarum[1] remissionem cunctorum tribue peccatorum. ut indulgentiam quam semper optauerunt piis supplicationibus consequantur. per.

secreta

Fol. 36 a.
[1.1] S. omnium fidelium defunctorum.

Hostias quesumus domine quas tibi pro animabus [1]famulorum famularumque tuarum[1] offerimus propitiatus intende. ut quibus fidei christianę meritum contulisti dones et premium. per dominum.

postcommunio

[1.1] S. omnium fidelium defunctorum.

Animabus quesumus domine [1]famulorum famularumque tuarum[1] oratio proficiat supplicantium. ut eas et a peccatis omnibus exuas. et tuæ redemptionis facias esse participes. per.

missa communis

Omnipotens sempiterne deus qui uiuorum dominaris simul. et.

secreta

Deus cui soli cognitus est numerus.

postcommunio

S.

Fol. 36 b.

Pro celestis conuiuii iocunditate gratias agimus tibi rex et sacerdos noster maiestatem tuam humiliter rogantes ut hec sacrosancta corporis et sanginis hostia non sit nobis reatus ad penam. sed intercessio salutaris ad ueniam. sit ablutio scelerum sit fortitudo fragilium. sit contra omnia mundi pericula firmamentum sit niuorum atque mortuorum fidelium remissio omnium delectorum qui cum deo patre et spiritu sancto uiuis et regnas deus per omnia secula seculorum Amen.

Hibernicum.

*

<small>Facta professione ut se inuicem caste et fideliter custodiant usque in finem uitæ sue ponuntur sponsalia nummorum et anulorum argenti super pallium[1] ante altare coram sacerdote parentibus et amicis viri et mulieris. deinde talibus incipit a sacerdote induto alba et stola.</small>

<small>Benedictio super anulum et argentum, sic.</small>

Creator et conseruator humani generis dator gratię spiritualis largitor ęternę salutis tu domine mitte benedictionem tuam super hunc anulum et hoc argentum. per.

<small>antifona</small> Manda deus uirtutem tuam confirma deus hoc quod operatus es in nobis.

<small>pfalmus</small> Exurgat deus et dissipentur usque argento.

<small>oratio.</small>

Respice domine de celo super hanc conuentionem per angelum tuum raphaelem pacificum ut sint sani atque digni tua que eos benedictione perfunde. per.

<small>antifona</small> Beati omnes qui timent dominum.

<small>pfalmus</small> *

<small>Tunc acceptum a prespitero anulum imponit pollici mulieris et indici et in medio digito dexteræ in nomine sancte trinitatis et facta communi oratione pro eis *dicit*.</small>

Deus abraam. deus isaac. deus iacob. benedic adolescentes istos. et semina semen uitæ in mentibus eorum. ut quicquid pro utilitate didicerunt hoc cupiant facere. per dominum.

<small>oratio</small>

Respice domine de celo super hanc conuentionem et sicut misisti tobię et sarrę filiæ raguelis raphaelem angelum tuum pacificum ita mittere digneris benedictionem tuam super istos adolescentes ut sint sani et digni atque pacifici et gratiam celestem in eos perfunde. per.

<small>oratio</small>

Benedicat uos pater et filius et spiritus sanctus qui trinus est in uno et unus es in nomine. qui in trinitate perfecta.*

<small>Tunc sponsis cereos ardentes tenentibus inchoat sacerdos missam ita dicens.[1]</small>

<small>antifona</small> Benedicta sit sancta.

<small>oratio</small>

Adesto domine supplicationibus nostris. et institutis tuis quibus propagationem humani generis ordinasti benignus assiste ut quod te auctore iungitur te auxiliante seruetur. per.

<small>ad corinthios</small>

Fratres[1] nescitis quoniam corpora uestra membra christi[2] sunt tollens ergo membra

G

[* Here there is a blank line, in which no title has been inserted for the following Ordo sponsalium. Fols. 36 b and 37 a are much worn and nearly illegible. There are wide variations from the S. Ordo Sponsalium and the R. Ritus celebrandi matrimonii.]

Fol. 37 a.

[1] S. scutum vel librum.

Ps. lxvii. 1-31.

Fol. 37 b.

Fol. 38 a.

[' There are many variations from the S. Missa de Trinitate, p. 836*; R. p. xliii.; and the R. Missa pro sponso et sponsa, p. lxxvi.]

1 Cor. vi. 15-20.

[1] A. V. *om.*
[2] V. *transposes.*

82 *Missale Vetus*

christi faciam membra meretricis? absit; an nescitis quoniam qui adheret meritrici? unum corpus efficitur; erunt enim inquit duo? in carne una; qui autem adheret domino? unus spiritus est fugite fornicationem. omne³ peccatum quod⁴ fecerit homo extra corpus est? qui autem fornicatur in corpus suum peccat; an nescitis quoniam membra uestra templum estis⁵ spiritus sancti qui in nobis est quem habetis a deo et non estis uestri empti enim estis? pretio magno glorificate et portate deum? in corpore uestro.

secundum mattheum

¹ In illo tempore¹? accesserunt ad ihesum² pharisei temptantes³ eum? et dicentes; si licet homini dimittere suam uxorem quacumque⁴ ex causa. qui respondens? ait illis;⁵ non legistis quia qui fecit hominem⁶ ab initio masculum et feminam fecit eos? et dixit; propter hoc relinquet⁷ homo patrem suum⁸ et matrem suam⁸? et adherebit uxori sue; et erunt duo? in carne una; itaque? iam non sunt duo. sed una caro; quod ergo deus coniunxit? homo non separet;

offertorium

Benedictus sit.

Postquam uero sponsi obtulerint cereos et oblationem suam dicente presbitero. Orate fratres. Prosternantur super genua retro prespiterum uelentur pallio cum liberis suis.

secreta

Suscipe domine quesumus pro sacra lege conubii munus oblatum et cuius creator es operis esto dispositor.

prefatio

U. D. eterne deus. Qui federe nuptiarum blando concordie iugo et insolubili uinculo pacis nexuisti. ut multiplicandis adoptionum filiis. sanctorum conubiorum fecunditas pudica serviret. tua enim prouidentia. tua gratia ineffabilibus modis utrumque dispensat? ut quos generatio edit ad mundi ornatum regeneratio ad celesiç. perducet augmentum. per christum. dominum.

Postquam autem dicat sacerdos pax domini conuersus retro prespiter ad populum compleat has orationes super eos iacentes

benedictio sponsę

Deus qui potestate tue uirtutis de nichilo cuncta creasti qui dispositis uniuersitatis exordis homini ad imaginem tuam sancto¹ ideo² inseparabile mulieris adiutorium condidisti ut femineo corpori de uirili carne dares principium docens utique³ ex uno placuisset institui nunquam liceret. disiungi. deus qui tam excellenti misterio coniugalem copulam consecrasti ut christi et ęclesię sacramentum presignares in federe nuptiarum. deus per quem mulier iungitur uiro et societas principalis ordinata ea benedictione donetur. que sola nec per originalis peccati penam. nec per diluuii ablata sententiam. huius¹ famulę tuæ per rudimenta sanctifica. ut bono et prospero sociata consortio legis ęternę iussa custodiat. memineritque domine non tandum ad licentiam coniugalem. sed obseruantiam fidei sanctorum pignorum se deligatam,¹ fidelis et casta nubat in christo. imitatrixque sanctarum permaneat feminarum sit amabilis ut rachel uiro suo. sapientis ut rebeca longeva et fidelis ut sarra. nihil ex hac subdolus ille preuaricatis auctor usurpet. nexa fidei mandatis que permaneat feminarum uni thoro iuncta contactus uitæ illicitos fugiat. muniat informitatem suam robore disciplinę. sit uericunda grauis. pudore uenerabilis. doctrinis celestibus erudita. sit fecunda sobole. sit² probata et innocens. et ad beatorum requiem atque ad celestia regna pariter perueniant. et uideant filios filiorum suorum usque in tertiam et quartam progeniem et ad optatam perueniant senectutem. per dominum nostrum.

³ S. quod.
Fol. 40 a.

1,1 respice (S. quæsumus) propitius super hanc famulam tuam, quæ maritali jungenda consortio tua se expetit protectione muniri. Sit in ea jugum dilectionis et pacis. R. S.

Fol. 40 b.

² The S. order of the concluding words is different.

oratio

Deus qui mundi crescentis exordium multiplica prole benedixisti propitiare supplicationibus nostris. et super hanc famulam tuam. N. opem tuę benedictionis infunde. ut in coniugali consortio affectu compari mente consimili sanctitate motua copulentur. per.

Fol. 41 a.

oratio

Omnipotens sempiterne deus qui primos parentes nostros adam et euam sua uirtute creauit. et in sua sanctificatione copulauit. ipse corda et corpora nostra sanctificat atque benedicat. et societate ueræ dilectionis coniungat. quique ad parandas nuptias tobiæ et sarrę raphaelem angelum misit. ipse de supernis sedibus sanctum angelum suum mittat. qui nos in suo seruitio confortet. et in perpetuum ab omni malo defendat. et qui dignatus est nasci de maria uirgine et suo presentatu miraculo

Fol. 41 b.

nuptias consecrare quando aquam in uinum conuertit. ipse nuptiis uestris interesse. nosque sanctificare et benedicere dignetur. deturque nobis quieta tempora mentium et corporum gaudium et procreatione in filiorum et filiarum et post huius seculi labores faciat nos peruenire ad consortia sanctorum / per

Benedicat nos pater. custodiat nos ihesus christus. illuminet nos spiritus sanctus. ostendat que nobis dominus faciem suam et misereatur uestri. Conuertat dominus uultum suum ad nos et det nobis pacem. impleatque nos omni benedictione in remissionem peccatorum ut habeatis uitam eternam. qui.

<small>Deinde surgunt sponsi et sponsę et dat sacerdos. pax domini. et sponsus pacem susceptam a prespitero et tribuit sponsę et ceteris sic eos communicant si digni sunt</small>

postcommunio

Exaudi nos omnipotens deus ut quod nostro ministratur officio. tua potius benedictione compleatur. per.

Benedictio cibi et potus nuptiarum.

Benedic domine hunc potum et hunc cibum. et hoc uasculum sicut benedixisti sex hydrias in chana galileę. et ut fecisti uinum de aqua sic benedicere et sanctificare digneris hunc potum et hoc uasculum ut sint sani atque immaculati omnes qui ex eo gustauerint pater sancte qui regnas.

Benedictio talami.

Benedic domine talamum istum et omnes habitantes in eo. et in tua pace consistant. et in tua uoluntate permaneant. et in amore tuo uiuant et senescant et multiplicentur in longitudine dierum. per

Benedictio corporum

Benedicat deus corpora uestra et animas uestras. et det super uos benedictionem sicut benedixit abraam ysaac. et iacob manus domini sit super nos mittatque angelum suum qui custodiat nos omnibus diebus uitæ uestrę. per dominum. nostrum.

Hibernicum.

Dominica prima de ad[uentu] domini   Fol. 43 a.

Ad te leuaui animam meam deus meus in te confido non erubescam neque irrideant me inimici mei etenim uniuersi qui te expectant non confundentur.
Psalmus. Uias tuas domine demonstra mihi et semitas tuas edoce me.

oratio
Excita domine quęsumus potentiam tuam et ueni. ut ab imminentibus peccatorum nostrorum periculis te mereamur protegente eripi. et te liberante saluari: qui tecum

ad rom[anos]   Rom. xiii. 11-14.
Fratres [a]: scientes quia hora est: iam nos   [a] A. V. et hoc.
de somp̄no [b] surgere; nunc enim [1] propior est   Fol. 43 b.
nostra salus: quam cum credidimus nox prę-   [b] A. V. somno. [1] A. autem.
cessit: dies autem appropinquauit; [2] abiicia-   [2] A. adpropiavit.
mus ergo opera tenebrarum: et induamur
arma [3] lucis sicut in die honeste ambulemus;   [3] A. armis.
non in comesationibus [c] et ebrietatibus: non in   [c] V. comessationibus.
cubilibus et impudicitiis [4] non in contentione et   [4] A. impudicitiis.
emulatione; [5] sed induimini: dominum nos-   [5] A. V. om.
trum [5] ihesum christum.

Graduale Uniuersi qui te expectant non confundentur domino
V Uias tuas domine demonstra mihi et semitas tuas edoce me. Alleluia.
V Ostende nobis domine misericordiam tuam et salutare tuum da nobis.

secundum marcum   Marc. i. 1-8. P.
Principium [1] euangelii domini [2] nostri [2] ihesu   [Mis. Mozar. in vi. domin. de Adventu Domini.]
christi filii dei: sicut scriptum est in isaia [3]   [1] A. V. Initium.
propheta; ecce mitto angelum meum ante   [2] A. V. om.
faciem tuam: qui preparauit [4] uiam tuam ante   Fol. 44 a.
te. uox clamantis in deserto: parate uiam   [3] A. Esaia.
domini rectas facite semitas eius; fuit iohannes   [4] A. V. præparabit.
in deserto baptizans et predicans baptismum
penitentię: in remissionem peccatorem; et
egrediebatur ad illum [5] iudeę regio et ierusolimite [6] uniuersi: et baptizabantur ab illo in   [5] V. cum. A. + omnis.
iordane [a] flumine confitentes peccata sua; et   [6] A. Hierosolymitae. V. Ierosolymitae.
erat iohannes uestitus pilis camelorum [7] et zona   [a] V. Iordanis.
pellicia [b] circa lumbos eius: et locustas et mel   [7] A. V. cameli.
siluestre edebat et predicabat dicens uenit   [b] V. pellicea.
fortior me post me: cuius non sum dignus
procumbens soluere corrigiam calciamentorum
eius; ego baptizaui uos in aqua: ille uero   Fol. 44 b.
baptizabit uos in spiritu sancto.

offertorium
Ad te domino leuaui animam meam deus meus in

te confido non neque irrideant me inimici mei etenim uniuersi qui te non.

Hec sacra nos domine potenti uirtute mundatos ad suum faciant puriores uenire principium. per.

communio
Dominus dabit benignitatem et terra nostra dabit fructum suum.

secreta
Suscipiamus domine misericordiam tuam in medio templi tui et reparationis nostrę uentura sollemnia congruas honoribus pręcedamus: per.

uigilia natal[is] domini.

Hodie scietis quia ueniet dominus et saluabit nos et mane uidebitis gloriam eius.

Psalmus Domini est terra et eius orbis terrarum et qui habitant in eo.

Fol. 45 a.

Deus qui nos redemptionis nostrę annua expectatione letificas. pręsta ut unigenitum tuum quem redemptorem lęti suscipimus uenientem quoque iudicem securi uideamus. per.

Rom. i. 1-5.
1 A. V. om.   ² V. transposes.

ad rom[anos]
Fratres [1]: paulus seruus christi [a] ihesu [a] uocatus apostolus segregatus in euangelium dei (quod ante promiserat per prophetas suos in scripturis sanctis de filio suo: qui factus est ei ex semine dauid secundum carnem qui predis-

b A. V. prodestinatus.
²·² A. V. Jes. Christ. dom. nost.
³ A. accipimus.
⁴ A. obœdiendum. V. obediendum.

tinatus [b] est filius dei in uirtute: secundum spiritum sanctificationis ex resurrectione mortuorum domini ² nostri ihesu christi ²: per quem accepimus ³ gratiam et apostolatum ad obaudiendum ⁴ fidei: in omnibus gentibus pro nomine eius; in quibus estis et uos uocati: ihesu christi domini ¹ nostri; ¹

Fol. 45 b.

Grabale. Hodie scietis quia ueniet dominus et saluabit nos. et mane uidebitis gloriam eius.

b Quia regis israel intende. Alleluia.
b Crastina die delebitur iniquitas terrę et regnabit super nos saluator mundi.

secundum matheum

Mat. i. 18-21.
¹ A. V. om.
² A. V. desponsata.
³ A. V. ejus.
⁴ V. om.
⁴ A. V. somnis.
⁵·ᵇ V. apparuit in somnis.
⁵ A. paruit.

¹ In illo tempore ¹: cum esset disponsata ² mater ihesu ³ maria ioseph: antequam conuenirent inuenta est in utero habens de spiritu sancto; ioseph autem uir eius cum esset homo ⁴ iustus: et nollet eam traducere uoluit occulte dimittere eam; hec autem eo cogitante ecce angelus domini in ᵇ sompnis ⁴ apparuit ᵇ ⁵ ei dicens. ioseph filii dauid: noli timere accipere

Hibernicum. 87

mariam coniugem tuam ; quod enim in ea
natum est ./ de spiritu sancto est ; pariet autem
filium ./ et uocabis nomen eius ihesum ; ipse   Fol. 46 a.
enim saluum faciet populum suum ./ a peccatis
eorum.

offertorium
Tollite portas principes uestras et portę clauamini et
rex gloriȩ.

secreta
Da nobis quesumus omnipotens deus ut sicut
adoranda filii tui natalicia prȩuenimus. sic eius
munera capiamus sempiterna gaudentes ./ per.

communio
Renelabitur gloria domini et uidebit omnis *caro salutare dei nostri*

postcommunio
Da nobis quesumus domine unigeniti filii
tui recensita natiuitate respirare cuius celesti
misterio pascimur et potamur ./ qui tecum.

Missa in gallicantu.   S.

Dominus dixit ad me filius meus es tu ego hodie
genui te.

psalmus *Quare fremuerunt.*

oratio
Deus qui hanc sacratissimam noctem ueri
luminis fecisti illustratione clarescere. da que-   Fol. 46 b.
sumus ut cuius lucis misteria[1] cognouimus. eius   [1] R. S. + in terra.
quoque gaudiis in celo perfruamur. per

lectio ysaię prophete Is. ix. 2, 6-7. S.
[1] Hec dicit dominus deus ;[1] populus gentium[2]   1.1 V. *om.*   [2] V. *om.*
qui ambulabat in tenebris ./ uidit lucem mag-
nam habitantibus in regione umbrȩ mortis ./
lux orta est eis ; paruulus enim natus est nobis.
et filius datus est nobis ; et factus est principatus super humerum eius ./ et uocabitur nomen
eius admirabilis consiliarius. deus fortis. pater
futuri seculi ./ princeps pacis. multiplicabitur
eius imperium ./ et pacis non erit finis. super
solium dauid et super regnum eius sedebit ./
ut confirmet illud et corroboret in iudicio et
institia ./ amodo et usque in sempiternum.

ad titum.   Tit. ii. 11-15.
Karissime[1] ./ apparuit[2] gratia dei saluatoris   Fol. 47 a.
nostri omnibus hominibus erudiens nos ./ ut   [1] A. V. *om.*
abnegantes impietatem et secularia desideria ;   [2] A. V. + enim.
sobrie et iuste et pie uiuamus in hoc seculo ;
expectantes beatam spem ./ et aduentum gloriȩ
magni dei ; et saluatoris nostri ihesu christi

qui dedit semet ipsum pro nobis ut nos redimeret ab omnibus iniquitatibus et mundaret sibi populum acceptabilem sectatorem bonorum operum; hec loquere ✓ et exortare;[3] [4]in christo ihesu ✓ domino nostro;[4]

[3] A. V. exhortare.
[4-4] V. et argue cum omni imperio.

Gradale Tecum principium in die uirtutis tuæ in *splendoribus ex ante luciferum genui te*

Dixit dominus domino meo *sede a meis* donec *ponam inimicos tuos scabellum pedum tuorum*

Luc. ii. 1-14.

secundum lucam.

[1]In illo tempore[1] ✓ exiit edictum a cessare[2] augusto ✓ ut describeretur uniuersus orbis; hec discriptio prima facta est ✓ a preside sirie[3] cirino[4] nomine;[5] et ibant omnes ut profiterentur singuli ✓ in suam ciuitatem; ascendit autem et ioseph a galilea de ciuitate nazareth in iudeam[a] ciuitatem dauid qui[6] uocatur bethleem ✓ eo quod esset de domo et familia dauid ut profiteretur. cum maria desponsata sibi uxore prignante[7] [8]de spiritu sancto;[8] factum est autem cum essent ibi ✓ impleti sunt dies eius ut pareret. et peperit filium suum primogenitum ✓ et pannis eum inuoluit. et reclinauit eum in presepio quia non erat ei locus in diuersorio; et pastores erant in regione eadem uigilantes ✓ et custodientes uigilias noctis supra gregem suum et ecce angelus domini stetit iuxta illos ✓ et claritas dei circumfulsit illos; et timuerunt timore magno; et dixit illis angelus; nolite timere; ecce enim euangelizo uobis gaudium magnum quod erit omni populo ✓ quia natus est uobis hodie saluator mundi qui est christus[9] in ciuitate dauid; et hoc uobis signum inuenietis infantem in[10] pannis inuolutum ✓ et positum in presepio; et subito facta est cum angelo multitudo militię celestis exercitus ✓ laudantium dominum[11] et dicentium; gloria in altissimis deo ✓ et in terra pax hominibus bonę uoluntatis.

[1-1] A. V. Factum est autem in diebus illis.
Fol. 47 b.
[2] A. V. Cæsare.
[3] A. V. Syriæ.
[4] A. V. Cyrino.
[5] A. V. *om.*
[a] V. + in. [6] A. V. quæ.
[7] A. V. prægnante.
[8-8] A. V. *om.*
Fol. 48 a.
[9] A. V. + dominus.
[10] A. V. *om.*
[11] A. V. deum.

offertorium

Letentur celi et exultet terra ante faciem domini quoniam uenit.

Fol. 48 b.

Accepta tibi domine quęsumus hodierne festiuitatis oblatio ut tua gratia largiente per hęc sacrosancta commercia in illius inueniamur forma in qua tecum est nostra substantia ✓ qui tecum uiuit

U. D. eterne deus ✓ quia per incarnati uerbi misterium noua mentis nostrę oculis lux tuę claritatis infulsit ut dum uisibiliter deum cognoscimus: per hunc inuisibilium amore rapiamur. et ideo.

infra canonem
Communicantes et noctem sacratissimam celebrantes. qua beatæ mariæ intemerata uirginitas huic mundo edidit saluatorem sed et

communio
In splendoribus sanctorum ex utero ante *lucem genui te*.

postcommunio
Da nobis quesumus domine deus noster ut qui natiuitatem domini nostri ihesu christi frequentare gaudemus dignis conuersationibus ad eius mereamur peruenire consortium. per. Fol. 49 a.

De luce ad lucem.
P.
[= R. S. In aurora.]

Lux fulgebit hodie super nos quia natus est nobis dominus et uocabitur admirabilis deus princeps pacis pater futuri seculi cuius regni non erit finis.

Psalmus Dominus regna*vit* decorem.

oratio
Da nobis quesumus omnipotens deus ut qui noui incarnati uerbi tui luce perfundimur hoc in nostro resplendeat opere quod per fidem fulget in mente. per eundum.

De anastassia.
Da quesumus omnipotens deus ut qui beatæ anastassiç martiris tuæ sollennia colimus eius apud te patrocinia sentiamus. per.

ad titum.
Tit. iii. 4-7.
Fol. 49 b.

[1] Karissime: apparuit benignitas et humanitas[1] salvatoris nostri dei: non ex operibus institiç que fecimus nos: sed secundum suam misericordiam saluos nos fecit; per lauacrum regenerationis et renouationis spiritus sancti: quem effudit in os[2] abunde per ihesum christum saluatorem nostrum; ut iustificati gratia ipsius heredes simus;[3] secundum spem: uitæ çternç;[4] in christo ihesu: domino nostro;[4]

[1.1] A. V. cum autem benignitas et humanitas apparuit.

[2] A. V. nos.
[3] A. V. simus.
[4.4] A. V. om.

Graduale Benedictus qui uenit in nomine domini deus dominus et illuxit nobis

v A domino factum est et est mirabile in oculis nostris Alleluia. Dominus regnauit *decorem* induit *dominus fortitudinis* et

secundum lucam
Luc. ii. 15-20.

[1] In illo tempore: pastores loquebantur ad inuicem: dicentes;[2] transeamus usque bethleem[3] et uideamus hoc uerbum quod factum

[1.1] V. om.
[2] V. om.
[3] V. Bethlem. Fol. 50 a.

est quod[4] dominus[5] ostendit nobis ; et uenerunt festinantes / et inuenerunt mariam. et ioseph et infantem positum in presepio. uidentes autem cognouerunt de uerbo / quod dictum erat illis de puero hoc; et omnes qui audierunt mirati sunt et de his que dicta erant a pastoribus ad illos ;[6] maria autem conseruabat omnia uerba hec conferens in corde suo ; et reuersi sunt pastores / glorificantes et laudantes deum in omnibus his[a] qui[7] audierunt[b] et uiderant / sicut dictum est ad illos.

offertorium
Deus enim firmauit orbem terrę qui non commouebitur parata sedes tua ex tunc a seculo tu es.

secreta
Munera nostra quesumus domine natiuitatis hodiernę misteriis apta proueniant. ut sicut homo genitus idem refulsit deus sit[1] nobis hec terrena substantia conferat quod diuinum est. per eundem.

secreta
Accipe quesumus domine munera dignanter oblata et beatę anastassię suffragantibus meritis ad nostrę salutis auxilium peruenire concede. per.

communio
Exulta filia sion lauda filia ierusalem ecce rex tuus uenit sanctus et saluator mundi.

secreta
Huius nos domine sacramenti semper nouitas natalis instauret cuius natiuitas singularis humanam reppulit uetustatem. per.

postcommunio
Satiasti domine familiam tuam muneribus sacris quęsumus interuentione refoue cuius sollennia celebramus / per dominum.

Puer natus est nobis et filius datus est nobis cuius imperium super humerum eius et uocabitur nomen eius magni consilii angelus.

Multiplicabitur eius *imperium* et non *finis*

Concede quesumus omnipotens deus et nos unigeniti tui noua per carnem natiuitas liberet quos sub peccati iugo uetusta scruitus tenet. per.

'Fratres / multifarie multisque modis[1] olim deus loquens patribus in prophetis / nouissime autem[2] diebus istis locutus est nobis in filio suo[2] quem constituit heredem uniuersorum per quem fecit et secula ; qui cum sit splendor

Hibernicum.

gloriç et figura substantiç eius ⸱/ portanque³
omnia uerbo uirtutis suæ purgationem peccatorum faciens ⸱/ sedet⁴ ad dexteram maiestatis
in excelsis ; tanto melior angelis effectus ⸱/
quanto differentius pre illis nomen hereditauit ;
cui enim dixit aliquando angelorum filius meus
es tu ego hodie genui te. et rursum ; ego ero
illi in patrem⁵ ⸱/ et ipse erit mihi in filium ;⁶
et cum iterum introducit primogenitum in
orbem terrę dicit ; et adorent eum omnes angeli
dei ; et ad angelos quidem dicit ; qui facit
angelos suos spiritus ⸱/ et ministros suos flammam ignis ; ad filium autem tronus⁷ tuus deus
in seculum seculi⁸ ⸱/ uirgă equitatis uirga regni
tui ; dilexisti iustitiam et odisti iniquitatem ⸱/
propterea unxit te deus deus tuus oleo exulta-
tionis pre participibus tuis ; et tu in principio
domine terram fundasti ⸱/ et opera manuum tuarum sunt celi ipsi peribunt tu autem perma-
nebis et omnes⁹ ut¹⁰ uestimentum ueteras-
cent ;¹¹ et uelut amictum motabis¹² eos ⸱/ et
motabuntur ;¹³ tu autem idem ipse¹⁴ es ⸱/ et
anni tui non deficient ;

Grauale Uiderunt omnes fines terrę salutare dei
nostri iubilate deo omnis terra.

b Notum fecit dominus salutare suum in conspectu
gentium reuelauit iustitiam suam. Alleluia.

b Dies santificatus illuxit nobis uenite gentes et
adorate dominum quia hodie descendit lux magna
super terram.

³ A. portans quoque. V. por-
tansque.
⁴ A. sedit.

⁵ A. patre.   ⁶ A. filio.

Fol. 52 a.

⁷ A. V. thronus.
⁸ V. + et.

⁹ A. omnia.   ¹⁰ A. sicut.
¹¹ A. V. veterescent.
¹² A. V. mutabis.
¹³ A. V. mutabuntur.
¹⁴ A. om.

Fol. 52 b.

Initium sancti euangelii domini nostri Joh. i. 1-14.
ihesu christi secundum iohannem

In principio erat uerbum et uerbum erat
apud deum ⸱/ et deus erat uerbum. hoc erat in
principio apud deum ; omnia per ipsum facta
sunt ⸱/ et sine ipso factum est nihil ; quod
factum est in ipso uita erat ⸱/ et uita erat lux
hominum ; et lux in tenebris lucet ⸱/ et tenebrę
eam non comprehenderunt ; fuit homo missus
a deo ⸱/ cui nomen erat iohannes ; hic uenit
in testimonium ⸱/ ut testimonium perhiberet de
lumine. ut omnes crederent per illum ; non
erat ille lux ⸱/ sed ut testimonium perhiberet   Fol. 53 a.
de lumine erat lux uera ⸱/ que illuminat omnem
hominem uenientem in hunc¹ mundum. in   ¹ A. om.
mundo erat et mundus per ipsum factus est ⸱/
et mundus eum non cognouit ; in propria uenit ⸱/

Missale Vetus

et sui cum non receperunt; quotquot autem
receperunt eum ⸭ dedit eis[2] potestatem filios
dei fieri. his qui credunt in nomine eius; qui
non ex sanguinibus[3] neque ex uoluntate carnis
neque ex uoluntate uiri ⸭ sed ex deo nati sunt;
et uerbum caro factum est ⸭ et habitabit[4] in
nobis; et uidimus gloriam eius gloriam quasi
unigeniti a patre pleni[5] gratię et ueritate[6]

offertorium
Tui sunt celi et tua est terra orbem terrarum et
plenitudinem eius tu fundasti iustitiam et iudicium
preparatio sedis tuę.

secreta
Oblata tibi domine munera noua unigeniti
tui natiuitate sanctifica nosque a peccatorum
nostrorum maculis emunda ⸭ per.

communio
Uiderunt omnes fines terrę salutare dei nostri.

postcommunio
Pręsta quesumus omnipotens deus ut natus
hodie saluator mundi sicut diuinę nobis generationis
est auctor ita et immortalitatis sit ipse
largitor ⸭ qui tecum.

natale sancti zephani protomartiris

Etenim sederunt principes et aduersum me loquebantur
et iniqui persecuti sunt me adiuua me domine
deus meus quia seruus tuus exercebatur in tuis iustificationibus.
Psalmus Beati immaculati.

oratio
Da nobis quesumus domine imitari quod
colimus ut discamus et inimicos diligere quia
eius natilicia celebramus qui nouit etiam pro
persecutoribus[1] dominum nostrum ihesum
christum. qui.

lectio actuum apostolorum
[1] In diebus illis [1]⸭ stephanus[2] plenus gratia
et fortitudine ⸭ faciebat prodigia et signa magna
in populo ⸭ surrexerunt autem quidam de
sinagoga[3] quę appellabatur[4] libitinorum[a] et
cirinentium[5] et alaxandrinorum[6] et eorum qui
erant a cilicia et assia.[b] disputantes cum zephano[7]⸭
et non poterant resistere sapientię et
spiritui qui loquebatur; audientes autem hec
desiccabantur[7] cordibus suis ⸭ et stridebant
dentibus in eum; cum autem esset stephanus[9]
plenus spiritu sancto ⸭ intendens[10] in celum

uidit gloriam dei et ihesum[11] a dextris dei et ait ; ecce uideo celos apertos ⸖ et filium hominis[12] stantem a dextris uirtutis dei ;[12] exclamantes autem uoce magna continuerunt aures suas ⸖ et impetum fecerunt unanimiter in eum. et iccientes[13] eum extra ciuitatem ⸖ lapidabant ; et testes deposuerunt uestimenta sua secus pedes adolescentis ⸖ qui uocabatur saulus ; et lapidabant stephanum ⸖ inuocantem et dicentem ; domine ihesu ⸖ accipe spiritum meum. positis autem genibus[14] ⸖ uoce magna clamauit[14] dicens ; domine ihesu ⁰ ⸖ ne statuas illis hoc in[9] peccatum et cum hoc dixisset ⸖ obdormiuit in [15] domino ;[15]

Fol. 54 b.
[11] A. V. + stantem.
[12.12] A. a dextris stantem dei. R. stantem a dextris dei.

[13] A. V. ejicientes.

[14.14] A. V. clamauit magna voce.

[15] A. om.

𝕲𝖗𝖆𝖉𝖆𝖑𝖊 Sederunt principes et aduersum me loquebantur et iniqui persecuti sunt me adiuua me domine deus meus saluum me fac propter misericordiam tuam. Alleluia. Uideo celos apertos et ihesum stantem a dextris uirtutis dei.

Fol. 55 a.

secundum mattheum

'In illo tempore ⸖ dicebat ihesus turbis iudeorum et principibus sacerdotum ;[1] ecce ego mitto ad uos. profetas[2] et sapientes et scribas ⸖ et ex illis occidetis et crucifigetis et ex eis flagellabitis in sinagogis[3] uestris. et persequimini[4] de ciuitate in ciuitatem ⸖ ut ueniat super uos omnis sanguis iustus qui effusus est super terram a sanguine ⸖ abel iusti ad sanginem[5] zacharię filii barachię quem occidistis inter templum et altare ; amen dico uobis ⸖ uenient hec omnia super generationem istam. ierusalem ierusalem que occidis profetas[a] et ladas[6] eos qui ad te missi sunt ⸖ quotiens[7] uolui congregare filios tuos quemadmodum gallina congregat pullos suos sub alas et noluisti ; ecce relinquitur uobis ⸖ domus uestra deserta ; amen[8] dico⁰ uobis ⸖ non me uidebitis amodo donec dicatis. benedictus qui uenit ⸖ in nomine domini.

Mat. xxiii. 34-39.
[1.1] A. V. om. + ideo.

[2] A. V. prophetas.

[3] A. V. synagogis.
[4] V. persequemini.

[5] A. V. sanguine.
[6] A. V. sanguinem.

Fol. 55 b.
[a] A. V. lapidas.
[7] A. V. quoties.

[8] A. V. om.
[9] A. V. + enim.

offertorium

Elegerunt apostoli stefanum leuitam plenum fide et spiritu sancto quem lapidauerunt iudei orantem et dicentem domine ihesu accipe spiritum meum. Alleluia.

Suscipe domine munera pro commemoratione beati martiris stephani. ut sicut illum passio passio gloriosum reddidit sic nos deuotio reddat innocuos. per

communio

Uideo celos apertos et ihesum stantem a dextris

Fol. 56 a.

uirtutis dei domino ihesu accipe spiritum meum et ne statuas illis hoc in peccatum quia nesciunt quid faciant.

postcommunio

Auxilientur nobis domine suscepta misteria et intercedente beato stefano martire tuo sempiterna protectione confirment. per.

In natale sancti iohannis euang[eliste]

In medio ecclesie aperuit os eius et implebit eum dominus spiritu sapientię et intellectus stola glorię induit eum.

R. Bonum est.

Eclesiam tuam domine benignus illustra ut beati iohannis apostoli et euangelizę illuminata doctrinis ad dona perueniat sempiterna per

lectio libri sapientie

Qui timet deum ? faciet bona ; et qui continens est iustitię apprehendet illam ? et obuiauit illi quasi mater honorificata ;[1] cibauit[2] illum pane uitę et intellectus ? et aqua sapientię salutaris potauit[3] eum ; et formabitur in illo et non flectetur ? et continebit illum et non confundetur et exaltabit illum apud proximos suos ;[4] in medio ęclesię aperiet os eius ? et implebit[5] eum[6] dominus spiritu sapientię et intellectus et stola glorię induet[7] eum ; iocunditatem[8] et exultationem tesauristauit[9] super[10] eum[11] ? et nomine ęterno hereditauit[12] illum ? dominus deus noster ;

Ecclus. xv. 1-6.
Fol. 56 b.
[1] V. + et quasi mulier a uirginitate suscipiet illum.
[2] V. cibabit.   [3] V. potabit.

[4] V. + et.
[5] V. adimplebit.   [6] V. illum.
[7] V. vestiet.
[8] V. jucunditatum.
[9] V. thesaurizabit.
[10] V. om.   [11] V. illum.
[12] V. hereditabit.

Graduale

Exiit sermo isto inter fratres quod discipulus illo non morietur.
Sed sic cum uolo manere donec ueniam tu me sequere. Alleluia.

Fol. 57 a.

Hic est discipulus ille qui testimonium perhibet de his et scimus quia uerum est testimonium eius.

Joh. xxi. 19-24.
1.[1] A. V. om.

secundum iohannem

[1] In illo tempore ? dixit ihesus petro ' sequere me ; conuersus petrus uidit illum discipulum quem diligebat ihesus sequentem. qui et recubuit in cena super pectus eius et dixit ; domine ? quis est qui tradet[2] te. hunc ergo cum

[2] A. tradit.

uidisset petrus ? dicit ihesu domine ? hic autem quid dicit ei ihesus ; si eum uolo manere ? donec ueniam; quid ad te tu me sequere; exiuit ergo sermo iste inter[3] fratres ? quia discipulus ille non morietur ;[4] sed[5] non dixit ei dominus[6] quia[7] non morietur.[8] sed sic cum uolo manere donec ueniam ;[9] hic est discipulus ille[9] qui

[3] A. in.
[4] A. V. moritur.   [5] A. V. et.
[6] A. V. Iesus.   [7] A. V. om.
[8] A. venio. A. V. + quid ad te?   [9] A. om.

:estimonium perhibet de his ./ et scripsit hec;
?t scimus quia uerum est ./ testimonium eius

offertorium

Iustus ut palma florebit sicut cedrus qui in libano   Fol. 57 b.
ist multiplicabitur

Suscipe domine munera quę inter eius tibi
;olemnitate deferimus cuius nos confidimus
)atrocinio liberari. per

communio

Exiit sermo inter fratres quod discipulus ille non
norietur et non dixit ihesus non morietur sed sic cum
1olo manere donec ueniam.

postcommunio

Refecti cibo potuque celesti deus noster te
supplices deprecamur. ut in cuius hec commemoratione percepimus eius muniamur et precibus. per.

missa sanctorum innocentum

antiphona

Ex ore infantium et lactentium deus perfecisti laudem
propter inimicos tuos.

Psalmus. Domine dominus noster.

oratio

Deus cuius hodierna die preconium innocentes martires non loquendo sed moriendo   Fol. 58 a.
confessi sunt omnia in nobis uitiorum mala
mortifica ut fidem tuam quam linga nostra
loquitur etiam moribus uita fateatur. per.

lectio libri apo[calipsis] iohannis apostoli Apoc. xiv. 1-5.

¹ In diebus illis uidi supra montem sion   ¹⁻¹ A. V. Et vidi et ecce agnus
agnum stantem ¹ ./ et cum eo ² centum. XL qua-   stabat supra montem Sion.
tuor milia ª habentes nomen eius et nomen   ² A. illo.
patris eius scriptum in frontibus suis; et   ª V. millia.
audiui uocem de celo. tanquam ³ uocem aqua- ³ A. tanquam.
rum multarum ./ et tanquam ³ uocem tonitrui
magni; et uox¹ quam audiui ./ sicut cithari- ⁴ V. vocem.
dorum ⁵ citharistantium ⁶ in citharis suis; et ⁵ A. V. citharoedorum.
cantabant quasi canticum nouum ./ ante sedem ⁶ A. V. citharizantium.
dei ᵇ et ante quatuor animalia et seniores. et ᵇ A. V. om.
nemo poterat dicere canticum ./ nisi illa centum quadraginti⁷ quatuor milia ª qui empti Fol. 58 b.
sunt de terra; hi sunt qui cum mulieribus non ⁷ A. V. quadraginta.
sunt coinquinati ./ uirgines enim sunt; hi ⁸ ⁸ V. + qui.
sequuntur⁹ agnum. quo cunque ierit;¹⁰ hi   ⁹ A. V. secuntur.
empti sunt ex hominibus¹¹ ./ primitię deo et ¹⁰ A. abierit.
agno; et in ore ipsorum non est inuentum ¹¹ A. omnibus.

Missale Vetus

[12] A. V. mendacium.
[13] V. + enim.
[14 14] A. om.

mentacium.[12] sine macula[13] sunt ? [14] ante tronum dei ;[14]

ℭraꝫale Anima nostra sicut passer erepta est de laqueo uenantium

℣ Laqueus contritus est et nos liberati sumus adiutorium nostrum in nomine domini qui fecit celum et terram. Alleluia

S.
Mat. ii. 13-18.
[1.1] A. V. Qui cum recessissent ecce.   [2] A. V. somnio.
Fol. 59 a.
[3] A. V. Aegyptum.

℣ Te martirum candidatus laudat exercitus domino

secundum matheum

[1] In illo tempore[1] ? angelus domini apparuit in sompnis[2] ioseph dicens. surge et accipe puerum et matrem eius et fuge in ęgiptum[3] ? et esto ibi usque dum dicam tibi ; futurum est enim ? ut herodes querat puerum ad perdendum eum ; qui consurgens accepit puerum et matrem eius nocte. et recessit in ęgiptum[3] ? et erat ibi usque ad obitum herodis. ut adimple-

[4] A. V. prophetam.
[5] A. V. Ægypto.
[6] A. inlusus.

retur quod dictum est a domino. per profetam[4] dicentem ; ex ęgipto[5] uocaui filium meum; tunc herodes uidens. quoniam illusus[6] esset a magis ? iratus est ualde ; et mittens occidit omnes pueros qui erant in bet'leem et in omnibus finibus

[7] A. V. bimatu.
[8] A. V. exquisierat.
[9] A. Hieremiam. V. Ieremiam.
Fol. 59 b.

eius a bhimatu[7] et infra ? secundum tempus quod exquesierat[8] a magis. tunc adimpletum est quod dictum est per heremiam[9] profetam[4] dicentem ? uox in rama audita est ? ploratus et ululatus multus ra'cel plorans filios suos ; et noluit consolari ? quia non sunt ;

Anima nostra sicut passer erepta est de laqueo uenantium laqueus contritus est et nos *liberi sumus.*

secreta

R.

Sanctorum tuorum nobis domine pia non desit oratio que et munera nostra conciliet. et tuam nobis indulgentiam semper obteneat. per.

communio

Uox in rama audita est ploratus et ululatus. rachol plorans filios suos et noluit consolari quia non sunt.

postcommunio

Uotiua domine dona quę percepimus sanctorum nobis precibus et pręsentis quęsumus uitæ pariter et ęternę tribuant conferre subsidium. per dominum nostrum

epipђania domini

Ecce aduenit dominator dominus et regnum in manu eius et potestas et imperium
Psalmus Deus in*dicium t*u*um regi*

Fol. 60 a.

Deus qui hodierna die unigenitum tuum gentibus stella duce reuelasti ? concede propitius ut qui iam te ex fide cognouimus usque ad contemplandam speciem tuę celsitudinis perducamur. per.

lecrío isaíę. pro[fetę.] Es. lx. 1-6.

Surge illuminare ierusalem quia uenit lumen tuum ⁊ et gloria domini super te orta est ; quia ecce tenebrę operient terram ⁊ et caligo populos super te autem orietur dominus; et gloria eius in te uidebitur. et ambulabunt gentes in lumine tuo ⁊ et reges in splendore ortus tui; leua in circuitu oculos tuos et uide ⁊ omnes isti congregati sunt uenerunt tibi ; filii tui de longę uenient ⁊ et filię tuę de latere surgent. tunc uidebis et afflues et¹ mirabitur et dilatabitur cor tuum ⁊ quoniam connersa fuerit ad te multitudo maris fortitudo gentium uenerit tibi ; inundatio camelorum operiet te ⁊ dromidari² madian et effa;³ omnes de sabaa¹ uenient aurum et thus deferentes; et laudem domino ⁊ annuntiantes;

Erabalt Omnes de sabaa uenient aurum et thus deferentes et laudem domino annuntiantes.

Surgę et illuminare ierusalem et gloria domini super te orta est Alleluia

b Uidimus stellam eius in oriente et uenimus cum muneribus adorare dominum

secundum mattheum Mat. ii. 1-12.

¹In illo tempore¹ ⁊ cum² natus esset dominusᵃ ihesus in bethleemᵇ inda³ in diebus herodis regis ⁊ ecce magi ab oriente uenerunt in ierusolimam⁴ dicentes ; ubi est qui natus est rex iudeorum. uidimusᵉ stellam eius in oriente ⁊ et uenimus adorare eum; audiens autem herodes rex turbatus est ⁊ et omnis ierusolima⁵ cum illo ; et congregans omnes principes sacerdotum et scribas populi sciscitabatur ab eis ubi christus nasceretur; at illi dixerunt ei ⁊ in bethleemᵇ inda ;ᵈ sic enim scriptum est per profetam;ᵉ et tu bethleemᵇ terra iuda nequaquam minima es in principibus iuda; ex te enim exiet dux ⁊ qui reget populum meum israel; tunc herodes clam uocatis magis ⁊ diligenter didicit ab eis tempus stellę quę apparuit eis. et mittens illos in bethleemᵇ dixit : ite ⁊ et interrogate diligenter de puero ; et cum inueneritis eumᶠ renunciate mihi ut et ego ueniens adorem eum; qui cum audissent regem ⁊ abierunt; et ecce stella quam uiderant in oriente ⁊ antecedebat eos usque dum ueniens staret

Fol. 60 b.
¹ V. om.

² V. dromedarii.
³ V. Epha. ⁴ V. Saba.

Mat. ii. 1-12.
¹·³ A. V. om.
² A. V. + ergo.
ᵃ A. V. om.
ᵇ V. Bethlehem.
³ A. Iudeę.
ᶜ A. Hierosolymam. V. Ierosolymam.
ᶜ A. V. + enim.
⁵ A. Hierosolyma. V. Ierosolyma.

ᵈ V. Iudę.
ᵉ A. V. prophetam.

ᶠ V. om.
Fol. 61 b.

supra ubi erat puer ; uidentes autem stellam ⸱/ gauissi[7] sunt gaudio magno ualde ; et intrantes domum ⸱/ inuenerunt puerum cum maria matre eius ; et procidentes ⸱/ adorauerunt eum ; et apertis tesauris[8] suis ⸱/ obtulerunt ei munera; aurum thus et myrram ;[9] et responso accepto in sompnis[10] ⸱/ ne redirent ad herodem ; sed[11] per aliam uiam reuersi sunt in suam[12] regionem ;[12]

[7] A. V. gavisi.
[8] A. V. thesauris.
[9] A. murram. V. myrrham.
[10] A. V. somnis.
[11] A. V. om.
[12.12] A. V. regionem suam.

offertorium
Reges tharsis et insule munera offerent reges arabum et sabaa dona adducent et adorabunt eum omnes terrę omnes gentes seruient ei.

Fol. 62 a.

Eclesię tuę quesumus domine dona in intuere propitius quibus non iam aurum thus et mirra profertur. sed quod eisdem muneribus declaratur ymmolatur et sumitur. ihesus christus dominus noster qui tecum.

P.
[Pamelius, *Liturg.* ii. 553; Missale Gothicum, in Vig. Epiph.]

U. D. ęterne deus ⸱/ quia notam fecisti in populis misericordiam tuam et salutare tuum cunctis gentibus declarasti ⸱/ hodiernum degens diem in quo ad adorandam ueri regis infantiam. excitatos de remotis partibus magis ⸱/ clarior ceteris sideribus stella perduceret. et celi ac terrę dominum corporaliter natum ⸱/ radio sę lucis ostenderet ; et ideo.

Communicantes et diem sacratissimum celebrantes quo unigenitus tuus in tua tecum gloria coeternus in ueritate carnis nostrę uisibiliter corporalis apparuit. sed et.

Fol. 62 b.

communio
Uidimus stellam eius in oriente et uenimus cum muneribus adorare dominum.

postcommunio
Presta quesumus omnipotens deus. ut que sollenni celebramus officio purificatę mentis intelligentia consequamur ⸱/ per.

dominica in LXX.

Circumdiderunt me gemitus mortis dolores inferni circumdiderunt me et in tribulatione mea innocaui dominum et exandiuit de templo sancto suo uocem meam

Psalmus Diligam te domine

oratio
Preces populi tui quesumus domine clementer exandi. ut qui iuste pro peccatis nostris affligimur pro tui nominis gloria misericorditer liberemur. per.

ab corintbios

Fratres¹ ; nescitis quod hi ᵃ qui in stadio currunt. omnes quidem currunt sed unus accipit bradium.² sic currite ; ut comprehendatis ; omnis enim ³ qui in agone contendit ; ab omnibus se abstinet; et illi quidem ut corruptibilem coronam accipiant ; nos autem incorruptam ; ego igitur sic curro ; non quasi in incertum ; sic pugno ; non quasi aerem uerberans; sed castigo corpus meum et in seruitutem redigo ; ne forte cum aliis predicauerim ipse reprobus inueniar.ᵇ nolo enim uos ignorare fratres ; quoniam patres nostri omnes sub nube fuerunt. et omnes mare transierunt et omnes in mossi⁴ baptizati sunt in nube et in mari ; et omnes eandem escam spiritualem⁵ manducauerunt ; et omnes eundem potum spiritualem⁵ biberunt bibebant autem de spirituali ⁶ ; consequente eos petra; petra autem ; erat christus.

Adiutor in oportunitatibus in sperent in te qui nonerunt nomen tuum quoniam non *querentes te derelinquis*.

psalmus Quoniam non in finem oblivio erit pauperis patientia pauperum non peribit in finem exurge domine non preualeat homo.

tractus De profundis clamaui ad *dominum domine exaudi uocem meam*. Fiant *aures tuę intendentes* me *deus meus*

Si iniquitates *obseruareris domine domine quis sustinebit* Quia apud te propitiatio est et *legem tuum sustinui te domine*

secundum matthcum

¹ In illo tempore ; dixit ihesus discipulis suis similitudinem hanc.¹ simile est regnum celorum homini patri familias ; qui exiit primo mane conducere operarios in uineam suam ; conuentione autem facta cum operariis ex denario diurno ; misit eos in uineam suam;² et regressus³ circa horam tertiam ; uidit alios stantes in foro otiosos et illisᵃ dixit ;ᵃ ite et uos in uineam meam et quod iustum fuerit dabo nobis; illi autem abierunt. iterum autem exiit circa sextam et nonam horam ; et fecit similiter; circa undecimam uero exiit. et inuenit alios stantes et dicit eis ;¹ quid hic statis tota die otiosi ; dicunt ei ; quia nemo nos conduxit ; dicit illis ; ite et uos in uineam meam ; cum sero autem factum esset ; dicit dominus uiniç procuratori suo. uoca operarios. et redde illis mercedem ; incipiens a nouissimis usque

1 Cor. ix. 24-27, x. 1-4.
¹ A. V. *om.* ᵃ V. ii.
Fol. 63 a.
² A. brabium. V. bravium.
³ A. V. autem.

ᵇ A. V. efficiar.

⁴ A. Mose. V. Moyse.
⁵ A. V. spiritalem.
Fol. 63 b.
⁶ A. V. spiritali.

Mat. xx. 1-16.
¹,¹ A. V. *om.*

² A. *om.*
³ A. V. egressus. Fol. 64 a.
ᵃ V. *transpones*.

¹ A. V. illis.

Missale Vetus

⁵ A. V. venerant.
⁶ A. V. + venientes autem et primi . . . denarios.
Fol. 64 b.

⁷ A. V. injuriam.

⁸ A. + sunt.
⁹ V. + sunt.   ¹⁰ A. V. om.
¹¹ A. autem.

ad primos; cum uenissent ergo qui circa undecimam horam uenerunt⁵;⸵ acceperunt singulos denarios;⁶ et accipientes murmurabant aduersus patrem familias dicentes; hi nouissimi una hora fecerunt⸵ et pares illos nobis fecisti qui portauimus pondus diei et estus. at ille respondens uni eorum dixit ; amice⸵ non facio tibi iniuream;⁷ nonne ex denario conuenisti mecum? tolle quod tuum est et uade ; nolo autem et huic nouissimo dare sicut et tibi ; aut non licet mihi quod uolo facere an oculus tuus nequam est quia ego bonus sum? sic erunt nouissimi primi⸵ et primi nouissimi ; multi⁸ enim⁹ uocati sunt¹⁰⸵ pauci uero¹¹ electi;

offertorium
Bonum est confi*teri* domino et psaltere nomini tuo altis*sime*

secreta
Muneribus nostris quęsumus domine precibusque susceptis. et celestibus nos munda misteriis et clementer exaudi. per.

communio
Illumina faciem tuam super seruum tuum saluum me fac in tua misericordia tua domine ne confundar quoniam inuocaui te.

Fol. 65 a.

Fideles tui deus per tua dona firmentur. ut eadem percipiendo requirant et quęrendo sine fine percipiant. per.

absolutiones in capite ieiunii.

S. (with variations.)

[The fifth Ps. (ci.), beginning " Domine exaudi," is omitted.]

antiphona Ne reminiscaris domine delicta nostra vel parentum nostrorum neque uindictam sumas de peccatis nostris.
psalmus Domine ne. *beati* quorum
psalmus. Domine ne. Miserere.
psalmus De profundis. Domine ex*audi*.
Kyrri cl*eyson* Pater noster. Et ne nos.
Et ueniat super nos. Domine ne me*arum* iniquitatum.
Adiuua nos. Esto nobis domine
Memor esto congregationis Domine saluos fac seruos tuos
Fiat pax. in Oremus pro fide
Domine exaudi Dominus nobiscum Et cum *spiritu* tuo.

Exaudi domine preces nostras et confitentium tibi parce peccatis ut quos conscientię reatus accussat indulgentia tuę miserationis absoluat. per christum

Benedictio cineris in capite ieiuni.

Deus qui non mortem desideras sed penitentiam peccatoris fragilitatem humanę condicionis benignissime respice. et hos cineres quos causa preferendę humilitatis atque uenię capitibus nostris imponi decernimus.[1] benedicere et santificare tua pietate digneris ut qui nos cinerem[2] esse. et ob prauitatis nostrę meritum in puluerem reuersuros cognoscimus. peccatorum omnium ueniam et premia penitentibus repromissa. misericorditer consequi mereamur ⁊ per.

Fol. 65 b.

[1] S. decreuimus.
[2] S. cineres.

incipit cantor antiphonam

Exaudi me domine quoniam benigna est misericordia tua secundum multitudinem miserationum tuarum respice in nos domino
℣ Saluum me fac domine quoniam intrauerunt.

Dum ponitur cinis in capita

Memento homo quia cinis es et in cinerem reuerteris. puluis es et in puluerem reuerteris

S. Fol. 66 a.

presbiter dicit orationem

Concede nobis domine quesumus pręsidia militię christianę sanctis inchoare ieiuniis: ut contra spirituales nequitias pugnaturi continentię muniamur auxiliis. per

ad missam

Misereris omnium domine et nihil odisti eorum que fecisti dissimulans peccata hominum propter penitentiam et parcens illis quia tu es dominus deus noster.
Psalmus Miserere mei deus quoniam in te.

oratio

Presta quesumus domine fidelibus tuis. ut ieiuniorum ueneranda sollennia et congrua pietate suscipiant et secura deuotione percurrant ⁊ per

lectio iohel prophetę

[1] Hec dicit dominus deus:[1] conuertimini ad me in toto corde uestro in ieiunio et[2] fletu et[3] planctu ⁊ et scindite corda uestra et non uestimenta uestra; et conuertimini ad dominum deum uestrum ⁊ quia benignus est.[4] et misericors[5] patiens et multum misericors[6] et prestabilis super malitiam;[7] quis scit si conuertatur et ignoscat deus[8] et relinquat post se benedictionem? sacrificium et libamen[9] deo

Joel. ii. 12-19.
Fol. 66 b.
[1] V. Nunc ergo dicit dominus.
[2] V. + in.
[3] V. om.
[4] V. + est.   [5] V. multæ.
[6] V. misericordiæ.
[7] V. malitia.   [8] V. om.
[9] V. + domino.

nostro; canite tuba in sion ⸭ sanctificate ieiunium. uocate cętum. congregate populum sanctificate eclesiam coadunate senes. congregate paruulos. et sugentes ubera; egrediatur sponsus de cubili suo ⸭ et sponsa de thalamo inter uestibulum et altare plorabunt sacerdotes ministri domini et dicent : parce domine parce populo tuo ⸭ et ne des hereditatem tuam in opprobrium ut non dominentur eis nationes ; quare dicunt in populis ubi est deus eorum? zelatus est dominus super terram suam ⸭ et pepercit populo suo; et respondens [10] dominus [11] dixit populo suo; ecce ego mittam uobis frumentum et uinum. et oleum. et replebimini in [12] eis; et non dabo uos ultra opprobrium in gentibus; [13] dicit dominus omnipotens.[13]

grabale Miserere mei deus miserere mei quoniam in te confidit anima mea.

ᵥ Misit de celo et liberauit me dedit in opprobrium conculcantes me

tractus Domine non secundum peccata nostra facias nobis neque secundum iniquitates nostras retribuas nobis

ᵥ Domine ne me memineris iniquitatum nostrarum antiquarum cito anticipent nos misericordie tue quia pauperes facti sumus nimis.

ᵥ Adiuua nos deus salutaris noster et propter gloriam nominis tui domine libera nos et propitius esto *peccatis nostris propter nomen tuum.*

secundum matheum
[1] In illo tempore ⸭ dixit ihesus discipulis suis; [1] cum [2] ieiunatis ⸭ nolite fieri sicut hipocritę [3] tristes ; demoliuntur [4] enim facies suas ⸭ ut pareant [5] hominibus ieiunantes ; amen dico uobis ⸭ quia receperunt mercedem suam ; tu autem cum ieiunas ⸭ ungē caput tuum et faciem tuam laua ⸭ ne uidearis hominibus ieiunans sed patri tuo qui est in absconso ; [6] et pater tuus qui uidet in absconso [5] ⸭ reddet tibi ; nolite tesaurizare [9] uobis tesauros [7] in terra ubi erugo et tenea [8] demolitur. et ubi fures effodiunt et furantur. tesaurizate [9] autem uobis tesauros [7] in celo ⸭ ubi neque erugo neque tenea [8] demolitur; et ubi fures non effodiunt nec furantur ; ubi enim [10] tesaurus tuus ⸭ ibi erit [11] et cor tuum.

offertorium
Exaltabo te domine quoniam suscepisti me nec delectasti inimicos meos super me domine clamaui ad te et sanasti me.

Hibernicum.

secreta
Fac nos quesumus domine his muneribus
offerendis conuenienter aptari quibus ipsius
uenerabilis sacramenti   *   celebramus
exordium per.
U. D. ęterne deus. qui corporali ieiunio
uitia comprimis ⁊ mentem eleuas ⁊ uirtutem
largiris et premia. per christum dominum.
nostrum

communio
Qui meditabitur in lege domini die ac nocte dabit
fructum suum in tempore suo.

postcommunio   Fol. 68 b.
Percepta nobis domine prebeant sacramenta
subsidium. ut et tibi grata sint nostra ieiunia
et nobis proficiant ad medelam. per.

Dominica in [x]l.

Inuocauit me et ego exaudiam eum eripiam eum et
glorificabo eum longitudinem dierum adimplebo eum.
Psalmus. Qui habi*tat*
Deus qui ęclesiam tuam annua quadragesimali
obseruatione purificas. presta familię tuę ut quod a te
obtinere abstinendo nititur hoc bonis operibus exequatur. per.

ad corintheos.   2 Cor. vi. 1-10.
Fratres [1] ⁊ hortamur [2] uos ne in uacuum gratiam dei recipiatis ; ait enim ; tempore accepto
exaudiui te ⁊ et in die salutis adiuui [3] te ; ecce
nunc tempus acceptabile ⁊ ecce nunc dies salutis; nemini dantes ullam offensionem. ut non
uituperetur ministerium nostrum ⁊ sed in omnibus exhibeamus nosmet ipsos sicut dei ministros.
in multa patientia. in tribulationibus in necessitatibus. in angustis.[4] in plagis. in carceribus.
in seditionibus.[5] in uigiliis. in ieiuniis. in castitate in scientia. in longanimitate. in sauitate.
in spiritu sancto. in caritate [5] non ficta. in uerbo
ueritatis. in uirtute dei. per arma iustitię a
dextris et a [6] sinistris. per gloriam et ignobilitatem. per infamiam et bonam famam ; ut
seductores et ueraces ⁊ sicut ignoti et cogniti ;
quasi morientes ⁊ et ecce uiuimus ; ut castigati ⁊ et non mortificati ; quasi tristes ⁊ semper
autem gaudentes ; sicut egentes ⁊ multos autem
locupletantes ; tanquam [7] nihil habentes ⁊ et
omnia possidentes ;

grabale Angelis suis mandauit de te ut custodiant te
in omnibus uiis tuis

[1] A. V. Adjuvantes. autem.
V. et.   [2] A. exortamur.
V. exhortamur.

Fol. 69 a.   [3] A. adjuvavi.

[4] A. V. angustiis.
[5] A. V. + in laboribus.

[5] V. charitate.

[6] A. om.

Fol. 69 b.
[7] A. V. tamquam.

℣ In manibus portabunt te ne unquam offendas ad lapidem pedem tuum.
tractus Qui habitat in adiutorio altissimi in dei celi commorabitur
℣ Dicet. ℣ Quoniam ipse. ℣ Scapulis.
℣ Scuto. ℣ A sagitta. ℣ Cadent.
℣ Uerum tamen.¹ ℣ Quoniam angelis. ℣ In manibus.
℣ Super aspidem. ℣ Quoniam in me. ℣ Innocauit.
℣ Eripiam.

secundum matheum

¹ In illo tempore ⁒ ductus est ihesus¹ in desertum a² spiritu ut temptaretur³ a diabolo. et cum ieiunasset quadraginta diebus et quadraginta noctibus postea esuriit. et accedens temptator⁴ ⁒ dixit ei ; si filius dei es ⁒ dic ut lapides isti panes fiant; qui respondens ⁒ dixit; scriptum est ⁒ non in solo⁵ pane⁵ uiuit homo sed in omni uerbo quod procedit de ore dei; tunc assumpsit ᵃ eum diabolus in sanctam ciuitatem ⁒ et statuit eum supra pinnaculum templi et dixit ei; si filius dei es ⁒ mitte te deorsum ; scriptum est enim ⁒ quia angelis suis mandauit de te ⁒ et in manibus tollent te ne forte offendas ad lapidem pedem tuam ; ait illi ihesus rursum ; scriptum est ⁒ non temptabis ᵇ dominum deum tuum ; iterum assumpsit ᵇ eum diabolus in montem excelsum ualde ⁒ et ostendit ei omnia regna mundi et gloriam eorum. et dixit ei ; hec omnia⁷ tibi⁷ dabo ⁒ si procidens ⁸ adoraueris me ; tunc dicit ei ihesus; uade satana⁹ ⁒ scriptum est enim;¹⁰ dominum deum tuum adorabis ⁒ et illi soli seruies ; tunc reliquit eum diabolus ; et ecce angeli accesserunt ⁒ et ministrabant ei.

offertorium
Scapulis suis obumbrabit tibi dominus et sub pennis eius sperabis. scuto circumdabit te ueritas eius.

secreta
Sacrificium quadragessimalis initii sollennitatis immolamus te domine deprecantes. ut cum epularum restrictione carnalium. a noxiis quoque uoluptatibus temperemus. per.

communio
Scapulis suis obumbrabit tibi et sub scuto circumdabit te ueritas eius.

postcommunio
Tui nos domine sacramenti libatio sancta restauret. et a uetustate purgatos ministerii salutaris faciat transire consortium. per.

Ordo in dominica palmarum.
lectio libri erodi.

¹ In diebus illis ¹ ⁊ uenerunt ² filii ³ israhel in helim ³ ubi erant. xii. fontes aquarum et lxx palmę et castra metati sunt iuxta aquas. profectique sunt de helim.⁴ et uenit omnis multitudo filiorum israhel in desertum sin. quod est inter helim ⁴ et sinai quinto decimo die mensis secundi postquam egressi sunt de terra egipti;⁵ et murmurauit omnis congregatio filiorum israhel contra moysen et aaron in solitudine ; dixerunt que⁶ ad eos filii israhel;⁶ utinam mortui essemus per manum domini in terra egipti. quando sedebamus super ollas carnium et comedebamus panes⁷ in saturitate; cur induxistis⁸ nos in desertum istud. ut occideretis omnem multitudinem fame? dixit autem dominus ad moysen ecce ego pluam nobis panes.⁹ egrediatur populus et colligat que sufficiunt per singulos dies ut temptem ¹⁰ eum utrum ambulet in lege mea an non die autem sexta¹¹ parentur ¹² quod inferant. et sit duplum quam colligere solebant per singulos dies. dixeruntque moyses et aaron ad omnes filios israhel; uespere scietis quod dominus eduxerit uos de terra egipti. et mane uidebitis gloriam domini; audiui ¹³ enim murmur uestrum contra dominum; nos uero quid sumus quia musitatis ¹⁴ contra nos? et ait moyses. dabit dominus ¹⁵ nobis ¹⁵ uespere carnes edere et mane panes in saturitate. eo quod audierit murmurationes uestras quibus murmurati estis contra eum. nos enim quid sumus. nec contra nos est murmur uestrum sed contra dominum dixitque moyses ad aaron; dic uniuersę congregationi filiorum israhel; accedite coram domino audiuit enim murmur uestrum ; cumque loqueretur aaron ad omnem cętum filiorum israel⁊ respexit ¹⁶ ad solitudinem. et ecce gloria domini apparuit in nube ;

Mox diaconus incipiat euangelium secundum iohannem.

¹ In illo tempore ¹ ⁊ turba ² que uenerat ad diem festum cum audissent quia uenit ihesus ierusolimam ⁊ acceperunt ramos palmarum.³ et processerunt obuiam ei. et clamabant ; osanna⁴ benedictus qui uenit in nomine domini⁊ rex israhel et inuenit ihesus asellum ⁊ et sedit super eum. sicut scriptum est ; noli timere

Ex. xv. 27-xvi. 10.
¹·¹ V. om.   ² V. + autem.
²·³ V. in Elim. filii Israel.

Fol. 71 a.

⁴ V. Elim.

⁵ V. Ægypti.

⁶·⁶ filii Israhel ad eos.

⁷ V. panem.
⁸ V. eduxistis.

⁹ V. + de coelo.
Fol. 71 b.
¹⁰ V. tentem.
¹¹ V. sexto.
¹² V. parent.

¹³ V. audivit.
¹⁴ V. mussitastis.
¹⁵ V. transposes.

Fol. 72 a.

¹⁶ V. respexerunt.

Joh. xii. 12-19.   S.
¹·¹ A. V. In crastinum autem.
² A. V. + multa.
³ A. Hierosolyma.   V. Ierosolymam.

⁴ V. Hosanna.

filia sion. ecce rex tuus uenit. sedens super pullum asinę; hec non cognouerunt discipuli eius primum ꝫ sed quando glorificatus est ihesus tunc recordati sunt quia hec scripta¹ erant¹ de eo. et hec fecerunt ei; testimonium ergo perhibebat turba que erat cum eo ꝫ quando lazarum uocauit de monumento. et suscitauit eum de mortuis; propterea et obuiam uenit ei turba ꝫ quia audierant² eum fecisse hoc signum; pharisei ergo ꝫ dixerunt ad semetipsos; uidetis quia nihil proficimus. ecce mundus totus ꝫ post eum abiit

Fol. 72 b.
¹ V. transposes.

⁵ A. V. audierunt.

S. **Deinde benedicat episcopus uel sacerdos flores. Benedictio palmarum. oratio.**

S. Deus cuius filius pro salute generis humani de celo descendit ad terras et appropinquante hora passionis suę ierusolimam in asino uenire. et a turbis rex appellari uoluit ꝫ benedicere dignare hos palmarum ceterarumque frondium ramos. ut omnes qui eos laturi sunt ita benedictionis tuę dono repleantur quatinus et in hoc sęculo hostis antiqui temptamenta superare et in futuro cum palma uictorie et fructu bonorum operum tibi ualeant apparere. per eundem dominum.

Fol. 73 a.

alia

P. Deus qui unigenito filio tuo domino nostro ierusolimam uenienti pueros hebreorum cum ramis palmarum occurrere uoluisti. et ex eorum uocibus ossanna clamantium in excelsis prophetę uaticinium ueritatis attestatione docuisti esse completum ꝫ humilitatis nostrę uota propitius suspice. et hos ramos oliuę ac palmarum quos tui famuli deuota mente suscipiunt. celesti benedic✠tione sanctifica ut accipientes eos in manibus bonorum operum exhibitione tibi mereamur placere. et ad dominicę resurrectionis diem sinceris mentibus peruenire. per eundem.

Fol. 73 b.

P. Deus qui ierusalem ueniens rex appellari et a pueris adorari uoluisti. benedicere dignare has frondes diuersarum arborum et presta ut sicut eas a foris in amore nominis tui ferimus ꝫ ita etiam intrinsecus in aula pectoris nostri feruore dilectionis tuę semper inardescamus. qui uiuis.

Hic aspergatur aqua benedicta et turificentur dum distribuuntur palmę dicant.

Hibernicum.

Pueri 'ebreorum tollentes ramos oliuarum obuiauerunt domino clamantes et dicentes ossanna in excelsis.

psalmus Beati immaculati in uia quia ambulant in P. domini.

Pueri hebreorum uestimenta prosternebant in uia et Fol. 74 a. clamabant dicentes ossanna filio dauid benedictus qui uenit in nomine domini.

psalmus Beati qui. P.

antiphona Turba multa quę conuenerat ad diem R. festum clamabat domino benedictus qui *uenit* in nomine domini *ossanna* in.

antiphona Cum audisset populus quia ihesus uenit ierusolimam acceperunt ramos palmarum et exierunt ei obuiam et clamabant pueri dicentes.

antiphona Occurrunt turbę cum floribus et palmis redemptori obuiam et uictori triumphanti digna dant obsequia filium dei ore gentes predicant et in laudem christi uoces sonant per nubila ossanna.

secundum matthęum. Mat. xxi. 1-9. R.

[1] In illo tempore: cum appropinquasset [1,1] A. V. Et cum appropinquassent Hierosolymis. ihesus ierusolimam [1] et uenisset [2] bethfage [b] ad [2] A. V. uenissent. montem oliueti; tunc [3] missit [4] ihesus [5] disci- [b] V. Bethphage. pulos [a] duos [a] dicens eis. ite in castellum quod Fol. 74 b. contra uos est: et statim inuenietis assinam [6] [3] A. V. Iesus. [4] A. V. misit. et pullum cum ea; soluite: et adducite mihi; [7] [5] A. V. om. [a] V. *transposes*. si quis uobis aliquid dixerit: dicite quia do- [6] A. V. asinam. minus his opus habet: et confestim dimittet [7] A. V. + et. uobis; [8] hoc autem factum est ut adimpleretur [8] A. V. eos. quod dictum est per profetam [9] dicentem; dicite [9] A. V. prophetam. filię sion: ecce rex tuus uenit tibi mansuetus et sedens super assinam [a] et pullum filium subiugalis; euntes autem discipuli: fecerunt sicut pręcepit illis ihesus; et adduxerunt assinam [6] et pullum et imposuerunt super eos [10] uesti- [10] A. eis. menta sua: et eum desuper sedere fecerunt; plurima autem turbę [11] strauerunt uestimenta [11] A. V. turba. sua in uia [b]: alii autem cedebant ramos de [b] A. V. uiam. arboribus: et sternebant in uia; turbę autem Fol. 75 a. que precedebant et que sequebantur clamabant [12] A. Osanna. V. Hosanna. dicentes; ossanna [12] filii [13] dauid: benedictus [13] A. V. filio. qui uenit [14] in nomine domini. [14] A. uenturus est.

ymnus Magnificans salutes. P.

antiphona Ceperunt omnes turbę descendentium gau- P. dentes laudare deum uoce magna super omnibus quas uiderant uirtutibus dicentes. benedictus qui uenit rex in nomine domine pax in celo et gloria in excelsis.

al[ia] Ante sex dies sollempnis pasche quando uenit dominus in ciuitatem ierusalem occurrerunt ei pueri et in manibus portabant ramos palmarum et clamabant uoce magna dicentes ossanna in *excelsis* benedictus qui uenisti in multitudine misericordiae ossanna in *excelsis*.

gradale Circumdederunt.

Missale Vetus

Super portam templi. c'orus di[cat].

Gloria laus et honor tibi sit rex christe redemptor cui puerile decus prompsit ossanna pium.

℣ Israhel es tu rex dauidis et inclita proles nomine qui in domini rex benedicte uenis. Gloria laus.

℣ Cecus[1] in excelsis te laudat celitus omnis et mortalis homo cuncta creat[2] simul. gloria.

℣ Plebs hebrea tibi cum palmis obuia uenit cum prece uoto ymnis assumus ecce tibi. gloria.

gradale Ingrediente domino in sanctam ciuitatem ebreorum pueri resurrectionem uite pronunciantes. cum ramis palmarum ossanna in excelsis.

℣ Cum audisset populus quia ihesus uenit ierusolimam exierunt ei obuiam cum ramis palmarum.

Missa in dominica palmarum.

Domine ne longe facias auxilium tuum a me ad defensionem meam aspice libera me domine de ore leonis et a cornibus unicornium humilitatem meam.

Psalmus Deus deus meus respice in me.

Omnipotens sempiterne deus qui humano generi ad imitandum humilitatis exemplum saluatorem nostrum carnem sumere et crucem subire fecisti ⁊ concede propitius ut et patientię ipsius habere documenta. et resurrectionis eius consortia mereamur. per eundem.

ad pilipenses.

Fratres[1] ⁊ hoc[2] sentite in uobis quod et in ihesu[3] christo[3] qui cum in forma dei esset non rapinam arbitratus est esse se ęqualem deo. sed semet ipsum exinaniuit formam serui accipiens.[3] similitudinem hominum factus et habitu inuentus ut homo; humiliauit semet ipsum factus obediens[4] usque ad mortem ⁊ mortem autem crucis. propter quod et deus illum[b] exaltauit.[b] et donauit illi nomen quod[1] est[1] super omne nomen ut in nomine ihesu omne genu flectatur celestium et[c] terrestrium et infernorum et omnis lingā confiteatur ⁊ quia dominus. ihesus christus in gloria est dei patris.

gradale Tenuisti manum dexteram meam in uoluntate tua deduxisti me et cum gloria suscipe me.

℣ Quam bonus israel deus rectis corde. mei autem pene moti sunt pedes pene effusi sunt gressus mei quia zelaui in peccatoribus pacem peccatorum uidens.

tractus Deus deus meus respice in me quare me dereliquisti longe a mea uerba delictorum meorum

a primo uersu usque ad postremum uersum.

Passio domini nostri ihesu christi secundum mattheum

⁋ In illo. tempore ⁊ dixit dominus ihesus[1] discipulis suis; ¶ scitis quia post biduum pasc'a fiet. et filius hominis tradetur ut crucifigatur. ⁋ Tunc congregati sunt principes sacerdotum et seniores populi in atrium principis sacerdotum qui dicebatur caiphas[2] ⁊ ⁋ et consilium fecerunt ut ihesum dolo tenerent. et occiderent; ⁋ dicebant autem ⁊ ꝼ non in die festo; ⁋ ne forte tumultus fieret in populo; ⁋ cum autem esset[a] ihesus[a] in bethania in domo simonis leprosi ⁊ ⁋ accessit ad eum mulier habens alabastrum ungenti[b] pretiosi et effudit super caput ipsius recumbentis; ⁋ uidentes autem discipuli ⁊ indignati sunt dicentes; ꝼ ut quid perditio hec? potuit enim istud uenundari multo pretio et dari pauperibus; ⁋ sciens autem ihesus ⁊ ait illis; ¶ quid molesti estis mulieri. ¶ opus bonum ⁊ operata est in me; ¶ nam semper pauperes habebitis[3] uobiscum ⁊ me autem non semper habebitis;[a] ¶ mittens enim hec ungentum[c] hoc in corpus meum ⁊ ad sepiliendum[d] me fecit; ¶ amen dico nobis ⁊ ¶ ubicumque[d] predicatum fuerit hoc euangelium in toto mundo. dicetur et quod hec fecit ¶ narrabitur[5] in memoriam eius; ⁋ tunc abiit unus de duodecim[6] qui dicitur[7] iudas scarioth[8] ad principes sacerdotum ⊙ et ait illis; ꝼ quid uultis mihi dare. et ego nobis eum tradam. ⁋ at illi constituerunt ei triginta argenteos; ⁋ et exinde querebat oportunitatem[e] ⊙ ut eum traderet; ⁋ prima autem die azimorum[f] ⊙ accesserunt discipuli ad ihesum dicentes. ꝼ ubi uis paremus tibi comedere pascha. ⁋ at ihesus ait;[10] ¶ ite in ciuitatem ad quendam[f] ⊙ et. dicite ei; magister dicit; tempus meum prope est ⊙ apud te facio pascha cum discipulis meis; ⁋ et fecerunt discipuli sicut constituit illis ihesus ⊙ et parauerunt pascha; ⁋ uespere autem facto ⊙ discumbebat cum duodecim[g] discipulis suis[g] ⁋ et. edentibus illis dixit ¶ amen dico nobis ⊙ quia unus uestrum me traditurus est ; ⁋ et contristati[a] ualde ⊙ ceperunt singuli dicere; ꝼ nunquid[11] ego sum domine? ⁋ at. ipse respondens ⊙ ait. ¶ qui intingit mecum[12][b] in parapside ⊙ hic me tradet; ¶ filius quidem hominis uadit sicut scriptum est de illo; ¶ ue autem homini illi ⊙ per quem filius

Mat. xxvi. xxvii.
[S. substitutes A. B. M. for s. c. i. in the recitation of the Passion. Gavanti Thes. Sacr. Rit. iv. 7, 19.]
1.1 A. V. Et factum est cum consummasset Iesus sermones hos omnes dixit.

Fol. 77 a.
[2] A. Caiaphas.

[a] V. transposes.

[b] V. unguenti.

[3] A. V. habetis.

[c] V. unguentum.
[4] A. V. sepeliendum.
Fol. 77 b.
[d] V. ubicumque.
[5] A. V. om.
[6] A. V. duodecim.
[7] A. V. dicebatur.
[8] A. Scariot. V. Iscariotes.

[e] V. opportunitatem.
[9] A. V. azymorum.

[10] A. V. dixit.
[f] V. quendam.

Fol. 78 a.

[g] A. om.

* "sunt" has been written on the margin by a later hand.
[11] A. V. numquid.
[12] A. V. + manum.
[b] "manum" has been written on the margin by a later hand.

[13] A. traditur.	
Fol. 78 b.	
[14] A. V. sanguis.	
[15] A. effunditur.	
[16] A. + cum. [h] A. om.	
[17] A. illum.	
[18] A. V. hymno.	
[19] V. dispargentur.	
Fol. 79 a.	
[c-c] The original text has been erased, and these words have been written over it in a later hand.	
[20] A. Gesemani. V. Gethsemani.	
[21] A. adsumpto.	
[k k] A. om. mi. V. transposes.	
[l] A. om.	
[22] A. V. sic.	
Fol. 79 b.	
[23] A. temtationem. V. tentationem.	
[24] A. promtus.	
[c c] See above.	
[m] A. V. om. [25] A. V. + et.	

hominis tradetur;[13] ⟨bonum erat ei⟩ si natus non fuisset homo ille. ⟨respondens autem iudas qui tradidit eum⟩ dixit; ⟨numquid[ll] ego sum rabbi? ⟨ait illi; ⟨tu dixisti. ⟨cenantibus autem eis accepit ihesus panem et benedixit ac fregit. deditque discipulis suis et ait; ⟨accipite et comedite⟩ hoc est corpus meum; ⟨et accipiens calicem gratias egit. et dedit illis dicens; ⟨bibite ex hoc omnes; hic est enim sangis[14] meus noui testamenti⟩ qui pro multis effundetur[15] in remissionem peccatorum; ⟨dico autem uobis non bibam amodo de hoc genimine uitis usque in diem[16] illum cum[h] illud[17] bibam uobiscum in regno patris mei.

Et ⟨ymno[18] dicto⟩ exierunt in montem oliueti; ⟨tunc dicit illis ihesus; ⟨omnes uos scandalum patiemini in me; in ista nocte; ⟨scriptum est enim; percutiam pastorem⟩ et dispergentur[19] oues gregis; ⟨postquam autem resurrexero⟩ precedam uos in galileam; ⟨respondens autem petrus⟩ ait illi; ⟨etsi omnes scandalizati fuerint⟩ in te⟩ ego numquam scan⟨dalizabor; ⟨ait illi ihesus; ⟨amen dico tibi⟩ quia in hac nocte antequam gallus cantet ter me negabis; ⟨ait illi petrus; ⟨etiamsi oportuerit me mori tecum⟩ non te negabo; ⟨similiter et omnes discipuli dixerunt; ⟨tunc uenit ihesus cum illis in uillam que dicitur gestimani[20]⟩ et dixit discipulis suis; ⟨sedete hic⟩ donec uadam illuc et orem; ⟨et assumpto[21] petro et duobus filiis zebedei⟩ cepit contristari et mestus esse; ⟨tunc ait illis; ⟨tristis est anima mea⟩ usque ad mortem; ⟨sustinete hic⟩ et uigilate mecum; ⟨et progressus pusillum procidit in faciem suam orans et dicens; ⟨mi[k] pater[k]⟩ si possibile est transeat a[l] me[l] calix iste; ⟨uerum tamen non sicut ego uolo⟩ sed sicut tu uis;⟩ ⟨et uenit ad discipulos suos⟩ et inuenit eos dormientes; ⟨et dicit petro. ⟨si[22] non potuistis una hora uigilare mecum. ⟨uigilate et orate⟩ ut non intretis in temptationem;[23] spiritus quidem promptus[24] est⟩ caro autem infirma. ⟨iterum secundo abiit⟩ et orauit dicens; ⟨pater mi⟩ si non potest hic calix transire nisi bibam illum⟩ fiat uoluntas tua; et ⟨uenit iterum. et inuenit eos dormientes; [c]⟨erant enim oculi eorum grauati[c] a[m] somno[m25] ⟨relictis illis⟩ iterum abiit et orauit tertio eundem sermonem dicens; ⟨tunc uenit ad discipulos suos⟩ et dicit illis; ꝼ dormite iam. et requiescite; ꝼ ecce appropinquauit hora⸵ et filius hominis tradetur in manus peccatorum; ꝼ surgite eamus⸵ ecce appropinquabit [26] qui me tradet; [27] ꞇ adhuc ipso [n] loquente⸵ ecce iudas unus de duodecem [o] uenit. et cum eo turba multa cum gladiis et fustibus misi [28] a principibus sacerdotum et senioribus populi; ꞇ qui autem tradidit eum⸵ dedit illis signum dicens; ᚖ quemcunque osculatus fuero⸵ ipse est tenete eum; ꞇ et confestim accedens ad ihesum⸵ dixit; ᚖ aue [29] rabbi⸵ ꞇ et osculatus est eum; ꞇ dixitque illi ihesus⸵ ꝼ amice⸵ ad quod [o] uenisti fac; ³ ꞇ tunc accesserunt et manus iniecerunt in ihesum⸵ et tenuerunt eum; ꞇ et ecce unus ex his qui erant cum ihesu extendens manum exemit gladium suum⸵ et percutiens seruum principis sacerdotum amputauit auriculam dextram ³ eius; ꞇ tunc ait illi ihesus; ꝼ conuerte gladium tuum in locum suum; ꝼ omnes enim qui acceperint gladium⸵ gladio peribunt; ꝼ an putas quia non possum rogare patrem meum. et ꝼ exhibebit mihi modo plus quam duodecem [o] milia ³ legiones angelorum? ꝼ quomodo ergo implebuntur scripturę. quia sic oportet fieri; ꞇ in illa hora⸵ dixit ihesus turbis; ꝼ tanquam [30] ad latronem existis cum gladiis et fustibus⸵ comprehendere me. ꝼ cotidie [p] apud uos. sedebam docens in templo. et non me tenuistis; ꞇ hoc autem totum factum est⸵ ut implerentur scripturę prophetarum; ꞇ tunc discipuli omnes relicto eo fugerunt. ꞇ at illi tenentes ihesum⸵ duxerunt ad caiphan [q] principem sacerdotum. ubi scribę et seniores connuenerant: ꞇ petrus autem sequebatur eum a longę⸵ usque in atrium principis sacerdotum; ꞇ et ingressus intro⸵ sedebat cum ministris⸵ ut uideret finem ͨ rei; ͬ ͨ ꞇ principes autem sacerdotum et omne concilium querebant falsum testimonium contra ihesum⸵ ut eum morti traderent; ꞇ et non inuenerunt⸵ cum multi falsi testes accessissent; ꞇ nouissime autem uenerunt duo falsi testes⸵ et dixerunt; ᚖ hic dixit; ᚖ possum destruere templum dei. et post triduum reędificare [n] illud; ꞇ et surgens princeps sacerdotum⸵ ait illi. ᚖ nihil respondes ad ea que isti aduersum te testificantur? ꞇ ihesus autem tacebat; et princeps sacerdotum⸵ ait illi. ᚖ adiuro te per dominum uiuum. ut dicas nobis si tu es christus filius dei; ꞇ dicit illi ihesus.

[26] A. V. adpropinquauit.
[27] A. tradit.   [n] V. eo.
Fol. 80 a.
[28] A. V. missi.

[29] A. haue.
[o] V. quid.

Fol. 80 b.

[30] A. tamquam.
[p] V. quotidie.

[q] A. Caiaphan.   V. Caipham.
Fol. 81 a.

ᶜᶜ See above.

[31] V. ædificare.

Fol. 81 b.

r A. om.

32 A. V. blasphemavit.
33 A. V. blasphemiam.

34 A. V. ceciderunt.
s V. ejus.
35 A. V. prophetiza.

Fol. 82 a.

36 A. V. stabant.
37 V. loquella.

38 A. ploravit.

t V. om.
Fol. 82 b.
39 A. rettulit.

40 A. V. sanguinem.

u V. transposes.
41 A. corbanan. V. corbonam.
42 A. V. sanguinis.
v V. Haceldama.
43 A. + et.
44 V. Hieremiam.
45 A. V. prophetam.
Fol. 83 a.
46 A. V. appretiati.
47 A. V. appretiaverunt.

í tu dixisti; ſ ueruntamen dico nobis: amodo uidebitis filium hominis sedentem a dextris uirtutis dei r et uenientem in nubibus celi; c Tunc princeps sacerdotum scidit uestimenta sua dicens; blasfemauit;32 ſ quid adhuc egemus testibus? ſ ecce nunc audistis blasfemiam.33 quid uobis uidetur? c at illi respondentes dixerunt; ſ Reus est mortis; c tunc expuerunt in faciem eius: et colaphis eum cederunt;34 c alii autem palmas in faciem ei s dederunt dicentes; ſ profetiza 35 nobis christe; ſ Quis est qui te percussit? c Petrus uero: sedebat. foris in atrio; c et accessit ad eum una ancilla: dicens; ſ et tu cum ihesu galileo eras; c at ille negauit coram omnibus dicens; ſ nescio quid dicis; c exeunte autem illo ianuam uidit eum alia ancilla t: c et ait his qui erant ibi; ſ et hic erat cum ihesu nazareno; c et iterum negauit cum iuramento: quia non noui hominem; c et post pusillum: accesserunt qui astabant 36 et dixerunt petro; ſ uere et tu ex illis es: ſ nam et loquela 37 tua manifestum te facit. ſ tunc cepit detestari et iurare: quia non nouisset hominem; c et continuo gallus cantauit; c et recordatus est petrus uerbi ihesu quod dixerat: prinsquam gallus cantet ter me negabis; c et egressus foras: fleuit 38 amare; c mane autem facto consilium inierunt omnes principes sacerdotum et seniores populi aduersus ihesum: ut eum morti traderent; c et iunctum adduxerunt eum: et tradiderunt eum t pontio pilato presidi; c tunc uidens iudas qui eum tradidit quod damnatus esset: penitentia ductus c retulit 39 triginta argenteos principibus sacerdotum et senioribus dicens. ſ peccaui. tradens sanginem 40 iustum; c at illi dixerunt; ſ quid ad nos? tu uideris; c et proiectis argenteis in templo: recessit. et abiens laqueo se suspendit. c principes autem sacerdotum acceptis argenteis: dixerunt; ſ non licet mittere u eos u in corban 41: quia pretium sanginis 42 est; c consilio autem inito emerunt ex illis agrum figuli in sepulturam peregrinorum. c propter hoc uocatus est ager ille acheldemach.v hoc est ager sanguinis 42: usque in hodiernum diem;43 c tunc impletum est quod dictum est per ieremiam 44 profetam 45 dicentem; et c acceperunt triginta argenteos pretium apretiati 46 c quem apretiauerunt 47 a filiis israhel: et c dederunt eos in agrum figuli. sicut con-

stituit mihi dominus; ℄ ihesus autem⁊ stetit
ante presidem; ℄ et interrogauit eum preses
dicens; ⁊ tu es rex iudeorum. ℄ dixit⁴⁹ illi ihesus;   ⁴⁸ A. V. dicit.
í tu dicis; ℄ et cum accusaretur a principibus
sacerdotum et senioribus nihil respondit; ℄ tunc
dicit illi pilatus; ⁊ non audis quanta aduersum te
dicunt testimonia? ℄ et non respondit ei ad ullum
uerbum⁊ ℄ ita ut miraretur preses uehementer;⁴⁹ ⁴⁹ A. V. vehementer.
℄ per diem autem sollennem*⁊ consuerat⁵⁰ preses   * V. solemnem.
dimittere populo unum uinctum quem uolu-   ⁵⁰ A. V. consueverat.
isset;⁵¹ ᶜ℄ habebat autem tunc unumᶜ uinctum   ⁵¹ A. V. voluissent.
insignem qui dicebatur barabbas; ℄ congregatis ᶜ⁻ᶜ See above.
ergo illis⁊ dixit pilatus; quem uultis dimittam
uobis barabban. an ihesum qui dicitur christus?
℄ sciebat enim quod per inuidiam tradidissent   Fol. 83 b.
illum;ˣ ℄ sedente autem illo pro tribunali⁊ mis-   ˣ V. eum.
sit⁵² ad eum⁵³ uxor eius dicens; ⁊ nihil tibi et   ⁵² A. V. misit. ⁵³ A. illum.
iusto illi; ⁊ multa enim pasa⁵⁴ sum hodie per   ⁵⁴ A. V. passa.
uisum propter eum; ℄ principes autem sacerdo-
tum et ℄ seniores persuaserunt⁵⁵ populus ut pete- ⁵⁵ A. V. persuaserunt.
rent baraban⁵⁶⁊ ihesum uero perderent; ℄ respon- ⁵⁶ A. V. Barabban.
dens autem preses⁊ ait illis; ⁊ quem uultis uobis
de duobus dimitti? ℄ at illi dixerunt; ⁊ barabban; dicit illis pilatus; ⁊ quid igitur faciam de
ihesu qui dicitur christus? ℄ dicunt omnes ⁊ crucifigatur; ℄ ait illis preses; ⁊ quid enim mali fecit;
℄ at illi magis clamabant dicentes; ⁊ crucifigatur; ℄ uidens autem pilatus quia nihil profi-
ceret. sed magis tumultus fieret⁊ ℄ accepta aqua
lauit manus coram populo dicens; ⁊ innocens   ⁵⁷ A. V. sanguine.
ego sum a sanguine⁵⁷ iusti. huius uos uideritis; Fol. 84 a.
℄ et respondens uniuersus populus dixit; ⁊ san-
gis⁵⁸ eius super nos⁊ ⁊ et super filios nostros;
℄ tunc dimisit illis barabban⁊ ihesum autem
flagellatum tradidit eis ut crucifigeretur; í tunc
milites presidis suscipientes ihesum in pretorioʸ ʸ V. pretorium.
congregauerunt ad eum uniuersam choortem.⁵⁹ ⁵⁹ A. V. cohortem.
℄ et exeuntes⁶⁰ eum⁊ clamidem⁶⁰ coccineam cir- ⁶⁰ A. V. exeuntes.
cumdederunt⁶¹ ei; ℄ et plectentes coronam de   ⁶⁰ A. clamydem. V. chlamy-
spinis posuerunt super caput eius⁶²; ℄ et harundi-   dem.
nemᶻ in dextera eius; ℄ et genu flexo ante eum⁊ ⁶¹ A. V. circumdederunt.
illudebant⁶³ dicentes; ⁊ aneᵃ rex iudeorum;   ᶻ V. arundinem.
℄ et expuentes⁶⁴ eum⁊ acceperunt harundinem.ᵃ   ᵃ A. inludebant. V. + ei.
et percutiebant caput eius; ℄ et postquam illu- ⁶⁴ A. exspuentes. A. V. + in.
serunt⁶⁵ ei⁊ expuerunt⁶⁵ eum clamide.⁶⁶ et in-   ⁶⁴ A. inluserunt.
duerunt eum uestimentis suis.⁶⁷ ℄ et duxerunt   ⁶⁵ A. V. exuerunt.
eum ut crucifigerent; ℄ exeuntes autem in-   ⁶⁶ A. clamyde. V. chlamyde.
uenerunt hominum cirineum⁶⁸ nomine simo-   Fol. 84 b. ⁶⁷ A. V. eius.
                                                 ⁶⁸ A. Cyreneum. V. Cyre-
                                                     naeum.

⁶⁹ A. V. angariauerunt.

ᵃᵃ V. mistum.

Fol. 85 a.
⁷⁰ A. V. blasphemabant.
⁷¹ A. destruis. V. destruebat.
⁷² A. reædificas. V. reædificabat.
⁷³ A. inludentes.

⁷⁴ A. dei filius.

⁷⁵ A. V. ad.
⁷⁶ A. + vero.
⁷⁷ A. V. clamavit. ᵇᵇ V. Elii.
Fol. 85 b.
⁷⁸ A. lema. V. lamma.
⁷⁹ V. sabacthani.
ᶜᶜ A. Heliam. V. Eliam.
ᶜᶜ V. acceptam.
⁸¹ A. V. implevit.
⁸² A. inposuit.
⁸³ A. harundini. ᵈᵈ V. Elias.

*⁸·⁸⁴ A. V. om.

⁸⁵ A. V. emisit.

Fol. 86 a.

nem; ℭ hunc angarizauerunt⁶⁹⸱ ℭ ut tolleret crucem eius. ℭ et uenerunt in locum qui dicitur golgotha⸱ quod est caluariȩ locus; ℭ et dederunt ei uinum bibere⸱ cum felle mixtum;ᵃᵃ ℭ et cum gustasset⸱ noluit bibere; ℭ postquam autem crucifixerunt eum⸱ diuiserunt uestimenta eius sortem mittentes. ut impleretur quod dictum est per prophetam dicentem;ʳ ℭ diuiserunt sibi uestimenta mea⸱ et super uestem meam miserunt sortem; ℭ et sedentes seruabant eum; ℭ et imposuerunt super caput eius causam ipsius scriptam⸱ ʃ hic est ihesus rex iudeorum; ℭ tunc crucifixi sunt cum eo duo latrones⸱ unus a dextris et unus a sinistris; ℭ pretereuntes autem blasfemabant⁷⁰ eum mouentes capita sua et dicentes; ʃ uah¹ qui destruit⁷¹ templum dei. et in triduo illud reȩdificat;⁷² ʃ salua temet ipsum; si filius dei es⸱ descende de cruce; ℭ similiter et principes sacerdotum illudentes⁷³ cum scribis et senioribus dicebant; ʃ alios saluos fecit, se ipsum non potest saluum facere? ʃ si rex israhel est⸱ descendat nunc de cruce et credimus ei; ʃ confidit in deo. liberet nunc eum¹ si uult; ʃ dixit enim⸱ quia filius⁷⁴ dei⁷⁴ sum; ℭ id ipsum autem et latrones qui crucifixi erant erant⁵ cum eo⸱ improperabant ei. ℭ a sexta autem hora tenebrȩ factȩ sunt super uniuersam terram⸱ usque in⁷⁵ horam nonam; ℭ et¹ circa horam⁷⁶ nonam⸱ clamabat⁷⁷ ihesus uoce magna dicens; ſ heli ᵇᵇ ſ heli ᵇᵇ⸱ lama⁷⁸ zabactanai?⁷⁹ hoc est deus meus. deus meus. ut quid dereliquisti me; ℭ quidam autem illic stantes et audientes dicebant; ʃ heleam ᶜᶜ uocat iste; ℭ et continuo currens unus ex eis⸱ accepitᶜᶜ spongiam et¹ implebit⁸¹ aceto et imposuit⁸² arundini⁸³ et dabat ei bibere; ℭ ceteri uero dicebant; ʃ sine⸱ ʃ uideamus an ueniat heliasᵈᵈ liberans eum; alius⁸⁴ autem accepit lanceam⸱ pupugit latus eius et exiit aqua et sangis.,⁸⁴ ℭ ihesus autem iterum clamans uoce magna emissit⁸⁵ spiritum; et ℭ ecce uelum templi scissum est in duas partes⸱ a summo usque deorsum; ℭ et terra mota est et petrȩ scissȩ sunt. et monumenta aperta sunt⸱ et multa corpora sanctorum qui dormierant surrexerunt; ℭ et exeuntes de monumentis post resurrectionem eius uenerunt in sanctam ciuitatem⸱ et apparuerunt multis; ℭ centurio autem et qui cum eo erant custodientes ihesum⸱ uiso terrȩ motu et his que fiebant⸱

timuerunt ualde dicentes; ꝗ uere filius[74] dei[74] erat iste; C erant autem ibi mulieres multæ a longē ./ que secutæ erant ihesum a galilea ministrantes ei; C inter quas erat maria magdalenę et maria iacobi. et ioseph mater ./ et mater filiorum zebedei; ꝗ cum autem[86] sero[80] esset[87] factum[87] ./ uenit quidam homo diues ab arimathia[dd] nomine ioseph. qui et ipse discipulus erat ihesu; hic accessit ad pilatum ./ et petiit[88] corpus ihesu; C tunc pilatus iussit reddi corpus; et accepto corpore ioseph inuoluit[89] sindone illud.[5] munda ./ C et posuit illud in monumento suo.[90] quod exciderat in petra; C et aduoluit saxum magnum ad hostium[91] monumenti ./ et abiit; C erat autem ibi maria magdalene C et altera maria ./ sedentes contra sepulcrum;[92]

[80] A. sero autem.
[87] A. V. factum esset.
[dd] Arimathæa.
[88] A. petit.
[89] A. V. + illud in.
[90] A. V. + novo.
Fol. 86 b.
[91] A. V. ostium.
[92] A. V. sepulchrum.

Altera autem die que est post parasceuen ./ conuenerunt principes sacerdotum et pharisei ad pilatum dicentes; domine recordati sumus quia seductor ille homo[5] dixit adhuc uiuens ./ post tres dies resurgam; iube ergo custodiri sepulcrum[92] usque in diem tertium ./ ne forte ueniant discipuli eius et furentur eum. et dicant plebi quia surrexit a mortuis; et erat[93] nouissimus error ./ peior priore; ait illis pilatus; habetis custodiam ./ ite custodite sicut scitis; illi autem abeuntes munierunt sepulcrum[92] ./ signantes lapidem ./ cum custodibus;

[93] A. V. erit.

offertorium.

Improperium expectauit cor meum et miseriam. et sustinui qui simul contristaretur et non habui et non fuit consolantem me quęsiui et non inueni. et dederunt in meam fel et mea potauerunt me aceto.

Fol. 87 a.

secreta

Tibi deus pater omnipotens immaculati agni paschale offerimus olocaustum. cuius nos sangine ab exterminatoris uastatione saluatos ad terram quęsumus tuę repromissionis inducas. per.

S.

communio

Pater si non potest hic calix transire nisi bibam illum fiat uoluntas tua.

postcommunio

Fideles tuos domine benignus intende. ut suę redemptionis initia recolentes quorum munere sunt refecti. eorum proficiant incrementis. per.

S.

feria quarta

In nomine domini omne genu flectatur celestium terrestrium et infernorum quia dominus factus oboediens

116 Missale Vetus

Fol. 87 b.
P.

usque ad mortem mortem autem crucis. ideo dominus ihesus christus in gloria est.
ʙ Qui cum in forma dei esset non rapinam arbitratus est esse seso equalem deo.

Presta quesumus omnipotens deus. ut qui nostris excessibus incessanter affligimur per unigeniti tui passionem liberemur qui tecum.

lectio ysaie prophete.

Is. lxii. 11.

Hec dicit dominus deus ; dicite filię sion.

graduale Ne auertas faciem tuam a puero tuo quoniam tribulor uelociter exaudi me.
ʙ Saluum me fac deus quoniam intrauerunt aque usque. infixus sum in limo profundi et substantia.

Deus qui pro nobis filium tuum crucis patibulum subire uoluisti. ut inimici a nobis expelleres potestatem ⸭ concede nobis famulis tuis. ut resurrectionis gratiam consequamur. per eundem.

Is. liii. 1-10, 12.
1.1 V. om.
Fol. 88 a.

lectio isaie pro[phete.]

¹In diebus illis ⸭ dixit isaias. domino¹ ⸭ quis credidit auditui nostro ? et brachium domini cui reuelatum est ? et ascendet sicut uirgultum coram eo ⸭ et sicut radix de terra sitienti. et non est species ei neque decor ; et uidimus eum et non erat aspectus ⸭ et desiderauimus eum despectum. et nouissimum uirorum. uirum dolorum et scientem infirmitatem ; et quasi absconditus uultus eius et despectus ⸭ unde nec reputauimus eum ; uere langores nostros ipse tulit ⸭ et dolores nostros ipse portauit. et nos putauimus eum quasi leprosum ⸭ et percussum a deo et humiliatum ; ipse autem uulneratus est propter iniquitates nostras ⸭ attritus est propter scelera nostra ; disciplina pacis nostrę super eum ⸭ et liuore eius sanati sumus ; omnes nos quasi oues errauimus ⸭ unusquisque in uiam

¹ V. transposes.
Fol. 88 b.

² V. posuit.

suam declinauit. et dominus¹ possuit¹ ² in eo iniquitatem omnium nostrum ; oblatus est quia ipse uoluit ⸭ et non aperuit os suum ; sicut ouis ad occisionem ducetur ⸭ et quasi agnus coram tondente se obmutescet ⸭ et non ₐperiet os suum ⸭ de angustia et de iudicio sublatus est ⸭ generationem eius quis enarrabit ? quia abscissus³ est de terra uiuentium ; propter scelus populi mei. percussi eum ⸭ et dabit impios pro sepultura. et diuitem pro morte sua ⸭ eo quod iniquitatem non fecerit. neque dolus fuerit in ore eius. et dominus uoluit conterere eum in

³ V. abscissus.

Hibernicum.

infirmitate ; si possuerit⁴ pro peccato animam   ⁴ V. posuerit.
suam ⁊ iudebit semen longeuum. et uoluntas
domini in manu eius dirigetur. pro eo quod
tradidit in morte⁵ animam suam. et cum scele-   Fol. 89 a.   ⁵ V. mortem.
ratis reputatus est; et ipse peccata multorum
tulit ⁊ et pro transgressoribus orauit⁶ ut¹ non   ⁶ V. rogavit.
perirent; dicit dominus omnipotens.¹
    ɢʀᴀᴅᴀʟᴇ Domine exaudi orationem *meam* et *meus ad*
ueniat.
   ᴠ Ne auertas.
   ᴠ In quacunque die. Quia defecerunt. Percussus
sum. Tu exurgens domine.,
              pasio hic legatur.
                 ᴏꜰꜰᴇʀᴛᴏʀɪᴜᴍ
Domine exaudi orationem meam et *meus ad peruenint*
    Suscipe domine quęsumus munus oblatum
et dignanter operare. ut quod passionis filii tui
domini nostri misterio gerimus. piis affectibus
consequamur. per.
                 ᴄᴏᴍᴍᴜɴɪᴏ
   Potum meum cum fletu temperabant quia eleuans
allisisti me et ego sicut fenum arui. tu autem domine in
ęternum permanes. tu exurgens misereberis sion quia
uenit tempus miserendi eius.
    Largire sensibus nostris omnipotens deus.
ut per temporalem filii tui mortem quam misteria veneranda testantur. uitam nobis dedisse
perpetuam confidamus. per eundem.
            ꜱᴜᴘᴇʀ ᴘ[ᴏᴘᴜʟᴜᴍ]   Fol. 89 b.
    Respice domine quesumus super hanc fami-
liam tuam. pro qua dominus noster ihesus
christus non dubitauit manibus tradi nocen-
tium. et crucis subire tormentum. qui *tecum.*

ꜰᴇʀɪᴀ ǫᴜɪɴᴛᴀ ɪɴ ᴄᴇɴᴀ ᴅᴏᴍɪɴɪ ᴀʙꜱᴏʟᴜᴛɪᴏ   S.
    ᴇᴘɪꜱᴄᴏᴘᴀʟɪꜱ ᴜᴇʟ ꜱᴀᴄᴇʀᴅᴏᴛᴀʟɪꜱ

   ᴀɴᴛɪꜰᴏɴᴀ Ne reminiscaris domine delicta mea uel   S.
peccata parentum nostrorum neque sumas uindictam
de peccatis nostris.
   ᴘꜱᴀʟᴍᴜꜱ Domine ne. et c[antum]
   Kyrri eleyson. Pater noster.
   ᴠ Peccauimus domine cum patribus.
   ᴠ Domine non secundum peccata nostra. ᴠ Domine
ne me. Adiuua nos deus sal*utaris.* ᴠ Saluos fac *seruos*   S.
et anc*illas.* Conuertere domine usquequo. ᴠ Esto eis
domine. turris fortitudinis. ᴠ Mitte eis domine auxilium
de sancto. ᴠ Domine exaudi.
                   ᴏʀᴀᴛɪᴏ   S.
    Adesto domine supplicationibus nostris. et   Pontif. Rom.
me qui etiam misericordia tua primus indigeo ⁊

Fol. 90 a.

P.
Pontif. Rom.

S.
Pontif. Rom.

Fol. 90 b.

Fol. 91 a.

clementer exaudi. et quem non electione meriti sed dono gratię tuę constituisti operis huius ministrum da fiduciam tui muneris exequendi et ipse in nostro ministerio quod tuę pietatis est operare. per.

oratio

Presta quesumus domine huic famulo tuo dignum penitentię fructum. et eclesię tuę sanctę a cuius integritate deuiarat peccando admissorum reddatur innoxius ueniam consequendo. per.

oratio

Deus humani generis benignissime conditor et misericordissime reformator. qui hominem inuidia diaboli ab eternitate deiectum unici filii tui sanguine redemisti uiuifica hunc famulum tuum quem nullatenus mori desideras. et qui non dereliquisti deuium assume correctum. moueant pietatem tuam quesumus eius lacrimosa suspiria. tu eius medere uulneribus. tu iacenti manum porrige salutarem. ne ęclesia tua aliqua sui corporis portione uastetur. ne grex tuus detrimentum sustineat. ne de familię tuę dampno inimicus exultet. ne renatum lauacro salutari mors secunda possideat. tibi ergo domine supplices preces tibi fletum cordis effundimus. tu parce confitenti. ut sic in hac mortalitate peccata sua te adiuuante defleat qualiter in tremendi iudicii die sententia ęternę dampnationis euadat. et ne sciat quod terret in tenebris. quod stridet in flammis. atque ab erroris uia reductus ad iter iustitię nequaquam ultra uulneribus saucietur. sed integrum sit ei atque perpetuum. et quod gratia tua contulit. et quod misericordia reformauit. per dominum.

Feria quinta in cena domini.

Nos autem gloriari oportet in cruce domini nostri ihesu christi. in quo est salus uita et resurrectio nostra! per quem saluati et liberati sumus.

𝔓𝔰𝔞𝔩𝔪𝔲𝔰 Deus misereatur.
oratio
Deus a quo et iudas reatus sui penam et
confessionis suę latro premium sumpsit. concede nobis tuę propitiationis effectum. ut sicut
in passione sua ihesus christus dominus noster
diuersa utrisque intulit stipendia meritorum.
ita nobis ablato uestustatis errore resurrec- Fol. 91 b.
tionis suę gratiam largiatur. qui.
ab corinthios
1 Cor. xi. 20-32.
Fratres[1] ⸌ conuenientibus[2] uobis in unum ⸌ [1] A. V. om.
iam non est dominicam cenam manducare; [2] A. V. + ergo.
unusquisque enim ⸌ suam cenam presumit ad
manducandam; et alius quidem esurit ⸌ alius autem ebrius est; numquid domos non habetis ad
manducandum et bibendum? aut ęclesiam dei
contemnitis et confunditis eos qui non habent?
quid dicam uobis? laudo uos in hoc? non laudo;
ego enim accepi a domino quod et tradidi
uobis ⸌ quoniam dominus ihesus in qua nocte
tradebatur accepit panem et gratias agens
fregit et dixit; hoc est corpus meum quod pro
uobis tradetur ⸌ hoc facite in meam commemorationem; similiter et calicem ⸌ postquam Fol. 92 a.
cenauit dicens; hic calix nouum testamentum
est in meo sanguine: hocfacitequotienscumque[a]
bibetis[3] in meam commemorationem; quotiens- [3] A. bibitis.
cunque[a] enim manducabitis panem hunc et [a] V. quotiescunque.
calicem bibetis ⸌ mortem domini annunciabitis[4] [4] A. adnunciatis.
donec ueniat; itaque quicunque manducauerit
panem uel biberit calicem domini indigne ⸌
reus erit corporis et sanginis[5] domini. probet [5] A. V. sanguinis.
autem se ipsum homo. et sic de pane illo edat ⸌
et de calice bibat; qui enim manducat et bibit
indigne ⸌ iudicium sibi manducat et bibit non
diiudicans corpus domini; ideo inter uos multi
infirmi et imbecilles[6] ⸌ et dormiunt multi; [6] A. + sunt.
quodsi nosmet ipsos diiudicaremus ⸌ non utique
iudicaremur; dum iudicamur autem a domino Fol. 92 b.
corripimur ⸌ ut non cum hoc mundo damne-
mur;
    Christus factus est pro nobis obędiens usque ad mor-
tem mortem autem crucis.
    b Propter quod et deus illum exaltauit. et dedit illi
nomen quod est super omne nomen.
secundum iohannem
Joh. xiii. 1-15.
Ante diem[1] festum paschę sciens ihesus quia [1] A. + autem.
uenit hora eius.[2] ut transeat ex hoc mundo ad [2] A. om.

² A. V. dilexisset.
¹ A. V. diabolus.
³ A. V. misisset. ⁶ A. corde.
⁷ A. Scariotis. V. Iscariotæ.

⁸ A. V. accepisset.
⁹ A. V. linteum.
Fol. 93 a. ¹⁰ A. pelvem.
¹¹ A. V. linteo.

¹² A. V. mihi.
¹³ A. Iesus ei.
¹⁴ V. habes.

¹⁵ A. V. recubuisset.
Fol. 93 b.

¹⁶ V. transposes.

Fol. 94 a

patrem cum dilexisset² suos qui erant in mundo⸴ in finem dilexit eos; et cena facta cum diabulus¹ iam misisset³ in cor⁶ ut traderet eum iudas simonis scariothis⁷⸴ sciens quia omnia dedit ei pater in manus. et quia a deo exiuit. et ad deum uadit⸴ surgit a cena et ponit uestimenta sua; et cum accepit⁸ lintheum⁹⸴ precinxit se; deinde mittit aquam in peluim¹⁰⸴ et cepit lauare pedes discipulorum et extergere lintheo¹¹ quo erat precinctus; uenit ergo ad simonem petrum⸴ et dicit ei petrus; domine⸴ tu mihi lavas pedes? respondit ihesus⸴ et dixit ei; quod ego facio⸴ tu nescis modo. scies autem postea; dicit ei petrus; non lauabis michi¹² pedes in ęternum; respondit ei¹³ ihesus;¹³ si non lauero te⸴ non habebis¹⁴ partem mecum; dicit ei simon petrus. domine⸴ non tantum pedes meos⸴ sed et manus et caput; dicit ei ihesus; qui lotus est non indiget. nisi ut pedes lauet⸴ sed est mundus totus. et uos mundi estis⸴ sed non omnes; sciebat enim quisnam esset qui traderet eum⸴ propterea dixit. non estis mundi omnes; postquam ergo lauit pedes eorum. et accepit uestimenta sua. cum recubuiset¹⁵ iterum⸴ dixit eis. Scitis quid fecerim uobis? uos uocatis me magister et domine⸴ et benedicitis; sum etenim; si ergo ego laui uestros¹⁶ pedes¹⁶ dominus et magister⸴ et uos debetis alter alterius lauare pedes. exemplum enim dedi uobis⸴ quemadmodum ego feci uobis⸴ ita et uos faciatis;

offertorium

Dextra domini fecit uir*tutem* dextra *domini exaltauit* me non moriar sed uiuam et narrabo *opera domini*

secreta

Ipse tibi quesumus domine sancte pater omnipotens ęterne deus sacrificium nostrum reddat acceptum. qui discipulis suis in sui commemoratione hoc fieri hodierna traditione monstrauit. ihesus christus dominus noster. qui tecum.

communio

Dominus ihesus postquam cenauit cum discipulis suis lauit pedes eorum. et ait illis. scitis quid fecerim uobis. ego dominus et magister exemplum dedi uobis. ut et uos ita faciatis.

Refecti uitalibus alimentis quesumus domine deus noster. ut quod tempore nostrę mortalitatis exsequimur immortatis[1] tuę munere consequamur. per.

Feria sexta in parasciue.
oratio
Deus a quo et iudas. ut supra.

lectio osee profete
[1] Hec dicit dominus deus.[1] in tribulatione sua mane consurgent ad me. uenite et reuertamur ad dominum quia ipse cepit et sanabit nos. percutiet et curabit nos. uiuificabit nos post duos dies. in die tertia suscitabit nos. et uiuemus in conspectu eius. sciemus sequemurque ut cognoscamus dominum; quasi diluculum preparatus est egressus est. et ueniet quasi imber nobis temporaneus et serotinus terrę. quid faciam tibi effraim?[2] quid faciam tibi iuda? misericordia uestra quasi nubes matutina et quasi ros mane pertransiens; propter hoc dolui in prophetis et[3] occidi eos in uerbis oris mei. et iudicia mea quasi lux egredientur; quia misericordiam uolui et non sacrificium. et scientiam dei plusquam olocausta.[4]

tractus Domino audiui auditum tuum. et timui. consideraui opera tua et expaui.

b In medio duum animalium innotesceris dum appropinquauerint anni cognosceris dum aduenerit tempus ostenderis.

b In eo dum conturbata fuit anima mea.

b Deus a libano ueniet et sanctus de monto umbroso et condenso.

b Operuit celos maiestas eius. et laudis eius plena est terra.

oratio
Deus qui peccati ueteris hereditariam mortem in qua posteritatis genus omne successerat christi domini nostri passione soluisti. dona ut conformes eidem facti sicut imaginem terreni naturę necessitate portauimus ita imaginem celestis gratię sanctificatione portemus. per eundem.

lectio libri exodi.
[1] In diebus illis[1] / dixit dominus ad moysen et aaron in terra ęgipti;[2] mensis iste uobis principium mentium.[3] primus erit in mensibus anni; loquimini ad uniuersum coetum filiorum israhel. et dicite eis; decima die mensis huius / tollat unusquisque agnum per familias ac domos suas; sin autem minor est numerus ut sufficere

---

[1] R. S. immortalitatis.

Os. vi. 1-6.
[1.1] V. om.

[2] V. Ephraim.
Fol. 94 b.

[3] V. om.

[4] V. holocausta.

P.
Pamel. Liturg. ii. 259.
Fol. 95 a.

Ex. xii. 1-11.
[1.1] V. om.
[2] V. Ægypti.
[3] V. mensium.

⁴ V. assumet.
⁵ V. possunt.
Fol. 95 b.
⁶ V. om.

⁷ V. vesperam.
⁸ V. sanguine.

⁹ V. azymos.

¹⁰ V. transposes.

¹¹·¹¹ V. om.
¹²·¹² V. quidquam ex eo.
¹³ V. igne.
Fol. 96 a.
¹⁴ V. + et.
¹⁵ V. calceamenta.

possit ad uescendum agnum.⸱ assumat uicinum suum qui iunctus est domui suæ.⸱ iuxta numerum animarum que sufficere possint⁵ ad esum agni; erit autem agnus absque macula.⸱ masculus anniculus; iuxta quem ritum ritum⁶ tolletis et hedum.⸱ et servabitis eum usque ad quartam decimam diem mensis huius. immolabitque cum uniuersa multitudo filiorum israhel ad uesperum.⁷ et sument de sanguine⁸ hedi. ac ponent super utrumque postem et in superliminaribus domorum in quibus comedent illum; et edent carnes nocte illa assas igni. et astimos⁹ panes cum lactucis agrestibus; non comedetis ex eo crudum quid nec coctum aqua. sed assum¹⁰ tantum¹⁰ igni. caput cum pedibus eius et intestinis uorabitis.¹¹ et os non comminuetis ex eo¹¹ nec remanebit¹² ex eo quicquam¹² usque mane; si quid residui fuerit igni¹³ comburetis; sic autem comedetis illum; renes nostros accingetis¹⁴ calciamenta¹⁵ habebitis in pedibus tenentes baculos in manibus et comedetis festinantes; est enim phase.⸱ id est transitus domini.

tractus Eripe me domino ab homine malo. ab *iniquo libera* me. ℣ Qui cogitauerunt malitias in. ℣ Acuerunt lingas suas sicut. ℣ Custodi me domine de peccatoris et *iniquis* libera me domine. ℣ Qui cogitauerunt supplantare. ℣ Et funes extenderunt in *iuxta iter scandalum* posuerunt. ℣ Dixi domino *deus meus* es. ℣ Domino domine uirtus. ℣ Ne tradas me. ℣ Caput circ*uitus*. ℣ Ueruntamen iusti.

Passio domini nostri ihesu christi secundum iohannem.

Sequuntur orationes sine genuflexione quasi legendo

Fol. 96 b.

Oremus dilectissimi nobis pro ęcclesia sancta dei. ut eam deus et dominus noster pacificare et custodire dignetur toto orbe terrarum.⸱ subiiciens ei principatus et potestates. detque nobis quietam et tranquillam uitam degentibus glorificare deum patrem omnipotentem.

oratio

flect*amus* genua

Omnipotens sempiterne deus qui gloriam tuam omnibus in christo gentibus reuelasti.⸱ custodi opera misericordię tuę. ut ęclesia tua tota orbe diffusa stabili fide in confessione tui nominis perseueret. per eundem

Oremus et pro beatissimo papa nostro N. ut deus et dominus noster qui elegit eum in ordi-

nem episcopatus:/ saluum atque incolomem
custodiat ęclesię sue sanctę:/ ad regendum
populum sanctum dei.

oratio
flectamus

Omnipotens sempiterne deus. cuius iudicio Fol. 97 a.
uniuersa fundantur:/ respice propitius ad preces
nostras. et electum nobis antistitem tua pietate
conserua. ut christiana plebs quę tali guber-
natur auctore:/ sub tanto pontifice credulitatis
suę meritis augeatur. per.

Oremus et pro omnibus episcopis. prespiteris.
diaconibus. subdiaconibus. acolitis. exorcistis.
lectoribus. hostiariis. confessoribus. uirginibus
uiduis et pro omni populo sancto dei.

oratio.
flectamus genua.

Omnipotens sempiterne deus. cuius spiritu
totum corpus ęclesię multiplicatur et regitur:/
exaudi nos pro uniuersis ordinibus supplicantes.
ut gratię tuæ munere ab omnibus tibi gradibus
fidelitur seruiatur. per.

Oremus et pro christianissimo imperatore[1] [1] S. rege.
nostro. N. ut deus et dominus noster subditas Fol. 97 b.
illi faciat omnes barbaras nationes [2]et faciat [2,2] R. S. om.
sapere ea quę recta sunt atque contra inimicos
catholicę et apostolicę ęclesię triumphum largiatur uictorię[2] ad nostram perpetuam pacem.

oratio
flectamus genua

Omnipotens sempiterne deus in cuius manu
sunt omnium potestates et omnia iura regnorum.
respice ad christianorum[1] benignum imperium. [1] R. Romanum.
ut gentes qui in sua feritate confidunt potentiæ
tuæ dextra comprimantur. per.

Oremus et pro catecuminis nostris ut deus et
dominus noster adaperiat aures precordiorum
ipsorum ianuamque misericordię. ut per lauacrum regenerationis accepta remissione omnium
peccatorum. et ipsi inueniantur in christo ihesu
domino nostro ;

Omnipotens sempiterne deus qui ęcclesiam Fol. 98 a.
tuam noua semper prole fecundas auge fidem
et intellectum catecuminis nostris ut renati
fonte baptismatis adoptionis tuæ filiis aggre-
gentur. per.

Oremus dilectissimi nobisdeum patrem omnipotentem. ut cunctis mundum purget erroribus.
morbos auferat famem repellat. aperiat carceres.

uincla dissoluat peregrinantibus reditum infirmantibus sanitatem. nauigantibus portum salutis indulgeat.

oratio.
flectamus genua.

Omnipotens sempiterne deus mestorum consolatio laborantium fortitudo: perueniant ad te preces de quacumque tribulatione clamantium, ut omnes sibi in necessitatibus suis misericordiam tuam gaudeant affuisse. per.

Oremus et pro hereticis et scismaticis. ut deus et dominus noster ihesus christus eruat eos ab erroribus. et ad sanctam matrem eclesiam catholicam atque apostolicam reuocare dignetur.

oratio.
flectamus genua.

Omnipotens sempiterne deus. qui saluas omnes et neminem uis perire: respice ad animas diabulica fraude deceptas: ut omni heretica prauitate deposita errantium corda resipiscant. et ad ueritatis tuę redeant unitatem. per

Oremus et pro perfidis iudeis ut deus et dominus noster auferat uelamen de cordibus eorum: ut et ipsi agnoscant ihesum christum dominum nostrum.

hic non flectuntur. genua.

Omnipotens sempiterne deus. qui etiam iudaicam perfidiam a tua misericordia non repellis: exaudi preces nostras quas pro illius populi obcecatione deferimus. ut agnita ueritatis tuę luce que christus[1] a suis tenebris eruantur. per dominum.

Oremus et pro paganis ut deus omnipotens auferat iniquitatem de cordibus eorum ut relictis idolis suis conuertantur ad deum uiuum et uerum: et unicum filium eius ihesum christum deum et dominum nostrum cum quo uiuit et regnat. deus per omnia sęcula seculorum. amen.

oratio.
flectamus genua

Omnipotens sempiterne deus qui non uis mortem peccatorum: sed uitam semper inquiris: suscipe propitius orationem nostram. et libera eos ab idulorum cultura: et aggrega ęclesię tuę sanctę ad laudem et gloriam nominis tui. per.

His expletis preparatur crux et ponitur uelata iuxta altare et sustentatur hinc et inde a dᵒbus accolitis cantantibus hos uersus.

Hibernicum.

Popule meus quid feci tibi aut in quo contristaui te. responde michi qui eduxi te de terra egipti parasti crucem saluatori tuo.

<small>Quibus respondendum sit a duobus aliis paratis qui sic dicunt.</small>

[There is considerable difference between the following rubrics and collects and the corresponding offices in the R. and S. Missals.]

Agios otheos agios ischiros agios athanathos eleison imas

<small>Deinde subsequatur chorus et dicat flectendo genua.</small>

Sanctus deus. sanctus fortis. sanctus et immortalis miserere *nobis*.

<small>Item duo tenentes crucem dicunt</small>

Quia eduxi te per desertum XL annis et manna cibaui te. et introduxi te in terram satis optimam. parasti crucem saluatori tuo.

cantores Agios. chorus Sanctus *deus*. ut supra

Quid ultra debui facere tibi et non feci? ego quidem plantaui te uineam meam fructu decoram et tu facta es michi satis amara aceto nanque siti mea potasti et laucea preforasti latus saluatori tuo. can[tores] Agios chorus Sanctus.

Fol. 100 a.

<small>Post hos uersus finitos sacerdos nudet crucem et dicat hanc paruam omeliam conuertendo ad populum.</small>

Audite oues christi uocem redemptoris uestri. et prosternite uos humiliter cum precibus intentis ante illum. et quia pius et misericors est credite michi quia miserebitur uestri. et accipietis gloriam sempiternum

P. Addresses ad populum are common in the Gallican, but unknown in the R. Liturgy.

<small>Post hos orationes expletas preparatur crux ante altare interpossito spatio inter ipsam et altare sustenta huic et inde a duobus diaconibus. et ueniens sacerdos adoret et deosculatur crucem. tunc inchoat cantor antifonam ad crucem.</small>

Compare the Adoratio Crucis in Leofric Missal, f. 363 b.

antifona Ecce lignum crucis in quo salus mundi pependit. uenite adoremus.

Fol. 100 b.

psalmus Beati *immaculati* usque in finem.

psalmus Uenito adoremus et procidamus. usque deus noster.

b Christus factus est pro nobis obediens.

antifona Ecce lignum.

antifona Crucem tuam adoramus domine et sanctam. resurrectionem tuam laudamus et glorificamus ecce enim propter crucem uenit gaudium in uniuerso mundo.

psalmus Deus misereatur nostri et benedicat. usque in finem.

ymnus Crux fidelis inter. mitis. n. c. s. m.

<small>Deinde adorent ceteri prespiteri et diaconi et reliqui per ordinem. deinde populus sedente autem pontifice in sede usque dum omnes salutent crucem. prespiteri uero duo priores mox ut salutauerint crucem. intrent ubi positum fuerit corpus domini quod pridie remansit ponentes eum patena. et subdiaconus teneat inter ipsos calicem cum aqua et uino non consecrato et reliquia in ordine. salutata uero cruce et reposita in loco suo. discendit pontifex aut sacerdos ante altare et dicit. oremus. preceptis salutaribus moniti. Pater noster sed *libera*. Sumit de sancto et ponit in calicem nihil dicens.</small>

Benedictio ignis noui de silice excussi in sabbato.

℟. Deus qui filium tuum angularem scilicet lapidem caritatis ignem fidelibus tuis contulisti. productum e silice nostris profuturum usibus nouum hunc ignem sanctifica. et concede nobis ita per hec festa paschalia celestibus desideriis inflammari ut ad perpetua festa purgatis mentibus pertingere ualeamus. per eundem.

oratio
P. Deus omnipotens. deus abraam. deus isaac. deus iacob. immitte in hanc creaturam incensi uim odoris tui. uel uirtutem ut sit seruulis tuis uel ancillis munimen tutelaque defensionis ne intret in uisceribus eorum hostis aditumque et sedem habere possit. per dominum

oratio
S. Domine sancte pater omnipotens ęterne deus. bene ✠ dicere et santificare digneris ignem istum quem nos indigni per innocationem unigeniti filii tui domini nostri ihesu christi bene ✠ dicere presumimus. tu clementissime cum tua bene ✠ dictione sanctifica et ad profectum humani generis prouenire concede. per dominum.

Quo benedicto accensisque candelis reuertantur in chorum pueris precinentibus hos uersus et choro semper primum repetente

Inuentor rutuli dux bone luminis.
qui certis uicibus tempora diuidis.
merso sole chaos ingruit horridum
lucem redde tuis christe fidelibus

℣ Tu lux uera oculis lux quoque sensibus.
intus tu speculum. splendiferum foris
lumen quod famulans offero suscipe
tinctum pacifici crismatis ungine

℣ Per christum genitum summe pater tuum
in quo uisibilis stat tibi gloria
qui nuper dominus qui tuus unicus
spirat de patruo corde paraclitum
Per quem splendor honor. laus sapientia
maiestas bonitas. et pietas. tua
regnum continuo[1] numine triplici
texens perpetuis secula seculis amen.

Benedictio cerei. in sabbato sancto.

Exultet iam angelica turba celorum. exultent diuina misteria. et pro tanti regis uictoria

---

[1] S. contineant.

tuba intonet salutaris. gaudeat se tellus tantis
irradiatam fulgoribus. et ęterni regis splendore
lustrata totius orbis se sentiat amissise caliginem. lętetur et mater ęclesię. tanti luminis
adornata fulgoribus. et magnis populorum
uocibus. Ilęę aula resultet quapropter astan-
tibus uobis fratres karissimi ad tam miram
sancti huius luminis claritatem. una mecum
queso omnipotentis dei misericordiam innocate. Fol. 102 b.
ut qui me non meis meritis intra leuitarum
numerum dignatus est aggregare luminis sui
gratiam infundendo cerei huius laudem impleri[1]   [1] R. S. implere.
perficiat. per dominum nostrum ihesum filium
tuum qui cum eo uiuit et regnat in unitate
spiritus sancti deus per omnia secula seculorum
amen.
Dominus uobiscum. Et cum spiritu tuo.
Sursum corda. Habeamus[1] ad dominum.   [1] R. S. habemus.
Gratias agamus domino deo nostro. Dignum
et iustun est.

U D quia dignum et iustum est inuisibilem
deum omnipotentem patrem filiumque eius
unigenitum dominum nostrum ihesum christum
cum spiritu sancto toto cordis ac mentis affectu꞉
et uocis misterio personare꞉ qui pro nobis
eterno patri adę debitum soluit꞉ et ueteris
piaculi cautionem pio cruore detersit; hec sunt Fol. 103 a.
enim festa paschalia꞉ in quibus uerus ille
agnus occiditur꞉ eiusque sanguine potes[1] con-   [1] R. S. postes. R. + fidelium.
secrantur. hec nox est꞉ in qua primum patres
nostros filios israel eductos de egipto꞉ rubrum
sicco uestigio transire fecisti; hec igitur nox
est꞉ quę peccatorum tenebras; columne illu-
minatione purgauit. hec nox est꞉ hec nox est
que hodie per uniuersum mundum in christum
credentes꞉ a uitiis seculi segregatos et cali-
gine peccatorum꞉ reddit gratię sociatque sanc-
titati; hec nox est꞉ in qua destructis uinculis
mortis꞉ christus ab inferis uictor ascendit;
nihil enim nobis nasci profuit꞉ nisi redemi
profuisset.; omnia circa nos tuę pietatis dig-
natio. o inestimabilis dilectio caritatis. ut ser- Fol. 103 b.
uum redimeres꞉ filium tradidisti;[2] O beata   [2] Two clauses, O certo and
nox que sola meruit scire tempus et horam꞉   O felix, &c. (R. S.), are
in qua christus ab inferis resurrexit; hec nox   omitted.
est de qua scriptum est et. nox ut dies illumi-
nabitur꞉ et nox illuminatio mea in deliciis
meis; huius igitur sanctificatio noctis꞉ fugat

scelera ✓ culpas lauat ✓ et reddit innocentiam lapsis ✓ et mestis letitiam. fugat odia. concordiam parat. et curuat imperia. in huius igitur noctis gratia

hic infiguntur u grana incensi in modum crucis

Suscipe sancte pater. incensi huius sacrificium uespertinum ✓ quod tibi in hac cerei oblatione solenni. per ministrorum manus de operibus apium. sacrosancta reddit ęcclesia. sed iam columpnę huius preconio nouimus ✓ quam in honorem dei rutilans ignis accendit.

Hic accenditur

Fol. 104 a.

Qui licet sit diuissus in partes ✓ mutuati tamen luminis detrimenta non nouit; alitur liquentibus cereis quas in substantiam pretiosę huius lampadis apes mater eduxit. o uere beata nox que expoliauit egiptos ✓ ditauit ebreos ; nox in qua terrenis celestia iunguntur. oramus ergo te domine ut cereus iste in honorem nominis tui consecratus ✓ ad noctis huius caliginem destruendam indeficiens perseueret ✓ et in odorem sauitatis. acceptus supernis luminaribus misceatur ; flammas eius lucifer matutinus inueniat; ille inquam lucifer qui nescit occassum ; ille qui egressus ab inferis humano generi serenus illuxit. precamur ergo te domine ✓ ut nos famulos tuos et omnem clerum et deuotissimum populum una cum beatissimo papa nostro. N. et uenerabili antestite nostro. N.[1] et gloriosissimo rege nostro. N. [2]ciusque nobilissima prole. N.[1,2] quiete temporum concessa. in his paschalibus sacramentis. conseruare digneris. per dominum nostrum ihesum christum filium tuum qui tecum uiuit regnat imperat necnon et gloriatur solus deus solus altissimus. una cum sancto spiritu per cuncta secula seculorum amen.

Fol. 104 b.

[1.1] R. om.
[2.2] S. om. See Introd. p. 47.

Gen. i.-ii. 2.

lectio libri genesis

In principio creauit deus celum et terram ; terra autem erat inanis et uacua. et tenebrę erant super faciem abissi[1] et spiritus dei super ferebatur super aquas; dixitque deus ; fiat lux; et facta est lux; et uidit deus lucem quod esset bona et diuisit deus lucem a tenebris appellauit que lucem diem et tenebras noctem; factumque est uespere et mane dies unus. dixit quoque deus; fiat firmamentum in medio aquarum ✓ et diuidat aquas ab aquis; et fecit deus firmamentum ✓

[1] V. abyssi.

Fol. 105 a.

Hibernicum.

diuisitque aquas que erant sub firmamento ab
his que erant super firmamentum. et factum
est ita; uocauitque deus firmamentum celum;
et factum est uespere et mane dies secundus;
dixit uero deus; congregentur aquę quę sub
celo sunt in locum unum. et appareat arida;
factumque est ita; et uocauit deus aridam terram ׃ congregationesque aquarum appellauit
maria. et uidit deus quod esset bonum ׃ et ait;
germinet terra herbam uirentem et facientem   Fol. 105 b.
semen. et lignum pomiferum faciens fructum
iuxta genus suum ׃ cuius semen in semet ipso
sit super terram. et factum est ita; et protulit
terra herbam uirentem et afferentem² semen   ² V. facientem.
iuxta genus suum ׃ lignumque faciens fruc-
tum. et habens unumquodque sementem secundum speciem suam. et uidit deus quod esset
bonum; factumque³ est uespere et mane dies   ³ V. et factum.
tertius; dixit autem deus. fiant luminaria in
firmamento celi et diuidant diem ac noctem ׃
et sint in signa et et⁴ tempora et dies et annos.   ⁴ V. om.
ut luceant in firmamento celi; et illuminent
terram; et factum est ita; fecitque deus duo
magna⁵ luminaria' luminare maius ut pręesset   ⁵ V. transposes.
diei ׃ et luminare minus ut preesset nocti. et
stellas; et possuit⁶ eas in firmamento celi. ut   Fol. 106 a.   ⁶ V. posuit.
lucerent super terram. et preessent diei ac nocti.
et diuiderent lucem ac tenebras; et uidit deus
quod esset bonum ׃ et factum est uespere et
mane dies quartus; dixit etiam deus; producant
aquę reptile animę uiuentis et uolatile super
terram sub firmamento celi. creauitque deus
coeta⁷ grandia et omnem animam uiuentem   ⁷ V. cete.
atque motabilem quam produxerant aquę in
species suas ׃ et omne uolatile secundum genus
suum; et uidit deus quod esset bonum. benedixitque eis dicens; crescite et multiplicamini
et replete aquas maris. auesque multiplicentur
super terram; et factum est uespere et mane.
dies quintus; dixit quoque deus. producat terra
animam uiuentem in genere suo. iumenta et   Fol. 106 b.
reptilia et bestias terrę secundum species suas.
factumque est ita. et fecit deus bestias terrę.
iuxta species suas. et iumenta et omne reptile
terrę in genere suo. et uidit deus quod esset
bonum ׃ et ait. faciamus hominem ad imaginem et similitudinem nostram. et presit et
piscibus maris et uolatilibus celi. et bestiis
K

uniuersæque creaturę omnique reptili quod mouetur in terra; et creauit deus hominem ad imaginem suam ad imaginem dei creauit illum⸵ masculum et feminam creauit eos. benedixitque illis deus. et ait; crescite et multiplicamini et replete terram. et subiicite eam et dominamini piscibus maris et uolatilibus celi. et uniuersis animantibus que mouentur super terram. dixitque deus. ecce dedi uobis omnem herbam afferentem semen super terram. et uniuersa lignaque habent in semetipsis sementem generis sui ut sint uobis in escam. et cunctis animantibus terrę omnique uolucri celi. et uniuersis que mouentur in terra⸵ et in quibus est anima uiuens. ut habeant ad uescendum; et factum est ita. uiditque deus cuncta que fecit⁹⸵ et erant ualde bona; et factum est uespere et mane dies sextus; igitur perfecti sunt celi et terra⸵ et omnis ornatus eorum; compleuitque deus die septimo opus suum quod fecerat. et requieuit die septimo. ab omni opere quod patrarat;

Deus qui mirabiliter creasti hominem et mirabilius redemisti⸵ da nobis contra oblectamenta peccati mentis ratione persistere. ut mereamur ad gaudia ęterna peruenire. per.

lectio libri exodi

¹ In diebus illis⸵ factum est in ¹ uigilia matutina. et ecce respiciens dominus super castra ęgiptiorum ² per columnam ignis et nubis interfecit exercitum eorum et subuertit rotas curruum⸵ ferebanturque in profundum; dixerunt ergo ęgiptii.³ fugiamus israhelem⸵ dominus enim pro ⁴ eis pugnat ⁴ contra nos; et ait dominus ad moysen; extende manum tuam super mare. ut reuertantur aq̅u ad egiptios super currus et equites eorum. cumque extendisset moyses manum contra mare⸵ reuersum est primo diluculo ad priorem locum; fugientibusque egiptiis⁵ occurrerunt aq̅u et inuoluit eos dominus in mediis fluctibus; reuersęque sunt aquę. et operuerunt currus et equites cuncti exercitus pharaonis. qui sequentes ingressi fuerant mare⸵ nec unus quidem superfuit ex eis. filii autem israhel perrexerunt per medium sicci maris. et aquę eis erant quasi pro muro a dextris et a sinistris; liberauitque dominus in die

Hibernicum. 131

illa israhel de manu egiptiorum.² et uiderunt   ⁴ V. Ægyptios.
egiptios⁶ mortuos super litus⁷ maris. et manum   ⁷ V. littus.
magnam quam exercuerat dominus contra eos ;
timuitque populus dominum et crediderunt domino. et moisi seruo eius. tunc cecinit moyses et
filii israhel. carmen hoc domino. et dixerunt.,

   tractus Cantemus domino glorioso enim honorificatus
est equum et ascensorem proiecit in mare.   Fol. 108 b.
   ƀ Adiutor et protector factus est mihi in salutem.
   ƀ Hic deus meus et honorabo eum deus patris mei et
exaltabo eum.
   ƀ Dominus conterens bella. *dominus nomen* est *illi.*

Deus cuius antiqua miracula etiam nostris
seculis choruscare sentimus. dum quod uni
populo a persecutione egiptia liberando dexteræ
tu potentia contulisti. id in salutem gentium
per aquam regenerationis operaris ⸵ presta ut
in abrahę filios et in israheliticam dignitatem
totius mundi transeat plenitudo. per.

           lectio isaię profetę   Es. iv.
¹ In diebus illis¹⸵ apprehendent. VII. mulieres   ¹·¹ V. Et.
uirum unum in die illa dicentes ; panem nos-
trum comedemus. et uestimentis nostris operie-
mur⸵ tantummodo inuocetur nomen tuum super   Fol. 109 a.
nos⸵ aufer opprobium nostrum ; in die illa erit
germen domini in magnificentia et in gloria et
fructus terrę sublimis ; et exultatio his qui
saluati fuerint de israhel ; et erit ; omnis qui
relictus fuerit in sion. et residuus in ierusalem⸵
sanctus uocabitur omnis qui scriptus est in uita
in ierusalem⸵ si abluerit dominus sordem filiarum sion⸵ et sanginem ierusalem lauerit de
medio eius in spiritu iudicii et spiritu ardoris ;
et creauit dominus super omnem locum montis
sion. et ubi inuocatus est nubem per diem. et
fumum. et splendorem ignis flammantis in nocte ;
super omnem enim gloriam protectio. et taber-
naculum erit in umbraculum dei² ab estu. et in   ² V. diei.
securitatem et absconsionem a turbine et a
pluuia ;

   tractus Uinea facta est dilecto in cornu uberi.   Fol. 109 b.
   ƀ Et maceriam circumdedit. et circumfodit. et plan-
tauit uineam soreth.
   ƀ Et edificauit turrim in medio eius.
   ƀ Et torcular. fodit in ea. uinea enim domini sabaoth
domus israhel est

                         oratio
Deus qui nos ad celebrandum paschale sacramentum utriusque testamenti paginis imbuisti⸵

da nobis intelligere misericordias tuas. ut ex perceptione presentium munerum firma sit expectatio futurorum. per.

Es. liv. 17-lv. 11.
R.

lectio isaie pro[fete]
Hec est hereditas seruorum domini et iustitia eorum apud me dicit dominus; omnes sitientes uenite ad aquas. et qui non habetis argentum⸵ properate emite et comedite; uenite

Fol. 110 a.

emite absque argento. et absque ulla commutatione uinum et lac. quare appenditis argentum non in panibus et laborem uestrum non in saturitate? audite audientes me⸵ et comedite bonum. et delectabitur in crassitudine anima uestra; inclinate aurem uestram et uenite ad me⸵ audite et uiuet anima uestra; et feriam uobiscum pactum sempiternum. misericordias dauid fideles; ecce testem populis dedi eum. ducem ac preceptorem gentibus; ecce gentem quam nesciebas uocabis et gentes qui non cognouerunt te ad te current propter dominum deum tuum et sanctum israhel quia glorificauit te; querite dominum dum inueniri potest inuocate eum dum prope est; derelinquat impius uiam

Fol. 110 b.

suam et uir iniquus cogitationes suas⸵ et reuertatur ad dominum et miserebitur eius. et ad deum nostrum quoniam multus est ad ignescendum; non enim cogitationes meę cogitationes uestrę neque uię uestrę uię meę dicit dominus. quia sicut exultantur celi a terra⸵

[1] V. + et cogitationes meæ.

sic exaltatę sunt uię meę a uiis uestris[1] a cogitationibus uestris. et quomodo descendit imber et nix de celo et illuc ultra non reuertitur. sed imbriat terram et infundit eam. et germinare eam facit. et dat semen serenti et panem comedenti⸵ sic erit uerbum meum quod egre-

[2] V. om.

dietur de ore meo [2] dicit dominus omnipotens.[2]

oratio.

Fol. 111 a.

Deus qui ęcclesiam tuam semper gentium uocatione multiplicas⸵ concede propitius. ut quos aqua baptismatis abluis. continua protectione tuearis. per.

tractus Sicut ceruus desiderat ad fontes aquarum ita desiderat anima mea ad te deus. Sitiuit anima mea ad deum fontem uiuum⸵ quando ueniam et apparebo ante faciem dei mei.

b Fuerunt mihi lacrimo meę panes *die ac nocte* dum dicitur mihi per singulos dies ubi est deus tuus.

oratio

Concede quesumus omnipotens deus. ut qui

Hibernicum.

festa paschalia agimus. celestibus desideriis S.
accensi. fontem uite sitiamus. per.

Kyrri *eleyson*		Sancta uirgo uirginum	*ora*
christe *eleyson*		Sancte michael	*ora*
christe audi (nos)		Sancte gabriel	*ora*
Sancta maria ora		Sante raphiel	*ora*
Sancta dei genitrix	*ora*	Sancte iohannis	*ora*
Sancte petre	*ora*	Per crucem tuam. *libera nos.*	
Sancte paule	*ora*	Per sanctam resur	
Sancte andrea	*ora*	rectionem tuam. *libera*	
Sancte zefane	*ora*	Peccatores te *rogamus audi nos*	
Sancte laurentii	*ora*	Ut pacem nobis dones te	
Sancte uincentii	*ora*	Ut domnum apostolicum	
Sancte martine	*ora*	nostrum in sancta relegione	
Sancte patricii	*ora*	conseruate *digneris* te	
Sancte benedicte	*ora*	Ut æclesiam tuam	
Sancte maria mag*dalena*	*ora*	immaculatam cus	
Sancta felicitas	*ora*	todire *digneris* te *rogamus*	
Sancta margareta	*ora*	Ut regem hiberncnsium	
Sancta petronilla		et exercitum eius con	
Sancta brigida	*ora*	seruare *digneris* te *rogamus.*	
Omnes sancti orate o Propitius esto par ce nobis domine Propitius esto *libera* nos *domine*		Ut eis uitam et sanitatem atque uictoriam dones te *rogamus* Ut sanitatem nobis dones te	

Fol. 111 b.

For the ornamental enclosure of each "ora," see Plate iv.

See Introd. p. 47.

[1] A similar Lit. in the Leofric Missal, f. 267 a, may be dated by the petition for "reges nostros;" in Murat. Lit. Rom. i. 74, by that " pro domno imperatore et exercitu Francorum;" in a missal at Florence (Bibl. Naz. xxxvi. 13), by that for "d. ottonem imperatorem et exercituum christianorum."

Ut pluuiam nobis *dones te rogamus* U fructus terre nobis *dones.* Ut aeris temperiem nobis *dones te.* Ut nos exaudire *digneris te.* Filii dei te. Accendite. accendite. accendite. Kyrri *eleyson.* ter. Christe *eleyson* Kyrri *eleyson.* Gloria in excel*sis.*
Deus qui hanc sacratissimam noctem gloria dominice resurrectionis illustrasti ? conserua in noua familie tuę progenie adoptionis spiritum quem dedisti. ut corpore et mente renouati

Fol. 112 a.

[In Sabbato Sancto.]

puram tibi exhibeant seruitutem. per. in unitate eiusdem

ad colossenses

Fratres [1] si consurrexistis cum [2] christo que sursum [3] querite. ubi christus est in dexteram [4] dei sedens; que sursum sunt sapite non que super terram; mortui enim estis et uita uestra abscondita est cum christo in deo cum enim [5] christus apparuerit uita uestra tunc et uos apparebitis cum ipso in gloria;

Alleluia. b Confitemini domino quoniam in misericordia eius.

tractus Laudate dominum omnes gentes ut supra

secundum matheum

Uespere autem sabbati que lucescit in prima sabbati uenit maria magdalene et altera maria uidere sepulcrum; [1] et ecce terre motus factus est magnus angelus enim domini descendit de celo. et accedens renoluit lapidem et sedebat super eum; erat autem aspectus eius sicut fulgur et uestimentum eius sicut nix; pre timore autem eius exterriti sunt custodes et facti sunt uelut mortui; respondens autem angelus dixit mulieribus; nolite timere uos; scio enim quod ihesum qui crucifixus est queritis; non est hic; surrexit enim sicut dixit; uenite et uidete locum ubi possitus [2] erat dominus. et cito euntes dicite discipulis eius quia surrexit et ecce precedet [3] uos in galileam; ibi eum uidebitis ecce predixi uobis.,

secreta

Suscipe domine quesumus preces populi tui cum oblationibus hostiarum ut pascalibus initiate misteriis ad eternitatis nobis medelam te operante proficiant. per dominum nostrum

U D equum et salutare. et te quidem omni tempore sed in hoc potissimum nocte gloriosius predicare. cum pascha nostrum immolatus est christus. ipse enim uerus est agnus qui abstulit peccata mundi. qui mortem nostram moriendo destruxit et uitam resurgendo reparauit. et ideo.

Communicantes et noctem sacratissimam celebrantes resurrectionis domini nostri ihesu christi secundum carnem. sed et memoriam uenerantes imprimis gloriose semper uirginis marię genetricis eiusdem dei et domini nostri ihesu christi. sed et

Hibernicum.

Hanc igitur oblationem seruitutis nostrę. sed et cunctæ familię tuę quam tibi offerimus pro his quos regenerare dignatus es ex aqua et spiritu sancto tribuens eis remissionem omnium peccatorum quesumus domine ut.

ad uespcr[as]

Alleluia alleluia. Psalmus Laudate dominum omnes gentes. Alleluia alleluia. Quoniam confirmata est super nos misericordia eius et ueritas domini manet in eternum. Alleluia alleluia. Gloria patri et filio et spritui sancto. Alleluia alleluia. Sicut erat. in et et semper et in secula seculorum amen. Alleluia alleluia. Fol. 114 a.

in euangelio

Uespere autem sabbati que lucescit in prima sabbati uenit maria magdalene et altera marie uidere sepulcrum alleluia.

Psalmus Magnificat.

Spiritum domine tuę karitatis infunde. ut quos sacramentis paschalibus satiasti. tua facias pietate concordes. per. in uni*tate eiusdem.*

Missale Vetus

Fol. 114 b.
[In die Paschae.]

RESURREXI et adhuc tecum sum alleluia possuisti super me manum tuam alleluia mirabilis facta est scientia tua alleluia alleluia.
Psalmus Domino probasti. me.

oratio

Deus qui hodierna die per unigenitum tuum eternitatis nobis aditum deuicta morte reserasti uota nostra que preueniendo aspiras etiam adiuuando prosequere. per eundem.

Fol. 115 a. 1 Cor. v. 7, 8.
[1] A. V. om. [2] A. consparsio.
[3] A. V. azymi.

[4] A. V. azymis.

Fratres [1] ⁖ expurgate uetus fermentum ut sitis noua conspersio [2] ⁖ sicut estis azimi; [3] etenim pascha nostrum immolatus est christus; itaque epulemur non in fermento. ueteri ⁖ neque in fermento. malitię et nequitię. sed in azimis [4] sinceritatis ⁖ et ueritatis;

Grabale Hec est dies quam fecit dominus exultemus et lętemur in ea.
b Confitemini domino quoniam bonus quoniam in seculum misericordia eius. Alleluia

P.
[Mis. de Arbuthnott.]
Marc. xvi. 1-7.
[1.1] A. V. Et cum transisset sabbatum.
Fol. 115 b.

b Pascha nostrum immolatus est christus
b Epulemur in azimis sinceritatis et ueritatis

secundum marcum

[1] In illo tempore [1] ⁖ maria magdalene et maria iacobi et salome emerunt aromata ⁖ ut uenientes ungerent ihesum et ualde mane una sabbatorum ueniunt ad monumentum ⁖ orto iam sole;
et dicebant ad inuicem; quis reuoluet nobis lapidem ab ostio monumenti? et respiciens [2] ⁖ uiderunt [3] reuolutum lapidem; erat quippe magnus ualde; et introeuntes in monumentum [4] ⁖ uiderunt iuuenem sedentem in dextris coopertum stola candida et obstupuerunt; qui dicit illis. nolite expauescere; ihesum queritis nazarenum ⁖ crucifixum; surrexit ⁖ non est hic; ecce locus ⁖ ubi posuerunt eum; sed ite dicite discipulis eius et petro ⁖ quia precedit uos in galileam; ibi eum uidebitis ⁖ sicut dixit nobis.,

[2] A. V. respicientes.
[3] A. vident.
[4] A. monumento.

Fol. 116 a.

Terra tremuit et quieuit dum resurgeret in iudicio deus alleluia

secreta

Suscipe domine quesumus preces populi tui cum oblationibus hostiarum. ut paschalibus initiatę misteriis ad ęternitatis nobis medelam te operante proficiant. per christum dominum

U D ęquum et salutare ⁖ et te quidem. u supra. Communicantes. Hanc igitur oblationem. u supra.

communio

Pascha nostrum immolatus est christus alleluia. itaquo epulemur in azimis sinceritatis et ueritatis. alleluia

postcommunio

Spiritum nobis domine tuę caritatis infunde ut quos sacramentis paschalibus satiasti. tua facias pietate concordes. per.

dominica in alb[is]   R.

Quasi modo geniti infantes alleluia alleluia rationabile sine dolo lac concupiscito alleluia alleluia alleluia.

Psalmus exultate deo adiutorio nostro

Presta quesumus omnipotens deus ut qui festa paschalia peregimus. hec te largiente moribus et uita teneamus. per.   Fol. 116 b.

lectio e[pistole] b[eati] iohannis a[postoli.]   1 Joh. v. 4-10.

Karissimi¹ ✓ omne quod natum est ex deo ✓   ¹ A. V. om.
uincit mundum; et hec est victoria que uincit
mundum ✓ fides nostra; quis est autem qui
uincit mundum. nisi qui credit quoniam ihesus
est filius dei? hic est qui uenit per aquam et
sanginem² ✓ ihesus christus; non in aqua solum.   ² A. V. sanguinem.
sed in aqua et sangine." et spiritus est qui   ᵃ A. V. sanguine.
testificatur. quoniam christus est ueritas ✓ quo-
niam³ tres sunt qui testimonium dant ' in celo   ³ V. quia.   ⁴,¹ A. om.
pater uerbum et spiritus. et hi tres unum sunt;
et tres sunt qui. testimonium dant in terra '✓
spiritus⁵ aqua et sangis;⁶ et tres⁷ unum sunt;   ⁵ A. V. + et.
si testimonium hominum accipimus ✓ testimo-   Fol. 117 a.
nium dei maius est; quoniam hoc est testimo-   ⁶ A. V. sanguis.   ⁷ V. + hi.
nium dei quod maius est ✓ quia⁸ testificatus   ⁸ V. quoniam.
est de filio suo; qui credit in filium⁹ dei ✓ habet   ⁹ A. filio.
testimonium dei in se ;

Alleluia b post dies octo iannis clausis stetit ihesus in medio discipulorum suorum et dixit pax uobis.
b Alleluia
b Gauissi sunt discipuli uiso domino.   P.

secundum iohannem   Joh. xx. 19-27.

'In illo tempore'✓ cum ᵃ esset.² sero die illo   ¹,¹ A. V. om.   ᵃ V. + ergo.
una sabbatorum et fores essent clause ubi erant   ² A. + ergo.
discipuli congregati³ propter metum iudeorum ✓   ³ A. om.
uenit ihesus. et stetit in medio et dicit eis; pax
uobis. et cum hoc dixisset. ostendit eis manus
et latus. gauissi⁴ sunt ergo discipuli ✓ uiso   ⁴ A. V. gavisi.
domino ; dixit ergo eis iterum ; pax uobis. sicut
missit.⁵ me pater ✓ et ego mitto uos. hoc ᵇ cum   Fol. 117 b.
dixisset. insufflauit et dicit ᶜ eis; accipite spiritum   ⁵ A. V. misit.   ᵇ V. hec.
sanctum ; quorum remiseritis peccata remit-   ᶜ V. dixit.

138 *Missale Vetus*

⁶ A. remittentur.
⁷ A. V. duodecim.
⁸ A. V. Didymus.

⁹ A. V. digitum.

¹⁰ A. adfer.

[Nine leaves are missing here. Fol. 118 a commences with portion of the Lectio prima in Vigilia Pentecostes.]
Fol. 118 a.   Gen. xxii. 13-19.

¹ V. holocaustum.

² V. transposes.

³ V. arenam.   ⁴ V. littore.

⁵ V. + que.
Fol. 118 b.   ⁶ V. Abraham.

Deut. xxxi. 22-30.   S.
¹·¹ V. om.   ² V. + ergo.

³ V. om.

tuntur⁶ eis. et quorum retinueritis ⸴ retenta sunt. Thomas autem unus ex duodecem⁷ qui dicitur didimus"⸴ non erat cum eis quando uenit ihesus; dixerunt ergo ei alii discipulis; uidimus dominum; ille autem dixit eis; nisi uidero in manibus eius fixuram clauorum et mittam degitum⁹ meum in locum clauorum et mittam manum meam in latus eius non credam; et post dies octo⸴ iterum erant discipuli eius intus⸴ et thomas cum eis; uenit ihesus ianuis clausis⸴ et stetit in medio et dixit; pax uobis; deinde dicit thomę; infer degitum⁹ tuum huc. et uide manus meas. et affer¹⁰ manum tuam et mitte in latus meum⸴ et noli esse incredulus sed fidelis;   *   *   *
  *   *   *   *
  *   *   *   *

uiditque post tergum arietem inter uepres herentem cornibus. quem assumens obtulit olocaustum¹ pro filio. appellauitque nomen loci illius. dominus uidet; unde usque hodie dicitur; in monte dominus uidebit; uocauit autem angelus domini abraham secundo de celo dicens; per memet ipsum iuraui dicit dominus. quia fecisti rem² hanc² et non pepercisti filio tuo unigenito propter me⸴ benedicam tibi. et multiplicabo semen tuum sicut stellas celi. et uelut harenam³ que est in litore⁴ maris; possidebit semen tuum portas inimicorum suorum. et benedicentur in semine tuo omnes gentes. terrę. quia obedisti uoci męę; reuersus⁵ est abraam⁶ ad pueros suos abieruntque. bersabee simul et habitauit ibi.

tractus Cantemus domino *gloriose*.

oratio

Deus qui in abrahę famuli tui opere humano generi obędientię exempla prebuisti⸴ concede nobis et nostrę voluntatis prauitatem frangere et tuorum preceptorum rectitudinem in omnibus adimplere. per.

lectio libri deuteronomi.

¹ In diebus illis ¹⸴ scripsit² moyses canticum et docuit filios israhel⸴ precepitque dominus iosue filio nun⸴ et ait; confortare. et esto robustus. tu enim introduces filios israhel in terram quam pollicitus sum patribus³ eorum³ et ego ero tecum. postquam ergo scripsit moyses uerba legis huius in uolumine atque compleuit.

precepit leuitis qui portabant arcam foederis
domini. dicens; tolle filium istum et ponite Fol. 119 a. [The letters a, b,
illum in latere arcę foederis domini dei nestri.   c, d, e, f, have been written
ut sit ibi contra te in testimonium; ego enim   in Irish characters on the
                                                lower margins of this and
scio contentionem tuam ᵃ durissimam; adhuc   the five following leaves.]
uiuente me et ingrediente nobiscum. semper ᵃ V. + et ceruicem tuam.
contentiose egistis. contra dominum? quanto
magis cum mortuus fuero? congregate ad me
omnes maiores natu per tribus uestras. atque
doctores. et loquar audientibus eis sermones
istos. et inuocabo contra eos celum et terram.
noui enim quod post mortem meam inique agetis
et declinabitis cito de uia quam precepi uobis.
et occurrent uobis mala in extremo tempore
quando feceritis malum in conspectu domini ut Fol. 119 b.
irritetis eum per opera manuum uestrarum;
locutus est ergo moyses audiente uniuerso cetu
filiorum israhel uerba carminis huius. et ad
finem usque compleuit.

tractus Attende celum et loquar et audiat terra uerba S.
ex ore meo.

ƀ Expectetur sicut pluuia eloquium meum. et de-
scendant sicut ros uerba mea

ƀ Sic imbᵉʳ super gramina et sicut nix super fenum.
quia nomen domini inuocabo

ƀ Date magnificentiam deo nostro deus uerax opera
eius et omnes uię eius iustitia

ƀ Deus fidelis in quo non est iniquitas iustus et sanctus
dominus.

oratio

Deus qui nobis per prophetarum ora precepisti temporalia relinquere et ad ęterna
festinare: da famulis tuis ut que a te iussa
cognouimus implere celesti inspiratione ualeamus. per.

lectio isaię prof*c*tę

Apprehendent. *supra* in sabbato paschę Fol. 120 a.

tractus Uinea facta est

oratio

Deus qui nos ad celebrandam presentem fes- S.
tiuitatem utriusque testamenti paginis instruis:
da nobis intelligere misericordias tuas ut ex
perceptione presentium munerum firma sit expectatio futurorum. per.

lectio ieremię pro[fetę].

Audi israhel mandata uitae auribus percipe   Bar. iii. 9-37.
ut scias prudentiam? quid est israhel quod in
terra inimicorum es? inueterasti in terra aliena.
coinquinatus es cum mortuis deputatus es cum
his qui in inferno sunt: dereliquisti fontem

140   Missale Vetus

¹ V. + sempiterna.
Fol. 120 b.   ² V. om.
³ V. prudentia.
⁴ V. intellectus.
⁵ V. longiturnitas.
⁶ V. vitæ.   ⁷ V. victus.
⁸ V. intrauit.
⁹ V. thesauros.
¹⁰ V. super.   ¹¹ V. terram.
¹² V. auibus.
¹³ V. thesaurizant.
¹⁴ V. acquisitionis.

¹⁵ V. loco.

Fol. 121 a.
¹⁶ V. + filii eorum.
¹⁷ V. ipsorum.   ¹⁸ V. + est.

¹⁹ V. Merræ.

²⁰ V. commemorati sunt.
²¹ V. semitas.

²² V. finem.

Fol. 121 b.

²³ V. illam.
²⁴ V. + possit.   ²⁵ V. scire.
²⁶ V. vias.   ²⁷ V. exquirat.
²⁸ V. eam.
²⁹ V. præparauit.
³⁰ V. æterno.   ³¹ V. repleuit.
³² V. pecudibus.
³³ V. + et quadrupedibus.
³⁴ V. lumen.   ³⁵ V. vocauit.
³⁶ V. illud.   ³⁷ V. obedit.
³⁸ V. stellæ.
[ᴬ An S has been written over this by a later hand.]
³⁹ V. luxerunt.   ⁴⁰ V. + ei.
⁴¹ V. iucunditate.
⁴² V. aduersus.   ⁴³ V. eum.

sapientiȩ; nam si in uia dei ambulasses⸵ habitasses utique in pace¹ super² terram,ᴬ disce ubi sit sapientia.³ ubi sit uirtus⸵ ubi sit prudentia⁴ ut scias simul ubi sit longitudo⁵ uita⁶ et uirtus.⁷ ubi sit lumen oculorum et pax? quis inuenit locum eius. et quis introiuit⁸ in thesauris⁹ eius? ubi sunt principes gentium. et qui dominantur super bestias que sunt in¹⁰ terra?¹¹ qui in nubibus¹² celi ludunt. qui argentum tesaurizant¹³ et aurum in quo confidunt homines et non est finis possessionis¹⁴eorum; qui argentum fabricant et solliciti sunt⸵ nec est inuentio operum illorum; et² tamen² exterminati sunt⸵ et ad inferos descenderunt. et alii in² locum¹⁵ illorum surrexerunt; iuuenes uiderunt lumen. et habitauerunt super terram. uiam autem discipline nescierunt. neque intellexerunt semitas eius. neque¹⁶ susceperunt eam filii² eorum² a facie eorum¹⁷ longe facta.¹⁸ non est audita in terra chanaan. neque uisa est in theman; filii quoque agar qui exquirunt prudentiam que de terra est negociatores terre¹⁹ et theman. et fabulatores. et exquisitores prudentiȩ et intelligentiȩ; uiam autem sapientiȩ nescierunt neque meminerunt²⁰ semitarum²¹ eius; o israhel quam magna est domus dei. et ingens locus possessionis eius. magnus et non habet consummationem²² excelsus et immensus; ibi fuerunt gigantes nominati. illi qui ab initio fuerunt statura magna scientes bellum; non hos elegit dominus neque uiam disciplinȩ inuenerunt propterea perierunt; et quoniam non habuerunt sapientiam⸵ interierunt propter suam insipientiam? quis ascendit in celum et accepit eam. et eduxit eam de nubibus? quis transfretauit mare et inuenit eam.²³ et altulit eam²³ super aurum electum? non est qui²⁴ sciat²⁵ uiam²⁶ eius neque qui excogitat²⁷ semitas eius; sed qui scit uniuersa⸵ nouit illam²⁸ et adinuenit illam²⁸ prudentia sua qui perfecit²⁹ terram in sempiterno³⁰ tempore et adinuenit³¹ eam peccodibus;³²˒³³ qui emittit lucem³⁴ et uadit et inuocauit³⁵ eam³⁶ et obaudiuit³⁷ illi in tremore; zelle³⁸ autem dederunt lucem³⁹ in custodiis tuis.ᴬ et lȩtatȩ sunt; et² uocate sunt et dixerunt; adsumus et dixerunt³⁹˒⁴⁰ cum iocunditate⁴¹ qui fecit illas; hic est deus noster. et non estimabitur alius ad⁴² illum;⁴³ hic adinuenit omnem uiam disciplinę. et dedit[14] illam iacob eius[2] puero suo et israhel dilecto suo; post hec super[15] terram[16] uisus est; et cum hominibus conuersatus est;

Fol. 122 a.
[14] V. tradidit.
[15] V. in.   [16] V. terris.

tractus Sicut ceruus desiderat.

oratio

Omnipotens sempiterne deus qui paschale sacramentum quinquaginta dierum uoluisti misterio contineri; presta ut gentium facta dispersio diuisione lingarum ad unam confessionem tui nominis celesti munere congregetur. per.

S.

ad missam.

[In Vigilia Pentecostes.]

oratio

Presta quesumus omnipotens deus. ut claritatis tuę super nos splendor effulgeat. et lux tuę lucis corda eorum qui per gratiam tuam renati sunt sancti spiritus illustratione confirmet. per. in unitate eiusdem.

lectio actuum apostolorum

In diebus illis[1]; cum appollo[2] esset corinthi. et[3] paulus peragratis superioribus partibus ueniret ephesum[4] et inueniret quosdam discipulos; ait[5] ad eos; si spiritum sanctum accepistis credentes? at illi dixerunt[5] ad eum; sed neque si spiritus sanctus est audiuimus; ille uero ait; in quo ergo baptizati estis? qui dixerunt; in iohannis baptismate; dixit autem paulus; iohannes baptizauit baptismo[6] penitentię populum dicens. in eo[b] qui uenturus esset. post ipsum ut crederent; hoc est in ihesum; his auditis; baptizati sunt in nomine domini ihesu; et cum imposuisset[7] illis manum[c] paulus; uenit spiritus sanctus super eos. et loquebantur lingis[c*] et prophetabant; erant autem omnes uiri; fere duodecim;[9] introgressus autem sinagogam.[10] cum fiducia loquebatur per tres menses; disputans et suadens; de regno dei.

Act. xix. 1-8.
[1] A. V. factum est autem.
Fol. 122 b.
[2] A. V. Apollo.   [3] A. V. ut.
[4] A. Efesum.
[5] A. V. dixitque.
[5] A. om.

[6] A. baptisma.
[b] A. V. eum.

[7] A. V. inposuisset.
[c] V. manus.
[c*] A. V. lingnis.
[9] A. V. duodecim.
[10] A. V. synagogam.
Fol. 123 a.

Allelnia. Confitemini domino.

tractus Laudate dominum.

secundum iohannem

Joh. xiv. 15-21.

[1] In illo tempore; dixit dominus discipulis suis;[1] si diligitis me; mandata mea seruate. et ego rogabo patrem et alium paraclitum[2] dabit uobis. ut maneat uobiscum in ęternum; spiritum ueritatis quem mundus non potest. accipere quia non uidit eum nec scit eum; uos

[11] A. V. om.

[2] A. paracletum.

Missale Vetus

³ A. cognoscitis.

⁴ A. orfanos.

⁵ A. V. + sum.
Fol. 123 b.

autem cognoscetis ³ cum ⸝ quia apud uos manebit. et in nobis erit ; non relinquam uos orphanos ⁴⸝ ueniam ad uos ; adhuc modicum ⸝ et mundus me iam non uidet ; uos autem uidetis me ⸝ quia ego uiuo. et uos uinetis ; in illo die uos cognoscetis ⸝ quia ego ⁵ in patre meo. et uos in me. et ego in nobis. qui habet mandata mea et seruat ea ⸝ ille est qui diligit me ; qui autem diligit me ⸝ diligetur a patre meo. et ego diligam eum ⸝ et manifestabo ei me ipsum ;

offertorium
Emitte spiritum tuum et creabuntur et renouabis faciem terrę. *sit gloria domini in.* alleluia.

secreta
S.

Hostias populi tui quesumus domine miseratus intende. et ut tibi reddantur acceptae conscientias nostras sancti spiritus salutaris emundet aduentus. per

U. D. per christum ⸝ qui ascendens super omnes celos sedensque ad dexteram tuam. promissum spiritum hodierna die in filios adoptionis effudit quapropter profusis gaudiis totus in orbe terrarum mundus exultat ⸝ sed et supernę uirtutis atque angelicę potestates ymnum glorię tuę concinunt sine fine dicentes. sanctus.

Fol. 124 a.

¹ S. in igneis.

Communicantes et diem sacratissimum pentecostes celebrantes quo spiritus sanctus apostolis innumeris ¹ lingïs apparuit. sed et *memoriam*.

Hanc igitur oblationem seruitutis nostrę sed et cunctae familię tuę quam tibi offerimus pro his quoque quos regenerare dignatus es ex aqua et spiritu sancto tribuens eis remissionem omnium peccatorum. quesumus domine.

communio
Ultimo festiuitatis die dicebat ihesus qui in me credit flumina de uentre eius fluent aquę uiuae. hoc autem dixit de spiritu quem accepturi erant credentes in eum alleluia alleluia.

S.

Presta quesumus. omnipotens deus. ut spiritus sanctus adueniens maiestatem nobis filii manifestando clarificet. per. in unitate.

dominica pentecostes

Fol. 124 b.

P.

Spiritus domini repleuit orbem terrarum allelnia. et hoc quod continet omnia scientiam habet uocis alleluia alleluia alleluia.

b. Omnium est enim artifex omnem habens uirtutem omnia prospiciens. *gloria*.

Psalmus Exurgat deus.

oratio

Deus qui hodierna die corda fidelium sancti spiritus illustratione docuisti:/ da nobis in eodem spiritu recta sapere. et de eius semper consolatione gaudere. per dominum in unitate eiusdem.

lectio actuum apostolorum Act. ii. 1-11.

[1] In diebus illis [1]:/ cum complerentur dies pentecostes [2]:/ erant omnes discipuli [3] pariter in eodem loco; et factus est repente de celo sonus tanquam [4] aduenientis spiritus uehimentis [5]:/ et repleuit totam domum ubi erant apostoli [3] sedentes; et apparuerunt illis dispertitæ linguæ [6] tanquam ignis:/ seditque supra singulos eorum; et repleti sunt omnes spiritu sancto:/ et ceperunt loqui uariis lingïs:/ prout spiritus sanctus dabat eloqui illis; erant autem in ierusalem [7] habitantes iudei uiri religiosi:/ ex omni natione que sub celo est; facta autem hac uoce conuenit multitudo et mente confussa [9] est:/ quoniam audiebat unusquisque lingã sua illos loquentes; stupebant autem omnes:/ et mirabantur ad [3] inuicem [3] dicentes; nonne ecce [11] omnes [11] isti qui loquuntur galilei sunt? et quomodo nos audiuimus unusquisque lingãm [12] nostram [12] in qua nati sumus. parthi et medi. et elamite. et qui habitant mesopotamiam. iudeam et capadociam [13] pontum et asiam. frigiam [14] et pampiliam. [15] egiptum et partes libiç [10] que est circa cirinen. [17] et aduenç romani. iudei quoque et proseliti. [19] cretes et arabes:/ audiuimus eos [19] loquentes [10] nostris lingïs:/ magnalia dei;

Alleluia. b Emitte spiritum tuum. et creabuntur et renouabis faciem terrç   Alleluia.

b Spiritus sanctus procedens a throno apostolorum pectora inuisibili hodie perlustrauit potentia.

secundum iohannem Joh. xiv. 23-31.

[1] In illo tempore:/ dixit dominus ihesus discipulis suis;[1] si quis diligit me:/ sermonem meum seruabit; et pater meus diliget eum:/ et ad eum ueniemus et mansionem apud eum faciemus; qui non diligit me:/ sermones meos non seruat; et sermo [2] quem audistis non est meus; sed eius qui misit me patris; hec locutus sum uobis:/ apud uos manens; paraclitus [3] autem spiritus sanctus quem mittet pater in nomine meo:/ ille uos docebit omnia et sug-

[1.1] A. et.   [2] A. pentecosten.
[3] A. V. om.
Fol. 125 a.
[4] A. tanquam.
[5] A. V. vehementis.
[6] A. V. linguæ.

[8] A. Hierusalem.

[9] A. V. confusa.

[11] A. omnes ecce.

[12] A. lingua nostra.
Fol. 125 b.

[13] A. V. Cappadociam.
[14] A. Frygiam. V. Phrygiam.
[15] A. V. Pamphyliam.
[a] V. Ægyptum.
[16] A. Lybiæ. V. Libyæ.
[17] A. V. Cyrenen.
[18] A. V. proselyti.
[19] A. loquentes eos.

S.

[1.1] A. V. Respondit Iesus et dixit ei.

Fol. 126 a.

[2] A. V. sermonem.

[3] A. paracletus.

geret uobis omnia quecunque dixero uobis; pacem relinquo uobis⁊ pacem meam do uobis; non quomodo mundus dat⁊ ego do uobis; non turbetur cor uestrum⁊ neque formidet; audistis quia ego dixi uobis⁊ uado et uenio ad uos; si diligeretis me⁊ gauderetis utique quia uado ad patrem. quia pater maior me est; et nunc dixi uobis priusquam fiat⁊ ut cum factum fuerit credatis; iam non multa loquar uobiscum; uenit enim princeps mundi huius⁊ et in me non habet quicquid;⁴ sed ut cognoscat mundus quia diligo patrem⁊ et sicut mandatum dedit mihi pater⁊ sic facio;

offertorium
Confirma hoc deus quod operatus es in nobis a templo tuo quod est in ierusalem tibi offerent reges munera alleluia

secreta
Munera domine quęsumus oblata sanctifica et corda nostra sancti spiritus illustratione emunda. per. in unitate.

U. D. per christum. qui ascendens ut supra Communicantes. Hac igitur ut supra.

communio
Factus est repente de celo sonus tanquam aduenientis spiritus uehementis ubi erant sedentes alleluia et repleti sunt omnes spiritu loquentes magnalia dei alleluia alleluia.

Sancti spiritus domine corda nostra mundet infussio. et sui roris intima aspersione fecundet. per. in unitate. euisdem.

uiii. kal feb. conuersio sancti pauli apostoli ad fidem

S. Lętemur omnes in domino hodiernum diem sollemniter celebrantes. quam beatus paulus conuersione sua per omnem mundum decorauit.

P. Psalmus Prostratus est seuissimus persecutor et erectus est fidelissimus persecutor.

oratio
Deus qui uniuersum mundum beati pauli predicatione docuisti⁊ da nobis quęsumus ut qui eius hodie conuersionem colimus per eius ad te exempla gradiamur. per.

lectio actuum apostolorum
[1] In diebus illis [1]⁊ saulus[2] adhuc spirans[3] minarum et cedis in discipulos domini abiit[a] ad principem sacerdotum. et petiit ab eo epistolas[4] in damascum ad[5] sinagogas[6]⁊ ut si quos inue-

Hibernicum.

nisset huius uię uiros ac mulieres uinctos perduceret⁷ ierusalem; et cum iter faceret⸗ contigit ut appropinquaret⁸ damasco; et subito circumfulsit eum lux de celo⸗ et cadens in terram audiuit uocem dicentem sibi; saule saule⸗ quid me persequeris? qui dixit quis es domine? et ille; ego sum ihesus nazarenus⁹⸗ quem tu persequeris.¹⁰ ¹¹ durum est tibi contra stimulum calcitrare; et tremens ac stupens dixit; domine⸗ quid me uis facere. et dominus ad illum;¹¹ surge et ingredere ciuitatem⸗ et dicetur tibi quid te oporteat¹² facere; uiri autem illi qui comitabantur. cum eo⸗ stabant stupefacti audientes quidem uocem; neminem autem uidentes; surrexit autem saulus de terra⸗ apertisque oculis nihil uidebat; ad manus autem illum trahentes introduxerunt damascum⸗ et erat ᵇ tribus diebus non uidens. et non manducabit¹³ neque bibit; erat autem quidam discipulus damasci nomine annanias ᶜ ⸗ et dixit ad illum in uisu dominus; annania.ᵈ et¹⁴ ille ait; ecce ego domine; et dominus ad eum;¹⁵ surge¹⁶ et ᵉ uade in uicum qui uocatur rectus⸗ et quęre in domo iudę saulum nomine tharsensem.ᶠ ecce enim orat; et uidit uirum annaniam ᵍ nomine intro euntem et imponentem¹⁷ sibi manum¹⁸ ⸗ ut uisum recipiat; respondit autem annanias;ᶜ domine⸗ audiui a multis de uiro hoc quanta mala ʰ sanctis tuis fecerit ⁱ in ierusalem⸗ et hic habet potestatem a principibus sacerdotum alligandi omnes qui innocant nomen tuum; dixit autem dominus¹⁹ ad¹⁹ eum;¹⁹ uade quoniam uas electionis²⁰ michi²¹ est⁰ iste⸗ ut portet nomen meum coram gentibus et regibus et filiis israhel; ego enim ostendam illi⸗ quanta oporteat eum pro nomine meo pati; et abiit annanias.ᶜ et introiuit in domum⸗ et imponens²² ei manus dixit; saule frater⸗ dominus²³ missit²⁴ me ihesus¹⁴ qui apparuit tibi in uia qua ueniebas ut uideas. et implearis spiritu sancto; et confestim eciderunt ab oculis eius tanquam²⁵ scamę²⁶ ⸗ et uisum recepit; et surgens baptizatus est; et cum accepisset cibum⸗ confortatus est; fuit autem cum discipulis qui erant damasci⸗ per dies aliquot;²⁷ et continuo in sinagogis²⁸ predicabat ihesum⸗ quoniam hic est filius dei; stupebant autem omnes qui eum audiebant⸗

Fol. 127 b.
⁷ A. V. + in.
⁸ A. adpropinquaret.

⁹ A. V. om.
¹⁰ A. + sed.   ¹¹,¹¹ A. om.

¹² A. oportet.

Fol. 128 a.

ᵇ V. + ibi.
¹³ A. V. manducavit.
ᶜ V. Ananias.
ᵈ V. Anania.
¹⁴ A. V. at.
¹⁵ A. illum.   ¹⁶ A. surgens.
ᵉ A. om.
ᶠ V. Tarsensem.
ᵍ V. Ananiam.
¹⁷ A. inponentem.
¹⁸ A. V. manus.
ʰ V. + fecerit.   ⁱ V. om.

Fol. 128 b.
¹⁹ A. V. ad eum dominus.
²⁰ A. V. + est.
²¹ A. V. mihi.

²² A. inponens.
²³ A. + ihesus.
²⁴ A. V. misit.

²⁵ A. tamquam.
²⁶ A. V. squamae.

²⁷ A. aliquos.
²⁸ A. V. synagogis.
Fol. 129 a.

L.

Missale Vetus

²⁹ A. V. huc.	et dicebant; nonne hic est qui expugnabat in ierusalem eos qui inuocabant nomen istud. et huic²⁹ ad hoc uenit. ut uinctos illos duceret ad principes sacerdotum? saulus autum multo magis conualescebat. et confundebat iudeos.
³⁰ A. adfirmans.	qui habitabant damasci: affirmans³⁰: quoniam hic est christus.
P.	Domino peruenisti b Uitam. Alleluia b Posuisti adiutorium. Require in natale unius *confessoris*. **tractus** Tu es uas electionis sancto paulo apostole uere digne es glorificandus b Predicator ueritatis et doctor gentium in fide et ueritate. b Per te omnes gentes cognouerunt gratiam dei. b Intercede pro nobis ad deum qui te elegit.

secundum matheum

Mat. xix. 27, 29.
¹·¹ A. V. Tunc respondens Petrus dixit ei.
Fol. 129 b.
² A. V. dixit.

¹ In illo tempore: dixit simon petrus ad ihesum;¹ ecce nos reliquimus omnia: et secuti sumus te; quid ergo erit nobis? ihesus autem: ait² illis; amen dico uobis. quod uos qui secuti estis me. in regeneratione cum sederit filius hominis in sede maiestatis suę: sedebitis et uos super sedes. xii. iudicantes. xii. tribus

³ A. V. vel.

israhel; et omnis qui reliquerit domum. aut³ fratres aut sorores. aut patrem aut matrem. aut uxorem aut filios aut agros propter nomen meum: centuplum accipiet: et uitam ęternam possidebit.

offertorium

P.

Posuisti domine super caput eius *coronam de pretioso*.

secreta

Apostoli tui pauli precibus domine plebis tuę dona sanctifica: ut que tibi grata tuo. sunt instituto gratiora fiant patrocinio supplicandis. per.

communio

Fol. 130 a.

Amen dico uobis qui reliquistis omnia et secuti estis me centuplum accipietis et uitam ęternam possidebitis

postcommunio

S.

Salutari refecti misterio quesumus omnipotens deus. ut qui hunc diem in beati pauli apostoli tui conuersione honorabilem haberi uoluisti. nos quoque conuersos a uitiis in tua facias semper seruitute gratulari. per kalendis februariis sancte brigide uirginis. P. [Ros. fol. 80.]

Gaudeamus. omnes.

oratio

Celorum atque terrarum conditor et guber- P. *Ib.*
nator omnipotens deus. precanti populo succurre tua pietate et presta ut qui in honore
sancte brigide presentem diei huius gerimus
sollennitatem per ipsius suffragia perhenni
misericordia tua potiamur. per.

Eclesię tue quesumus domine preces et hos- P. *Ib.*
tias beatæ brigide commendet oratio. ut qui
pro illius meritis maiestatem tuam indefessa Fol. 130 b.
atque exorabilem humiliter imploramus. cuius
precibus adiuti misericordiam tuam sentiamus
per.

postcommunio P. *Ib.*

Adiuuent nos quesumus domine hec misteria
sancta que sumpsimus. et beate uirginis tuæ
brigitæ intercessio ueneranda. per dominum
nostrum.,

Incipit ordo in purificatione sancte marię. postquam fratres [In Purificatione B. V. M.]
exierint a capitulo pulsentur tunc signa sicut mos est. et induant se sacris uestibus sicut soliti sunt facere in festiuis diebus. et sic ueniendum est ante altare sancte marię. ibique
prosternantur tapetæ. et desuper ponantur candele. benedicanturque cum magna ueneratione ab episcopo uel decano uel
ab ebdomadario hoc modo.

Benedic domine ihesu christe hanc creaturam S.
cerę supplicantibus nobis et infunde ei per
uirtutem sanctę crucis benedictionem celestem. Fol. 131 a.
ut qui eam ad repellendas tenebras humano
usui tribuisti talem signaculo sanctę crucis tuę
fortitudinem et benedictionem accipiat ut quibuscumque locis accensa siue posita fuerit. discedat diabolus et contremescat et fugiat pallidus cum omnibus ministris suis de habitationibus illis. nec presumat amplius inquietare.
seruientes tibi qui cum deo patre et spiritu
sancto uiuis et regnas deus. per. *secula.*

oratio

Domine sancte pater omnipotens ęterne deus
qui omnia ex nihilo creasti et iussu tuo per
opera apium hunc liquorem ad perfectionem
cerei euenire fecisti. et qui hodierna die petitionem iusti simeonis implesti. te humiliter
deprecamur ut has candelas ad usus hominum Fol. 131 b.
et sanitatem corporum et animarum siue in
terra siue in aquis per inuocationem sanctissimi
nominis tui et per intercessionem sanctę marię

semper uirginis cuius hodie festa deuote celebrantur. et per preces omnium sanctorum tuorum benedicere et sanctificare digneris et huius plebis tuę que illas honorifice in manibus desiderat portare. teque laudando exultare. exaudias uoces de celo sancto tuo et de sede maiestatis tuę. et propitius sis omnibus clamantibus ad te quos redemisti pretioso sangine filii tui. qui tecum.

R.   **antifona** Lumen ad reuelationem gentium et gloriam plebis tuę israhel.
R.   **psalmus** Nunc dimittis. *seruum*.
Fol. 132 a.   **ad proces[sionem]** Aue gratia dei genitrix uirgo ex te
P.   enim ortus est sol iustitię illuminans que in tenebris sunt lętare tu senior inste suscipiens in ulnas liberatorem animarum donantem nobis et resurrectionem.
R.   **antifona** Adorna talamum tuum sion et suscipe regem christum amplectere mariam que est celestis porta regem glorię nouo lumine subsistit uirgo adducens in manibus filium ante luciferum. quem accipiens simeon in ulnas suas predicauit populis dominum eum esse uite et mortis et saluatorem mundi

oratio

S.   Domine deus pater omnipotens. lumen indeficiens. qui es conditor omnium bene ✠ dic hoc lumen tuum a fidelibus in honorem tui nominis portandum. quatinus a te sanctificatum sit
Fol. 132 b.   atque benedictum et ut lumine claritatis tuę accendamur et illuminemur propitius concedere digneris et ueluti eodem igne quo quondam illuminasti moysen famulum tuum ita illumines corda nostra et sensus nostros ut ad uissionem ęternę claritatis peruenire mereamur. per.

oratio

R.   Exaudi quesumus domine plebem tuam et que. extrinsecus annua tribuis denotione uenerari interius assequi gratię tuę luce concede. per.

iiii n feb. purificatio sanctae marie

Suscepimus deus misericordiam tuam in medio templi tui secundum nomen tuum deus ita laus tua in fines terrę iustitia plena est dextera tua.
psalmus Magnus.

Fol. 133 a.   Omnipotens sempiterne deus maiestatem tuam supplices exoramus. ut sicut unigenitus tuus hodierna die cum nostrę carnis substantia in templo est presentatus ita nos facias purificatis tibi mentibus presentari. per.

lectio malachie profete.   Mal. iii. 1-4.

[1] Hec dicit dominus deus;[1] ecce ego mitto   [1.1] V. om.
angelum meum ⁊ et preparabit uiam ante
faciem tuam;[2] et statim ueniet ad templum   [2] V. meam.
sanctum[3] suum dominator quem nos queritis ⁊   [3] V. om.
et angelus testamenti quem uos uultis; ecce
uenit[4] dominus exercituum ⁊ et quis poterit   [4] V. + dicit.
cogitare diem aduentus eius? et quis stabit
ad iudendum eum? ipse enim quasi ignis con-
flans ⁊ et quasi herba fullonum; et sedebit con-
flans et emundans argentum ⁊ et purgabit filios
leui; et conflabit[5] eos quasi aurum et quasi   [5] V. colabit.
argentum et erunt domino offerentes sacrificia   Fol. 133 b.
in iustitia; et placebit domino sacrificium iuda
et ierusalem sicut dies seculi ⁊ et sicut anni
antiqui;[1] dicit dominus ⁊ omnipotens;[1]

graduale Suscepimus deus misericordiam tuam in
medio templi tui secundum nomen tuum domine ita et
laus tua in fines terre.
ᵥ Sicut audiuimus ita et uidimus in ciuitate dei nostri.
Alleluia.
ᵥ Hodie oblatus est in templo uirginis filius cuius   P.
diuinitatem omnis non capit orbis.
tractus Gaude maria uirgo cunctas heresses sola   P.
interemisti.
ᵥ Quo gabrielis archangeli dictis credidisti.   P.
ᵥ Dum uirgo domini et hominem genuisti. et post   P.
partum uirgo inuiolata permansisti
ᵥ Dei genitrix intercede pro.   P.

secundum lucam   Luc. ii. 22-32.

[1] In illo tempore [1] ⁊ postquam impleti sunt   [1.1] A. V. et.
dies purgationis marie[2] secundum legem moy-   Fol. 134 a.   [2] A. V. eius.
si[3] ⁊ tulerunt ihesum[4] in ierusalem ut sisterent   [3] A. Mosi.   [4] A. V. illum.
cum domino. sicut scriptum est in lege domini
quia omne masculum adaperiens uuluam sanctum domino uocabitur. et ut darent hostiam
secundum quod dictum est in lege domini.[5] par-   [5] A. om.
turturum aut duos pullos columbarum; et ecce
homo erat in ierusalem cui nomen simeon[6] ⁊   [6] A. Symeon.
et homo[7] iustus et timoratus expectans conso-   [7] A. V. + isto.
lationem israhel; et spiritus sanctus erat in eo;
et responsum acceperat a[8] spiritu sancto. non   [8] A. ab.
uisurum se mortem ⁊ nisi prius uideret christum
domini; et uenit in spiritu in templum; et cum
inducerent puerum ihesum parentes eius ut
facerent secundum consuetudinem legis pro
eo ⁊ et ipse accepit eum in ulnas suas et benedixit deum et dixit; nunc dimittis seruum tuum   Fol. 134 b.
domine secundum uerbum tuum in pace ⁊ quia
uiderunt oculi mei salutare tuum quod parasti

ante faciem omnium populorum. lumen ad
reuelationem gentium: et gloriam plebis tuę
israhel;

offertorium
Diffussa est gratia in labiis tuis propterea benedixit
te deus in eternum. et in seculum seculi.

secreta
Presta quesumus domine. ut sicut hodierna
munera ueneranda filii tui oblatione consecrantur.
sic ipsius gloriosę genitricis precibus sempiterni
luminis nobis claritas conferatur. per
eundem

U. D. eterne deus: et te in ueneratione
sacrarum uirginum exultantibus animis laudare
benedicere. et predicare intra quas intemerata
dei genitrix uirgo maria. cuius purificationis
diem celebramus gloriosa effulsit;[1]
que et unigenitum tuum sancti spiritus obumbratione
concepit. et uirginitatis gloria permanente
huic mundo lumen in ęternum effudit.
ihesum christum dominum nostrum. per quem

communio
Responsum accepit simeon a spiritu sancto non uisum
se mortem nisi uideret christum deum.

postcommunio
Da nobis misericors deus eius presenti festiuitate
uegetari. cuius integra uirginitate suscepimus
auctorem nostre salutis. per.

xui kal. ap. in natal[e] sancti Patricii. episcopi.[1]

Deus qui sanctum patricium scotorum apostolum
tua prouidentia elegisti ut hibernenses
gentes in tenebris et in errore gentilitatis
errantes. ad uerum dei lumen scientie reduceret.
et per lauacrum regenerationis filios excelsi dei
efficeret tribue nobis quesumus eius piis intercessionibus
ut ad ea que recta quantocius festinemus. per.

secreta
Hostias tibi quas in honore sancti patricii
offerimus deuotas accipias ut uos a timore
iudicii liberemur.[1] per.

postcommunio
Omnipotentem deum uniuersitatis auctorem
suppliciter exoramus ut qui spirituale sacrificium
in honorem sancti patricii offerimus. fiat
nobis remedium sempiternum. per.

viii. kal. ap. annunciatio sanctę marię

Rorate celi desuper et nubes pluant iustum aperiatur S.
terra et germinet saluatorem
psalmus Et iustitia oriatur simul ego dominus creaui S.
eum

oratio

Deus qui de beatæ mariæ uirginis utero uer- Fol. 136 a.
bum tuum angelo nuntiante carnem suscipere
uoluisti:/ presta supplicibus tuis ut qui uere
eam genitricem dei credimus eius apud te
intercessionibus adiuuemur. per eundem

lectio isaię profetę Is. vii. 10-15.

¹ In diebus illis:/ locutus est¹ dominus ad ¹·¹ V. Et adjecit Dominus
achaz dicens; pete tibi signum a domino deo loqui.
tuo in profundum inferni:/ siue in excelsum
supra; et dixit achaz; non petam:/ et non
temptabo² dominum; et dixit; audite ergo do- ² V. tentabo.
mus dauid; numquid parum uobis est molestos
esse hominibus. quia molesti estis et deo meo?
propter hoc dabit dominus ipse uobis signum;
ecce uirgo concipiet in³ utero³ et pariet filium:/ ³ V. om.
et uocabitur nomen eius emanuel;⁴ butirum⁵ ⁴ V. Emmanuel.
et mel comedet:/ ut sciat reprobare malum et ⁵ V. butyrum.
eligere bonum;   Fol. 136 b.

grauale In sole posuit. P.
v A summo celo. P.
tractus Aue maria gratia plena dominus tecum.
Benedicta tu in mulieribus et benedictus fructus uentris
tui.
  v Ecce concipies et paries filium et uocabis nomen P.
eius emanuel. Quomodo fiet istud quoniam uirum
non cognosco et respondens angelus intulit¹ ei.   ¹ V. A. dixit.
  v Spiritus sanctus superueniet in te et uirtus altissimi S.
obumbrabit tibi
  v Ideoque quod nascetur ex te sanctum uocabitur S.
filius dei

secundum lucam. Luc. i. 26-38.

¹ In illo tempore¹:/ missus est gabriel ᵃ ange- ¹·¹ A. V. In mense autem
lus ᵃ a deo in ciuitatem galileę. cui nomen   sexto. ᵃ V. transpones.
nazareth:/ ad uirginem disponsatam² uiro. cui ² A. V. desponsatum.
nomen erat ioseph de domu³ dauid; et nomen ³ A. V. domo.
uirginis maria; et ingressus angelus ad eam:/ Fol. 137 a.
dixit. aue⁴ gratia plena:/ dominus tecum; bene- ⁴ A. haue.
dicta tu in mulieribus; que cum audisset:/ tur-
bata est in sermone eius. et cogitabat qualis
esset ista salutatio; et ait angelus ei. ne timeas
maria:/ inuenisti enim gratiam apud deum;
ecce concipies in utero et paries filium:/ et
uocabis nomen eius ihesum; hic erit magnus:/
et filius altissimi uocabitur; et dabit illi domi-

152 Missale Vetus

⁵ A. V. ejus.

⁶ A. V. obumbrabit.
Fol. 137 b.

⁷ A. Elisabet.
⁸ A. senecta.
⁹ A. sterelis.

nus deus sedem dauid patris sui⁵ʔ et regnabit in domo iacob in ęternum. et regni eius non erit finis. dixit autem maria ad angelum; quomodo fiet istud quoniam uirum non cognosco? et respondens angelus ʔ dixit ei; spiritus sanctus superueniet in te et uirtus altissimi obumbrauit⁶ tibi; ideoque et quod nascetur ex te sanctum ʔ uocabitur filius dei; et ecce elizabeth⁷ cognata tua ʔ et ipsa concepit filium in senectute⁸ sua; et hic mensis est sextus illi que uocatur sterilis⁹ ʔ quia non erit impossibile apud deum omne uerbum; dixit autem maria; ecce ancilla domini; fiat mihi ʔ secundum uerbum tuum.

offertorium

Aue maria gratia plena dominus tecum

secreta

¹ S. incarnationis.
² R. S. + lætitiam.

In mentibus nostris quesumus domine uerę fidei sacramenta confirma ut qui conceptum de uirgine deum uerum et hominem confitemur. per eius salutiferę resurrectionis¹ potentiam ad eternam peruenire mereamur.² per eundem

communio

Ecce uirgo concipiet.

postcommunio

Fol. 138 a.

Gratiam tuam quęsumus domine mentibus nostris infunde. ut qui angelo nuntiante christi filii tui incarnationem cognouimus. per passionem eius et crucem ad resurrectionis gloriam perducamur. per eundem

ii nonas mai. inuentio sanctę crucis

Nos autem gloriari.
psalmus Deus misereatur.

Deus qui in preclara salutiferę crucis inuentione passionis tuę miracula suscitasti ʔ concede ut uitalis ligni pretio ęternę uitæ suffragia consequamur. qui uiuis.

ad gal[atas]

S.
Gal. v. 10-12-vi. 12-14.
¹ A. V. ego.
² A. om. V. in.
³ A. portauit.
⁴ A. V. circumcisionem.
⁵ A. athuc.

Fol. 138 b. ⁶ V. + et.
⁷ A. abscindantur.
ᵇ V. + enim. ⁷ A. hii.

Fratres¹ ʔ confido de² uobis in domino ʔ quod nihil aliud sapietis; qui autem conturbat uos ʔ portabit³ iudicium quicunque est ille; ego autem fratres si circumcisionem⁴ adhuc⁵ predico? quid adhuc persecutionem patior? ergo euacuatum est scandalum crucis; utinam⁶ abscidantur⁷ ʔ qui uos conturbant; quicunqueᵇ uolunt placere in carne ʔ hi⁷ cogunt uos cir-

cumcidi tantum ut crucis christi persecutionem
non patiantur ; neque enim qui circumciduntur
legem custodiunt ⸝ et ᵃ nolunt uos circumcidi. ut ᵃ A. V. sed.
in carne uestra gloriantur;⁹ mihi autem absit   ⁹ A. V. glorientur.
gloriari; nisi in cruce domini nostri ihesu christi.
per quem mihi mundus crucifixus est ⸝ et ego
mundo.

grabale Christus factus.   P.
ᴅ Propter quod et deus ex*altauit*. Alleluia.   P.
ᵥ Nos autem *gloriari*.   P.

secundum iohannem.   Joh. iii. 1-15.

¹ In illo tempore ¹ ⸝ erat ² homo ex phariscis   ¹,¹ A. V. om.
nicodemus nomine ⸝ princeps iudeorum; hic   ² A. V. + autem.
uenit ad ihesum ³ nocte ⸝ et dixit ei; rabbi.   ³ A. eum.
scimus quia a deo uenisti magister. nemo enim   Fol. 139 a.
potest hec signa facere que tu facis ⸝ nisi fuerit
deus cum eo; respondit ihesus ⸝ et dixit ei;
amen amen dico tibi nisi quis natus fuerit
denuo. non potest introire ⁴ regnum dei. dicit   ⁴ A. V. videre.
ad eum nicodemus; quomodo potest homo nasci
cum sit ⁵ senex ? ⁵ nunquid ⁶ potest in uentrem ⁵ A. *transposes*.
matris sue iterum ⁷ introire et nasci ? ᵃ respondit ⁶ A. V. nunquid.
                                                 ⁷ A. V. iterato.
ihesus amen amen dico tibi ⸝ nisi quis renatus   ᵃ V. renasci.
fuerit ex aqua et spiritu.ᵇ non potest introire   ᵇ V. + sancto.
in regnum dei; quod natum est ex carne ⸝ caro
est; et quod natum est ex spiritu ⸝ spiritus est;
non mireris quia dixi tibi ⸝ oportet uos nasci
denuo; spiritus ubi uult spirat ⸝ et uocem eius
audis; sed nescis unde ueniat ⸝ et ᶜ quo uadat. ᶜ V. aut.
sic est omnis ⸝ qui natus est ex spiritu; respon- ᵃ A. V. + quomodo possunt
dit nicodemus ⸝ et dixit ei ; ᵃ tu es magister in   hec fieri ? respondit Iesus
israhel et hec ignoras ? amen amen dico tibi ⸝   et dixit ei.
quia quod scimus loquimur et quod uidimus   Fol. 139 b.
testamur et testimonium nostrum non accipitis;
si terrena dixi uobis et non creditis ⸝ quomodo
si dixero uobis celestia credetis ? et nemo
ascendit in celum ⸝ nisi qui descendit de celo.
filius hominis qui est in celo; et sicut moyses ⁹   ⁹ A. Moses.
exaltauit serpentem in deserto ⸝ ita exaltari
oportet filium hominis ut omnis qui credit in
ipsum ¹⁰ non pereat ⸝ sed habeat uitam eter-   ¹⁰ A. ipso.
nam.,

offertorium

Ueniens uir splendidissimus ad constantinum regem   P.
nocte excitauit eum dicens respice in celum et uide
regnum crucis domini per quod accipiens uirtutem et
fortitudinem. Uiso autem signo rex fecit similitudinem
crucis quam uiderat in celum et glorificauit deum.
alleluia

Missale Vetus

Fol. 140 a.

secreta
Sacrificium domine quod immolamus placatus intende. ut ab omni nos exuat bellorum nequitia. et per uexillum sanctę crucis filii tui ad conterendas potestatis aduersę insidias nos in tuę protectionis securitate constituat. per eundem.

communio
S.
[1] S. seduxit.

Per lignum serui facti sumus et per sanctam crucem liberati sumus fructus arboris reduxit[1] nos filius dei redemit uos alleluia.

postcommunio
Repleti alimonia celesti et spirituali poculo recreati quesumus omnipotens deus. ut ab hoste maligno defendas quos per lignum sanctę crucis.[1] mundum[2] triumphare iussisti. per.

[1] S. R. + Filii tui arma iustitię pro salute mundi.
[2] S. R. om.

ix. k[a]l iulii. uigilia sancti iohannis baptiza.

Ne timeas zacharias exaudita est oratio tua et elizabeth uxor tua pariet tibi filium. et uocabis nomen eius iohannem. et erit magnus coram domino et spiritu sancto replebitur adhuc ex utero matris suę. et multi in natiuitate eius gaudebunt.

Fol. 140 b.

Psalmus Apparuit autem angelus zacharię stans a dextris incensi et ait illi

oratio
Presta quesumus omnipotens deus. ut familia tua per uiam salutis incedat et beati iohannis precursoris hortamenta sectando. ad eum quem predixit secura perueniat. per.

Jer. i. 4-10.
[1,1] V. et.

lectio ieremię profetę
[1]In diebus illis[1] ✓ factum est uerbum domini ad me dicens; priusquam te formarem in utero noui te ✓ et antequam exires de uulua sanctificaui te. et prophetam in gentibus dedi te. et dixi; a. a. a. domine deus; ecce nescio loqui ✓ quia puer ego sum; et dixit dominus ad me; noli dicere quia[2] puer sum ✓ quoniam ad omnia que mittam te ibis. et uniuersa que mandauero tibi loqueris; ne timeas a facie eorum ✓ quia tecum ego sum ut eruam te dicit dominus; et misit dominus manum suam et tetigit os meum; et dixit dominus ad me; ecce dedi uerba mea in ore tuo ✓ ecce constitui te hodie super gentes et super regna ut euellas et destruas. et disperdas. et dissipes. et edifices et plantes.[3] ait dominus omnipotens;[3]

[2] V. om.
Fol. 141 a.

[3,3] V. om.

grabale Fuit homo missus a deo cui nomen erat
iohannes hic uenit
  b Ut testimonium perhiberet de lumine: pararo
domino plebem perfectam

Initium sancti euangelii secundum lucam. Luc. i. 5-17.
Fuit in diebus herodis regis iudeę sacerdos
quidam nomine zacharias de uice abia: et uxor
illius¹ de filiabus aaron. et nomen eius eliza- ¹ A. illi.
beth;² erant autem ambo iusti ante deum: ² A. Elizabet.
incedentes in omnibus mandatis et iustifica- Fol. 141 b.
tionibus domini sine querela;³ et non erat illis ³ A. querella.
filius: eo quod esset elizabet sterilis.⁴ et ambo ⁴ A. sterilis.
processissent in diebus suis; factum est autem:
cum sacerdotis fungeretur zacharias* in ordine * A. V. om.
uicis suę ante deum: secundum consuetudinem
sacerdotii sorte⁵ exiit ut incensum poneret. ⁵ A. forte.
ingressus in templum domini; et omnis multi-
tudo erat ᵇ populi ᵇ orans foris: hora incensi; ᵇ V. transposes.
apparuit autem illi angelus domini: stans a
dextris uirtutis⁶ incensi; et stacharias⁷ tur- ⁶ A. V. altaris.
batus est uidens: et timor irruit⁸ super eum; ⁷ A. V. Zacharias.
ait autem ad illum angelus; ne timeas zacharia: ⁸ A. inruit.
quoniam exaudita est deprecatio tua. et uxor
tua elizabeth pariet tibi filium: et uocabis Fol. 142 a.
nomen eius iohannem;ᶜ et erit gaudium tibi et ᶜ V. Ioannem.
exultatio: et multi in natiuitate eius gaudebunt; erit enim magnus coram domino: et
uinum et siceram⁹ non bibet; et spiritu sancto ⁹ A. sicera.
replebitur adhuc ex utero matris suę; et multos
filiorum israhel conuertet ad dominum deum
ipsorum: et ipse precedet ante illum in spiritu
et uirtute heliae ᵈ ut conuertat corda patrum in ᵈ V. Eliæ.
filios. et credulos ad prudentiam iustorum
parare domino plebem perfectam.

offertorium
Gloria et honore coronasti eum *domine* et eum

secreta
Da quesumus omnipotens deus. ut sicut S.
beatus iohannes baptiza astruxit agnus ille
tuus qui presentibus misteriis declaratur est
peccata peccata nostra semper emundet. qui.

communio
Magna est *gloria*.
Beati iohannis baptizę nos domine preclara Fol. 142 b.
comitetur oratio. et quem uenturum esse predixit poscat nobis fore placatum. ihesum christum *dominum nostrum*.

in die sancto iohannis

De uentre matris meę uocauit me dominus nomine meo et posuit os meum ut gladium acutum sub tegumento manus suę protexit me. possuit me quasi sagittam electam

P. **psalmus** Missit dominus manum suam et tetigit os meum

oratio

Deus qui presentem diem honorabilem nobis in beati iohannis natiuitate fecisti ⸱∕ da populis tuis spiritualium gratiam gaudiorum et omnium fidelium mentes dirige in uiam salutis ęternę. per.

Is. xlix. 1-7 (with portions omitted). Fol. 143 a.

lectio isaię profetę.

Audite insulę et attendite populi de longe; dominus ab utero uocauit me. de uentre matris meę recordatus est nominis mei; et possuit os meum quasi gladium acutum ⸱∕ in umbra manus

[1] V. sicut.

suę protexit me. et posuit me quasi [1] sagittam electam; in pharetra sua abscondit me ⸱∕ et dixit mihi; seruus meus es tu israhel ⸱∕ quia in te gloriabor. et nunc hec dicit dominus ⸱∕ formans me ex utero seruum sibi; dedi te in lucem gentium ⸱∕ ut sis salus mea usque ad extremum terrę. reges uidebunt et consurgent principes ⸱∕

[2] V. + propter.
[3] V. + quia fidelis est.
[4] V. om.
Fol. 143 b.

et adorabunt [2] dominum [3] deum [4] tuum [4] ⸱∕ et sanctum israhel qui elegit te.

graduale Priusquam te formarem in utero noui te et antequam exires de uentre sanctificaui te.
℣ Misit dominus manum suam et tetigit os meum et dixit mihi. Alleluia.

S. ℣ Inter natos mulierum non surrexit maior iohanne baptiza. Alleluia.

P. ℣ Fuit homo missus a deo cui nomen iohannes erat.

Luc. i. 57-68.
[1,1] A. V. om.
[2] A. V. + autem.

secundum lucam.

[1] In illo tempore [1] ⸱∕ elizabe't [2] impletum est tempus pariendi ⸱∕ et peperit filium; et audierunt uicini et cognati eius. quia magnificauit dominus misericordiam suam cum illa ⸱∕ et congratulabantur ei; et factum est in die octauo

[3] A. vocant.
[4] A. eius.

uenerunt. circumcidere puerum ⸱∕ et uocabant [3] eum nomine patris sui [4] zachariam; et respondens mater eius. dixit nequaquam ⸱∕ sed uoca-

[a] V. Ioannes.
Fol. 144 a.

bitur iohannes; [a] et dixerunt ad illam ⸱∕ quia nemo est in cognatione tua ⸱∕ qui uocetur hoc nomine; innuebant autem patri eius. quem

[5] A. pugilarem.

uellet uocari eum; et postulans pugillarem [5] ⸱∕ scripsit dicens; iohannes [a] est nomen eius; et

[6] V. illico.

mirati sunt uniuersi. apertum est autem ilico [6]

ós eius et lingŭ eius. et loquebatur benedicens
deum. et factus est timor super omnes uicinos
eorum ⁊ et super omnia montana indeę diuul-
gabuntur⁷ omnia uerba hec ; et posuerunt   ⁷ A. V. diuulgabantur.
omnes qui audierant in corde suo dicentes ;
quis putas puer iste erit ? etenim manus domini
erat cum illo ; et zacharias pater illius⁸ imple-   ⁸ A. V. eius.
tus⁹ est spiritu sancto ⁊ et prophetauit dicens ;   ⁹ V. repletus.
benedictus dominus deus israhel ⁊ qui¹⁰ uisi-   ¹⁰ V. quia.
tauit ⁊ et fecit redemptionem plebis¹¹ suę ;   ¹¹ A. plebi.

offertorium
Iustus ut palma florebit sicut *cedrus libani multiplicabitur.*

secreta   Fol. 144 b.
Tua domine muneribus altaria cumulamus.
illius natiuitatem honore debito uenerantes. et
opem nobis afore deprecantes. qui saluatorem
mundi et cecinit affuturum et adesse monstrauit
ihesum christum *dominum nostrum.*

communio
Tu puer propheta altissimi uocaberis preibis enim
ante faciem domini parare uias eius.
Sumat ęclesia tua deus beati iohannis baptizę generatione lętitiam. per quem suę regenerationis cognouit auctorem. ihesum christum.
filium tuum

.iiii. k[a]l iulii. uigilia sanctorum aposto-
lorum. petri et pauli

Dicit dominus petro cum esses iunior cingebas te et
ambulabas ubi uolebas cum autem senueris extendes
manus tuas. et alius te cinget et ducet quo tu non uis   Fol. 145 a.
hoc autem dixit significans qua morte clarificaturus
esset deum.

psalmus Si diligis me simon petre ⁊ pasco oues meas.   P.

oratio
Deus qui nos beatorum apostolorum petri et
pauli gloriosa natalicia preuenire concedis ⁊
tribue quęsumus eorum nos semper et beneficiis
preueniri. et orationibus adiuuari. per.

lectio actuum apostolorum   Act. iii. 1-10.
¹ In diebus illis¹ ⁊ petrus² et iohannes³ ascen-   ¹·¹ A. V. om.
debant in templum ⁊ ad horam orationis nonam ;   ² A. V. + autem.
et quidam uir qui erat claudus ex utero matris   ³ V. Ioannes.
suę baiulabatur ⁊ quem ponebant cotidie⁴ ad   ⁴ V. quotidie.
portam templi que dicitur speciosa ut peteret
elemoysinam⁵ ab introeuntibus in templum ; is   ⁵ A. elemosynam. V. elee-
cum uidisset petrum et iohannem⁶ incipientes   mosynam.
introire in templum⁶ ⁊ ut elimoysinam⁷ acci-   Fol. 145 b.
     ⁶ V. Ioannem. ⁴ A. templo.
     ⁷ A. V. + rogabat.

Missale Vetus

ᵈ V. Ioanne.

ᵉ A. + tibi.
ᶠ V. *transposes.*   ⁷ A. dabo.
ᵍ A. *om.*
ʰ A. adprehensa.   ¹⁰ A. ci.
¹¹ A. adleuavit.
¹² A. V. bases.

¹³ A. V. *om.*
¹⁴ A. V. + cum.
¹⁵ A. V. illum.
Fol. 146 a.
¹⁶ A. V. impleti.
¹⁷ A. V. extasi.

Joh. xxi. 15-19.
¹·¹ A.V. Cum ergo prandissent dicit Simoni Petro Jesus.
ᵇ V. Ioannis.
ᶜ·ᶜ A. V. *om.*
² A. V. + dicit ei iterum Simon Johannis diligis me? ait illi. etiam domine tu scis quia amo. Dicit ei, Pasce agnos meos.
³ A. *om.*   ⁴ V. nosti.
Fol. 146 b.

⁵ A. *om.*

S.

P.
[R. S. in die.]

S.

peret; intuens autem in eum petrus cum iohanne ᵈ ⁒ dixit. respice in nos. at ille intendebat in eos ⁒ sperans se aliquid accepturum ab eis; petrus autem dixit; argentum et aurum non est mihi ⁒ quod autem habeo hoc ᵍ do ᵉ⁷ tibi; ᶠⁿ in nomine ihesu christi nazareni ⁒ surge et ambula; et apprehensa ⁹ eius ¹⁰ ᵉ manu ᵉ dextera alleuauit ¹¹ eum ⁒ et protinus consolidate. sunt basses ¹² eius et plantae; et exiliens stetit ⁒ et ambulabat. et intrauit cum illis in templum ⁒ ambulans et exiliens et laudans deum; et uidit eum ¹³ omnis populus ¹⁴ ambulantem et laudantem deum; cognoscebant autem eum ¹⁵ ⁒ quoniam ipse erat qui ad elemoysinam ³ sedebat ad speciosam portam templi; et repleti ¹⁶ sunt stupore et extassi ¹⁷ ⁒ in eo quod contigerat illi.

graDale In omnem terram exiuit sonus eorum et in fines orbis terrę uerba eorum.

ᵇ Celi enarrant gloriam dei et opera manuum eius annunciat firmamentum.

secundum iohannem.

¹ In illo tempore ⁒ dixit ihesus petro;¹ simon iohannis ᵇ diligis me plus his? dicit ei. etiam domine ⁒ tu scis quia amo te; ᶜ dicit ei; etiam domine ⁒ tu scis quia amo te; ᶜ dicit ei. pasce agnos meos;² dicit ei tertio simon iohannis amas me? contristatus est petrus quia dixit ei tertio; amas me ⁒ et³ dicit ei; domine. tu omnia scis⁴ ⁒ tu scis. quia amo te; dicit ei; pasce oues meas. amen amen dico tibi ⁒ cum esses iunior cingebas te ⁒ et ambulabas ubi uolebas; cum autem senueris ⁒ extendes manus tuas. et alius te cinget. et ducet quo tu⁵ non uis; hoc autem dixit ⁒ significans ⁒ qua morte clarificaturus esset deum;

offertorium

Michi autem nimis honorificati sunt amici tui deus nimis confortatus est principatus eorum.

secreta

Munera domine tuę propitiationi deferimus. quę tibi pro nostris grata ieiuniis eorum quesumus deprecatio quorum solennia preuenimus efficiat per.

communio

Tu es petrus et super hanc petram ędificabo ęclesiam meam.

postcommunio

Sumpsimus domine diuina misteria beatorum apostolorum petri et pauli desiderata sollennia recolentes.[1] presta quesumus ut eorum supplicationibus muniamur. quorum regimur principatu. per.

Natale sanctorum apostolorum petri et pauli

Fol. 147 a.

Nunc scio uere quia misit dominus angelum suum et eripuit me de manu herodis et de omni expectatione plebis iudeorum.
Psalmus Et petrus ad se reuersus dixit. gloria patri. S.

oratio.

Deus qui hodiernam diem apostolorum tuorum petri et pauli martirio consecrasti ⸵ da ęcclesię tuę eorum in omnibus sequi preceptum. per quos religionis sumpsit exordium. per.

lectio actuum apostolorum

[1] In diebus illis;[1] misit herodes rex manus ⸵ ut affligerent[2] quosdam de ęclesia; occidit autem iacobum fratrem iohannis ᵃ gladio; uidens autem quia placeret iudeis ⸵ apposuit[3] apprehendere[4] et petrum; erant autem dies azimorum;[5] quem cum apprehendisset[6] ⸵ misit[7] in carcerem. tradens quatuor[8] quaternionibus militum custodire[b] cum.[c] uolens post pascha producere cum populo; et petrus quidem seruabatur in carcere ⸵ oratio autem fiebat sine intermissione ab ęclesia ad deum pro eo; cum autem producturus cum esset herodes ⸵ in ipsa nocte erat petrus dormiens inter duos milites uinctus catenis duabus. et custodes ante hostium[9] custodiebant carcerem. et ecce angelus domini astitit[10] ⸵ et lumen refulsit in habitaculo; percussoque latere petri ⸵ suscitauit[d] eum dicens; surge uelociter; et ceciderunt catene ⸵ de manibus eius; dixit autem angelus ad eum. precinge[11] ⸵ et calcia[e] te caligas[12] tuas ⸵ et fecit sic; et dixit illi; circunda[13] tibi uestimentum tuum ⸵ et sequere me; et exiens sequebatur eum ⸵ et nesciebat quia uerum est quod fiebat per angelum; estimabat[14] autem se uisum uidere; transeuntes autem primam et secundam custodiam uenerunt ad portam ferream que ducit ad ciuitatem que ultro aperta est eis; et exeuntes processerunt uicum unum ⸵ et continuo discessit angelus ab eo; et petrus ad se reuersus dixit; nunc scio uere quia misit dominus angelum suum ⸵ et eripuit me de manu

[1] S. prœcurrentes.

Act. xii. 1-11.
1.1 A. V. Eodem autem tempore. [2] A. V. adfligeret.
ᵃ V. Ioannis.   [3] A. adposuit.
Fol. 147 b.
[4] A. adprehendere. V. ut. apprehenderet.
[5] A. V. azymorum.
[6] A. adprehendisset.
[7] A. V. misit.
[8] A. quattuor.
[b] V. custodiendum.
[c] V. om.

[9] A. V. ostium.
[10] A. adstitit.
[d] V. excitavit.
Fol. 148 a.

[11] A. V. præcingere.
[e] V. calcea. [12] A. galliculas.
[13] V. circumda.

[14] V. existimabat.

herodis et de omni expectatione꞉ plebis iudeorum;
Constitues eos principes super omnem terram memores erunt nominis tui domine.
℣ Pro patribus tuis nati sunt tibi filii propterea populi confitebuntur tibi. Alleluia.
℣ Tu es simon bariona cui caro et sangīs non reuolauit uerbum patris sed ipse pater qui est in celis

secundum mattheum

[1] In illo tempore [1]꞉ uenit [2] ihesus in partes cesareæ pilippi [3]꞉ et interrogabat discipulos suos dicens; quem dicunt homines esse filium hominis? at illi dixerunt; alii iohannem [4] baptizam [5]꞉ alii autem heliam.[6] alii uero ieremiam aut unum ex prophetis; dicit illis ihesus; [7] uos autem quem me esse dicitis? respondens simon petrus꞉ dixit; tu es christus filius dei uiui; respondens autem ihesus꞉ dixit ei; beatus es simon bariona quia caro et sangīs non reuelauit tibi. sed pater meus qui in celis est; et ego dico tibi. quia tu es petrus꞉ et super hanc petram ędificabo ęclesiam[8] meam; et portæ inferni[9] non preualebunt aduersus[10] eam; et tibi dabo claues regni celorum. quodcunque ligaueris super terram꞉ erit ligatum et in celis. et quodcunque[11] solueris super terram꞉ erit solutum et in celis;

offertorium
Constitues eos principes super omnem terram. memores erunt nominis tui domine in omni progenie et generatione.

secreta
Hostias domine quęsumus quas nomini tuo sacrandas offerimus apostolica prosequatur oratio per quam nos et expiari tribuas et defendi. per.

communio
Simon iohannis diligis me plus his domine tu omnia nosti tu scis domine quia amo te.

postcommunio
Quos celesti domine alimento satiasti. apostolicis intercessionibus ab omni aduersitate custodi. per.

.xi. kal. aug. natale marie magdalenę

Dilexisti iustitiam

Psalmus Eructauit

oratio
Largire nobis clementissime pater quo sicut

beata maria magdalenę unigenitum tuum super
omnia diligendo suorum obtinuit ueniam peccatorum
ita nobis apud misericordiam tuam
sempiternam impetret beatitudinem. per dominum. S.

O quam pulcra [1] **epis[tola]** *respice* unius uirginis P.
[1] Sap. v. 1-7. [The opening words of the Ep. in natali plur. Virg. S.]

grabale Dilexisti alleluia. R.

b Optimam partem elegit sibi maria que non auferetur ab ea in ęternum. S.

secundum iohannem Fol. 150 a.

[1] In illo tempore [1] maria [2] stabat ad monumentum
foris plorans; dum ergo fleret inclinauit
se et prospexit in monumentum et uidit
duos angelos in albis sedentes. unum ad caput
et unum ad pedes. ubi positum fuerat corpus
ihesu; dicunt ei illi; mulier quid ploras? dicit
eis. quia tulerunt dominum meum et nescio
ubi possuerunt [3] eum; hec cum dixisset conuersa
est retrorsum. et uidit [4] ihesum stantem.
et nesciebat [5] quia ihesus est; dicit ei ihesus;
mulier quid ploras? quem queris? illa existimans
quia hortulanus esset dicit ei. domine
si tu sustulisti eum. [6] et ego eum tollam. dicit ei
ihesus; maria. conuersa illa dicit ei; rabboni
quod dicitur magister; dicit ei ihesus; noli me
tangere nondum enim ascendi ad patrem
meum; uade autem ad fratres meos et dic eis:
ascendo ad patrem meum et patrem uestrum
ad [7] deum meum et deum uestrum; uenit maria
magdalenę annuntians; discipulis quia uidi
dominum et hec dicit [8] mihi.,

Joh. xx. 11-18. P.
[1] A. V. om.
[2] A. V. + autem.

[3] A. V. posuerunt.
[4] A. Videt.
[5] V. non sciebat.

[6] A. V. + dicito mihi ubi posuisti eum.
Fol. 150 b.

[7] V. om.

[8] A. V. dixit.

offertorium
Diffussa est gratia in labis tuis. *propterea benedixit te.* P.

secreta
Benedictionem tuam domine his tibi oblatis S.
tribue sacrificiis. et presta ut beata maria magdalenę
hoc nobis apud te obtineat. quod ab
unigenito tuo obtinuit dum ei mistica obsequia
exhibuit. qui.

communio
Dilexisti iustitiam et odisti *nequitiam propterea* P.
unxit te.

postcommunio
Prebeat nobis domine salutarem beatę marię S.
magdalenę imitatio sancta doctrinam. quatinus Fol. 151 a.
illius obtinę partis mereamur esse consortes
que non auferetur ab ea. per.

.iiii. id aug. uigilia sancti s[ancti] laurentii.

Dispersit dedit pauperibus et iustitia eius manet in
seculum seculi cornu eius exaltabitur in secula.
Psalmus Beatus uir qui timet.

oratio

S. Da quesumus omnipotens deus. ut triumphum beati laurentii martiris tui quem despectis ignibus consummauit in terris perpetua celorum luce conspicuum. digno fidei feruore ueneremur. per.

Ecclus. li. 1-12.
lectio libri sapientie

Confitebor tibi domine rex / et collaudabo te deum saluatorem meum; confitebor nomini tuo quoniam adiutor et protector factus es

Fol. 151 b. mihi / et liberasti corpus meum a perditione. a laqueo lingaē iniquę. et a labiis operantium mendacium; et in conspectu astantium factus es mihi adiutor / et liberasti me secundum multitudinem misericordię nominis tui a rugientibus preparatis ad escam de manibus querentium animam meam et de multis [2] tribulationibus [3] que circumdederunt [4] me et a pressura flammę que circumdedit [5] me et in medio ignis non sum estuata;[6] de altitudine uentris inferi / et a lingā coinquinata. et a uerbo mendacii / a rege iniquo et [7] linga [8] iniusta liberasti me; laudabit usque ad mortem anima mea dominum / et uita mea appropinquans erat in

[2] V. portis.
[3] V. tribulationum.
[4] V. circumdederunt.
[5] V. circumdedit.
[6] V. æstuatus.
[7] V. + a.
[8] V. lingua.

Fol. 152 a.   [9] V. inferno.
[10] V. respiciens.
[11] V. + ad.
[12] V. hominum.
[13] V. memoratus.
[14] V. operationis.
[15] V. manibus.
[16] V. gentium.   [17.17] V. om.

fernum [9] deorsum; circumdederunt [1] me undique / et non erat qui adiuuaret; respiciens [10] eram [11] adiutorium meum [12] / et non erat. memorata [13] sum misericordię tuæ domine. et cooperationis [14] tuæ que a seculo sunt / quoniam eruis sustinentes te. et liberas eos de manu [15] angustię.[16] [17] domine deus noster.[17]

Gradale Dispersit dedit pauperibus et iustitia eius manet in seculum seculi

v Potens in terra erit semen eius generatio rectorum benedicetur.

[1] Fol. 176 a.   Si quis uult post me uenire. respice unius martiris!

offertorium

Oratio mea munda est et ideo peto ut detur locus uoci meę in celo quia ibi est iudex meus et conscius meus in ęternum ascendat ad dominum deprecatio mea.

secreta

S. Tanto placibiles tibi quęsumus domine nostrę sunt hostię. quanto sancti martyris laurentii

pro cuius sollennitate exhibentur tibi grata
sunt merita. per.
                        communio   Fol. 152 b.
Qui uult uenire post me abneget semet ipsum et tollat
crucem suam et sequatur me.
                     postcommunio
Conserua domine munus tuum in nobis ut S.
quod te donante pro sollennitate beati laurentii
martiris tui percepimus et salutem nobis ope-
retur et pacem. per.

           in die sancto

Confessio et pulcritudo in conspectu eius sanctitas et
magnificentia in sanctificatione eius
   psalmus Cantate domino.
                            oratio
Da nobis quesumus omnipotens deus. uitiorum nostrorum flammas extingere. qui beato
laurentio tribuisti tormentorum suorum incendia
superare. per.
                   ad corinthios   2 Cor. ix. 6-10.
  Fratres [1] qui parce seminat parce et [1] A. om.
metet; et qui seminat in benedictionibus de Fol. 153 a.
benedictionibus et metet; unusquisque prout
distinauit [2,3] corde suo non ex tristitia aut ex [2] A. V. destinavit.
necessitate; hilarem enim datorem diligit deus; [3] A. + de. V. + in.
potens est autem [4] omnem gratiam abundare [4] A. V. + deus.
facere in nobis. ut [5] omnibus semper omnem [5] A. V. + in.
sufficientiam habentes abundetis. in omne opus
bonum. sicut scriptum est; dispersit dedit pauperibus iustitia eius manet in eternum; qui
autem administrat semen seminanti et pacem [6] [6] A. V. panem.
ad manducandum prestabit ; et multiplicabit
semen uestrum et augebit incrementa frugum
institie uestre;
   gradale Probasti domine cor meum et uisitasti nocte
igne me exuminasti. et non est inuenta in me iniquitas
Alleluia.
   v Lenita laurentius bonum opus operatus est qui per Fol. 153 b.
signum crucis cecos illuminabit.
              secundum iohannem   Joh. xii. 24-26.
  [1] In illo tempore dixit dominus ihesus dis- [1] A. V. om.
cipulis suis; [1] amen amen dico uobis nisi gra-
num frumenti cadens in terram mortuum fuerit ipsum solum manet ; si autem mortuum
fuerit multum fructum affert; [2] qui amat [2] A. adfert.
animam suam perdet eam; et qui odit animam
suam in hoc mundo in uitam eternam custodit

	eam; si quis mihi ministrat⸵ me sequatur; et ubi sum ego⸵ illic et minister meus erit. si quis
³ A. ministrabit.	mihi ministrauerit³⸵ honorificabit eum pater
⁴ ⁴ A. V. om.	meus⸵ ¹qui est in celis;⁴

offertorium

Confessio et pulcritudo in conspectu eius sanctitas et magnificentia in sanctificatione eius.

secreta

Fol. 154 a.

Ut tuis domine misteriis digni reddamur illa nos quesumus ueritas illuminet semper et foueat. que in beati martiris tui laurentii corde flammam suę confessionis accendit. ihesus christus dominus noster. qui tecum uiuit.

communio

Qui mihi ministrat me sequatur et ubi ego sum illic et minister meus erit.

Sacro munere satiati supplices te domine deprecamur ut quod debite seruitutis celebramus officio. intercedente beato laurentio martire tuo saluationis tuę sentiamus augmentum. per.

xii. kal. sep. uigilia assumptionis. sanctę marię

S.

Saluo sancta parens enixa.

oratio

Fol. 154 b.

Deus qui uirginalem aulam beatę marię in qua habitares eligere dignatus est⸵ da quęsumus ut sua nos defensione munitos iocundos faciat suę interesse festiuitate. qui uiuis.

Ecclus. xxiv. 14-16 (fol. 12 b).

epis[tola]

Ab initio et ante secula. ut supra.

graduale ut supra

Luc. xi. 27, 28.	**secundum lucam**
¹·¹ A. V. factum est autem cum hæc diceret.	¹In illo tempore⸵ factum est cum loqueretur ihesus ad turbas¹⸵ extollens uocem quedam mulier de turba dixit illi; beatus uenter qui te portauit⸵ et ubera que suxisti⸵ at ille dixit. quin
² A. quippini. ³ A. V. + et. ⁴ A. om.	immo²⸵ beati qui audiunt uerbum dei³⸵ custodiunt illud;¹

offertorium

Felix nanque.

Munera nostra domine apud clementiam tuam dei genitricis commendet oratio. quam iccirco de presenti seculo transtulisti ut peccatis nostris apud te fiducialiter intercedat. per.

communio

P.

Benedicta a filio.

postcommunio Fol. 155 a.

Concede misericors deus fragilitati nostre prɇsidium. ut qui sanctɇ dei genitricis et uirginis requiem celebramus. intercessionis eiusdem auxilio a nostris iniquitatibus resurgamus. per.

in die ad missam

Gaudeamus omnes in domino diem festum celebrantes sub honore sanctæ mariæ uirginis de cuius assumptione gaudent angeli et collaudant filium dei.

psalmus Hodie maria uirgo celos ascendit gaudete P. [See Gradale.]
quia cum christo regnat.

oratio

Ueneranda nobis domine huius diei festiuitas S.
opem conferat sempiternam. in qua sancta dei
genitrix mortem subiit temporalem nec tamen Fol. 155 b.
mortis nexibus deprimi potuit. que filium tuum
dominum nostrum de se genuit incarnatum. qui.

lectio libri sapientiɇ Ecclus. xxiv. 11-20 (om. v. 14).

In omnibus requiem quessiui[1] et in here- [1] V. quæsivi.
ditate domini morabor; tunc prɇcepit et dixit
mihi creator omnium; et qui creauit me requieuit in tabernaculo meo. et dixit michi;[2] [2] V. mihi.
in iacob inhabita; et in israhel hereditare et
in electis meis mitte radices; et sic in sion
firmata sum; et in ciuitate sanctificata similiter
requieui et in ierusalem potestas mea; et radi-
caui in populo honorificato. et in partes[3] dei [3] V. parte.
mei hereditas illius et in plenitudine sanctorum
detentio mea; quasi cedrus exaltata sum in
libano et quasi cipressus[4] in monte syon;[5] et[6] Fol. 156 a. [4] V. cypressus.
quasi palma exaltata sum in cades; et quasi [5] V. Sion. [6] V. om.
plantatio rosɇ in iericho; et quasi oliua speciosa
in campis; et quasi platanus exaltata sum
iuxta aquam in plateis; sicut cinnamomum et
balsamum aromatizans; odorem dedi; quasi
mirra[7] electa; dedi sauitatem odoris; [7] V. myrrha.

gradale Propter ueritatem et mansuetudinem et iustitiam et educet te mirabiliter dextera tua.

v Audi filia et uide et inclina aurem tuam quia concupiuit rex speciem tuam. Alleluia.

v Hodie maria uirgo celos ascendit gaudete quia cum S.
christo regnat in eternum. Alleluia.

v Assumpta est maria in celum gaudent angeli et S.
collaudantes benedicant dominum.

secundum lucam Luc. x. 38-42.

In illo tempore; intrauit ihesus in quod- [1] A. V. om. [2] A. V. om.
dam castellum; et mulier quedam martha Fol. 156 b.

nomine. excepit illum in domum suam; et huic erat soror nomine maria⸵ que etiam sedens secus pedes domini audiebat uerbum illius; martha autem⸵ satagebat circa frequens ministerium; que stetit⸵ et ait; domine non est tibi curę quod soror mea reliquit me solam ministrare? die ergo illi⸵ ut me [2] adiuuet.[2] et respondens⸵ dixit illi dominus. martha martha⸵ sollicita es. et turbaris erga plurima; porro⸵ unum est necessarium; maria optimam partem elegit que non auferetur ab ea;

[A. transposes.]

offertorium

P.

Beata es uirgo maria que dominum portasti creatorem mundi genuisti qui te fecit et in ęternum permanes uirgo

secreta

Fol. 157 a.
S.
[For marginal gloss see Introd. p. 31.]

Grata tibi domine munera nostra efficiat dei genitricis oratio. quam et si pro condicione carnis migrasse cognoscimus⸵ in celesti gloria pro nobis apud te orare sentiamus. per eundem.

communio

S.

Beata uiscera mariæ uirginis que portauerunt ęterni patris filium

postcommunio

Mensę celestis participes effecti imploramus clementiam tuam domine deus noster. ut qui festa dei genitricis colimus. a cunctus malis imminentibus liberemur. per eundem

iiii kal sep. decoll[atio] sancti iohannis baptize

P.

Johannes autem cum audisset in uinculis opera christi: mittens duos de discipulis suis ait illi. tu es an alium expectamus.

Fol. 157 b.
P.

psalmus Respondens autem ihesus ait illis euntes renunciate iohanni que audistis et uidistis. gloria.

oratio

[1] R. + Precursoris.

[2] S. augmentum.

Sancti iohannis baptizę [1] et martiris tui domine quęsumus ueneranda festiuitas. salutaris auxilii nobis prestet effectum.[2] per.

Prov. x. 28-32-xi. 3, 6, 8-11.
[1] V. Exspectatio.
[2] V. simplicis.

lectio libri sapiente

Expectatio [1] iustorum lętitia⸵ spes autem impiorum peribit; fortitudo simplices [2] uia domini⸵ et pauor his qui operantur malum; iustus in ęternum non commouebitur⸵ impii autem

[3] V. super. [4] V. terram.

non habitabunt in [3] terra;[4] os iusti parturit sapientiam⸵ lingā prauorum peribit; labia iusti considerant placita⸵ et os impiorum peruersa;

simplicitas iustorum diriget eos ✓ et supplan- Fol. 158 a.
tatio peruersorum uastabit illos; iustitia rectorum liberabit eos ✓ et insidiis suis capientur
iniqui; iustus de angustia liberatus est et tradetur impius pro eo. simulator ore decipit
amicum suum ✓ iusti autem liberabuntur scien-
tia; in bonis iustorum exaltabitur⁵ ciuitas; et   ⁵ V. exsultabit.
in perditione impiorum erit laudatio; in⁶ bene-   ⁶ V. om.
dictione iustorum ✓ exaltabitur ciuitas;

Graduale Herodes enim tenuit et ligauit iohannem et P.
possuit in carcerem.

V Propter herodiadem quam tulerat fratri suo uiuenti P.
uxorem. Alleluia.

V Misso herodes spiculatore precepit amputare caput S.
iohannis in carcere.

Secundum Marcum   Marc. vi. 17-29.

¹ In illo tempore ✓ missit herodes¹ ac tenuit   ¹·¹ A. V. Ipse enim Herodes
iohannem ᵃ ✓ et uinxit eum in carcerem ² propter   misit. Fol. 158 b.
herodiadem³ uxorem philippi fratris sui ✓ quia   ᵃ V. Ioannem.
duxerat eam; dicebat enim iohannes ᵇ herodi   ² A. V. carcere.
non licet tibi habere ✓ uxorem fratris tui; hero-   ³ A. Herodiadam.
dias autem insidiabatur illi ✓ et uolebat occi-   ᵇ V. Ioannes.
dere eum nec poterat; herodes enim metuebat
iohannem ᵃ sciens eum uirum iustum et sanctum ✓ et custodiebat eum. et audito eo multa
faciebat ✓ et libenter eum audiebat; et cum
dies oportunus⁴ accidisset ✓ herodes natalis sui   ⁴ A. V. opportunus.
cenam fecit principibus et tribunis et primis
galileę; cumque introisset filia ipsius herodiadis
et saltasset et placuisset herodi simulque re-
cumbentibus ✓ rex ait puellę; pete a me. quod   Fol. 159 a.
uis ✓ et dabo tibi; et iurauit illi ✓ quia quic-
quid ᶜ petieris dabo tibi. licet dimidium regni   ᶜ V. quidquid.
mei; quę cum exisset ✓ dixit matri suę quid
petam? at illa dixit: caput iohannis ᵈ baptizę;⁵   ᵈ V. Ioannis.
cumque introisset statim cum festinatione ad   ⁵ A. V. baptistae.
regem ✓ petiuit dicens: uolo ✓ ut protinus des
mihi in disco caput iohannis ᵈ baptizę.ˢ et con-
tristatus est rex propter inrandum⁶ ✓ et propter   ⁶ A. V. jusjurandum.
simul recumbentes⁷ noluit eam contristari.ˢ sed   ⁷ V. discumbentes.
misso spiculatore⁸ precepit afferri⁹ caput eius   ˢ A. V. contristare.
in disco; et decollauit eum in carcere ✓ et attu-   ⁸ A. spiculatore.
lit caput eius in disco. et dedit illud puellę;   ⁹ A. adferri.
et puella ✓ dedit matri suę. quo audito discipuli
eius uenerunt. et tulerunt corpus eius ✓ et pos-   Fol. 159 b.
suerunt¹⁰ illud in monumento;   ¹⁰ A. V. posuerunt.

Offertorium

Misit rex spiculatorem et precepit amputare caput P.

iohannis in carcere. quo audito discipuli eius uenerunt et sepilierunt eum alleluia.

secreta

Munera domine pro sancti martiris tui iohannis baptiz*e* passione deferimus.[1] qui dum finitur in terris? factus est celesti sede perpetuus.[1] quesumus ut eius obtentu nobis proficiant ad salutem. per dominum.

communio

Ite dicite iohanni. ceci uident. surdi audiunt. mortui resurgunt et beatus est qui non fuerit scandalizatus in me.

postcommunio

Conferat nobis domine sancti iohannis baptiz*e* utrunque[1] sollemnitas. ut et magnifica sacramenta que sumpsimus precibus nostris significata uereremur. et in nobis potius edita gaudeamus. per.

.vi. id. sep. natiuitas. sancte mariae.

Gaudeamus omnes in domino diem festum celebrantes ut supra.

oratio

Supplicationem seruorum tuorum deus miserator exaudi. ut qui in natiuitate sanctæ dei genitricis et uirginis congregamur eius intercessionibus a te de instantibus periculis eruamur. per eundem.

lectio libri sapiente

Ego quasi uitis fructificaui sauitatem odoris? et flores mei fructus honoris et honestatis. ego mater pulcre[1] dilectionis? et timoris. et magnitudinis.[2] et sanct*e* spei; in me gratia omnis uitæ et ueritatis? in me omnis spes uitæ et uirtutis; transite ad me omnes qui concupiscitis me et generationibus meis implemini; spiritus enim meus super mel dulcis. et hereditas mea super mel et fauum; memoria mea? in generatione[3] seculorum. qui edunt me adhuc esurient? et qui bibunt me adhuc sitient; qui audit me non confundetur? et qui operantur in me non peccabunt; qui elucidant me? uitam eternam habebunt.

grabale Benedicta.

v Uirgo. Alleluia.

v Natiuitas gloriosæ uirginis mariæ. ex semine abrah*e* orta de tribu iuda. clara ex stirpe dauid.

Hibernicum.

genelogia domini nostri ihesu christi Mat. i. 1-16.
secundum mattheum.
Liber generationis ihesu christi filii dauid.
filii abraam;[1] abraam ' autem ª./ genuit isaac;   [1] A. V. Abraham.
isaac autem./ genuit iacob; iacob autem./   Fol. 161 a.   ª V. om.
genuit iudam et fratres eius; iudas autem./
genuit phares et zaram[2] de thamar; phares   [2] A. Zarad.
autem./ genuit esrom;[b] esrom[b] autem./ genuit   [b] V. Esron.
aram; aram autem./ genuit aminadab; amina-
dab autem./ genuit naason;[3] naason[3] autem./   [3] A. V. Naasson.
genuit salmon; salmon autem./ genuit booz de
rachab;[4] booz autem./ genuit obeth[c] ex ruth;   [4] A. Racab.   V. Rahab.
obeth[c] autem./ genuit iesse; iesse autem./   [c] V. Obed.
genuit dauid regem; dauid autem rex./ genuit
salamonem[5] ex ea que fuit urię., salamon[6]   [5] A. V. Salomonem.
autem./ genuit roboam; roboam autem./ genuit   [6] A. V. Salomon.
abiam; abia autem./ genuit asam. asa autem./
genuit iosaphath;[7] iosapha't[7] autem./ genuit   Fol. 161 b.
ioram; ioram autem./ genuit oziam; ozias   [7] A. V. Iosaphat.
autem./ genuit iot'an[8] iothan[8] autem./ genuit   [8] A. V. Ioatham.
achaz; achaz autem./ genuit ezechiam; ezechias
autem./ genuit manassen;[9] manasses[10] autem   [9] A. V. Manassem.
genuit amon. amon autem./ genuit iosiam;   [10] A. V. Manasses.
iosias autem./ genuit iechoniam et fratres eius
in transmigratione babilonis;[11] et post trans-   [11] A. V. Babylonis.
migrationem babilonis[11]./ iechonias genuit sala-
thiel./ salathiel autem./ genuit zorobabel; zorobabel autem./ genuit abiud; abiud autem./
genuit eliachim;[d] eliachim[d] autem./ genuit   [d] V. Eliacim.
azor. azor autem./ genuit sadoch;[12] sadoch[12]   [12] A. Saddoc. V. Sadoc.
autem./ genuit achim; achim autem./ genuit
eliud; eliud autem./ genuit eleazar; eleazar
autem genuit mathan;[13] mathan[13] autem./ ge-   [13] A. Matthan.
nuit iacob; iacob autem./ genuit ioseph uirum   Fol. 162 a.
mariæ; de qua natus est ihesus./ qui uocatur
christus;

offertorium
Aue maria.   P.

secreta
Unigeniti tui domine nobis succurrat humanitas. ut qui natus de uirgine matris integri-
tatem non minuit sed sacrauit./ in natiuitatis
eius sollenniis a nostris nos piaculis exuens
oblationem nostram sibi faciat acceptam. ihesus
christus dominus noster. qui tecum.

communio
Benedicta a filio.   P.
Sumpsimus domine celebritatis annue uotiua

sacramenta. presta quesumus ut intercedente beata maria semper uirgine et temporalis uitę nobis remedia prebeant et ęternę. per dominum

.xviii. kal oct. exaltatio sanctę crucis.

Fol. 162 b. In nomine domini omne genu flectatur celestium et
r̃. terrestrium et infernorum. quia dominus factus oboediens usque ad mortem mortem autem crucis. ideo dominus ihesus christus in gloria est dei patris
p̃. **psalmus.** Humiliauit semet ipsum factus oboediens. usque ad.

oratio

s. Deus qui unigeniti filii tui domini nostri ihesu christi pretioso sangine humanum genus redimere dignatus es: concede propitius. ut qui ad adorandam uiuificam crucem adueniunt a peccatorum suorum nexibus liberentur. per eundem.

r̃. **epistola**
[1] Fol. 76 a. Hoc sentite in nobis. re*spice in dominica pal*marum[1]
gradale Christus factus.
℣ Propter quod et deus. Alleluia.
p̃. Michi autem absit gloriari nisi in cruce domini nostri ihesu christi. Alleluia.
p̃. ℣ Salua nos christe saluator per uirtutem sancte
Fol. 163 a. crucis qui saluasti petrum in mari miserere nobis.

secundum iohannem

Joh. xii. 31-36.
[1,3] A. om. [1] In illo tempore: dixit dominus ihesus turbis;[1] nunc iudicium est mundi: nunc princeps
[a] V. *transposes.* mundi[a] huius[a] eiicietur foras; et ego si exaltatus fuero a terra. omnia traham ad me ipsum; hoc autem dicebat: significans qua morte esset moriturus; respondit ei turba; nos audiuimus ex lege: quia christus manet in
[2] A. V. + et. ęternum;[2] quomodo tu dicis oportet exaltari filium hominis? quis est iste filius hominis?
[3] A. V. dixit. + ergo. respondit[3] eis[4] ihesus; adhuc modicum lumen
[4] A. om. in nobis est; ambulate dum lumen habetis: ut non tenebrę uos comprehendant; et qui ambulat in tenebris: nescit quo uadat; dum lucem
Fol. 163 b. habetis credite in lucem: ut filii lucis sitis.

offertorium

Protege domine plebem tuam per signum sancte crucis ab omnibus insidiis inimicorum omnium ut tibi gratam exhibeamus seruitutem et acceptabile tibi fiat sacrificium nostrum alleluia.

secreta

s. Deuotas domine humilitatis nostrę preces et hostias misericordię tuę precedat auxilium. et salutem quam per adam¹ in paradiso ligni clauserat temerata presumptio. ligni sursum fides aperiat. per.

¹ So Arbuthnott Mis. S. Evam.

communio

Redemptor mundi signo crucis ab omni nos aduersitate custodi. quia saluasti petrum in mari miserere nobis

P.

postcommunio.

Ihesu christi domini nostri corpore saginati. per quem crucis est sanctificatum uexillum ⁊ quesumus domine deus noster. ut sicut adorare meruimus. ita perenni eius beneficio perfruamur. per eundem.

S.

Fol. 164 a.

.iii. k[a]l oct. festiuitas sancti micaelis arcangeli.

Benedicite dominum omnes angeli eius potentes uirtutes¹ qui facitis uerbum eius ad audiendam uocem sermonum eius

¹ R. S. virtute.

Psalmus Benedic anima mea domino et omnia

Deus qui miro ordine angelorum ministeria hominumque dispensas ⁊ concede propitius. ut quibus tibi ministrantibus in celo semper assistitur ab his in terra uita nostra muniatur. per.

lectio libri apoc[alipsis] iohannis apostoli

¹In diebus illis ⁊ significauit deus¹ que oportet fieri cito loquens² per angelum suum seruo suo iohanni.ᵃ qui testimonium perhibuit uerbo dei; et testimonium ihesu christi quequnque uidit; beatus qui legit et quiᵇ audit³ uerba prophetiç huius ⁊ et seruat⁴ ea que in ea⁵ scripta sunt; tempus enim prope est; iohannesᶜ septem eçlesiisᵈ que sunt in asia. gratia uobis et pax ab eo. qui est. et qui erat. et qui uenturus est. et a septem spiritibus qui in conspectu throni eius sunt. et ab⁷ ihesu christo qui est testis fidelis. primogenitus mortuorum et princeps regum terre. qui dilexit nos et lauit nos a peccatis nostris ⁊ in sangine suo;

Apoc. i. 1-5.

¹·¹ A. V. Apocalypsis Jesu christi quam dedit illi deus palam facere seruis suis.
² A. V. et significauit mittens.
ᵃ V. Ioanni.
ᵇ V. om. ³ A. audiunt.
Fol. 164 b.
⁴ A. seruant. ⁵ A. illa.
ᶜ V. Ioannes. ᵈ A. ecclesiis.

⁷ V. a.

gradale

Benedicite dominum omnes angeʼi eius potentes uirtutes¹ qui facitis uerbum eius.

ᵇ Benedic anima mea domino et omnia interiora mea nomen sanctum eius. Alleluia.

ᵇ In conspectu angelorum psallam tibi domine deus meus

¹ R. S. virtute.

S.

secundum mattheum

¹In illo tempore ⁊ accesserunt discipuli ad

Mat. xviii. 1-10.
¹·¹ A. V. In illa hora.

ihesum⁊ dicentes; quis putas maior est in regno celorum. et aduocans ihesus paruulum⁊ statuit eum in medio eorum. et dixit; amen dico uobis⁊ nisi conuersi fueritis et efficiamini sicut paruuli⁊ non intrabitis in regnum² celorum; quicumque uero humiliauerit se sicut paruulus iste⁊ hic est maior in regno celorum; et qui susceperit unum paruulum talem in nomine meo⁊ me suscepit. qui autem scandalizauerit unum de pusillis istis qui in me credunt; expedit ei ut suspendatur mola asinaria in collo eius. et demergatur in profundum maris; uę mundo ab scandalis; necesse est enim⁊ ut ueniant scandala⁊ uerum tamen⁊ uę homini per quem scandalum uenit. si autem manus tua uel pes tuus scandalizat te⁊ abscide eum et proiice³ abs te; bonum est⁴ tibi¹ ad uitam ingredi debilem uel claudum⁵⁊ quam duas manus uel duos pedes habentem mitti in ignem eternum; et si oculus tuus scandalizat te⁊ erue eum. et proiice³ abs te; bonum tibi est cum uno oculo in uitam intrare⁊ quam duos oculos habentem mitti in gehennam ignis; uidete⁊ ne contemnatis unum ex his pusillis; dico enim uobis⁊ quia angeli eorum in celis semper uident faciem patris mei⁊ qui in celis est;

offertorium
Stetit angelus iuxta aram templi habens turibulum aureum in manu sua et data sunt ei incensa multa et ascendit fumus aromatum in conspectu domini. alleluia.

Munus populi tui quesumus domine dignanter assume. quod non nostris meritis sed sancti archangeli tui michaelis¹ deprecatione tibi sit gratum. per.

communio
Benedicite omnes angeli domini domino ymnum dicite. et super exaltate eum in secula.

postcommunio
Beati archangeli tui michaelis intercessione suffulti. supplices te domine deprecamur ut quod ore consequimur. contingamus et mente. per.

ii. kal. nou. uigilia omnium sanctorum

Justi epulemur exultent.

Domine deus noster multiplica super nos gratiam tuam. et quorum preuenimus gloriosa

sollennia tribue subsequi in sancta professione.
per.

lectio libri apocolipsis iohannis apostoli. Apoc. v. 6-12.
¹Ego iohannes uidi¹ in medio throni et qua- Fol. 166 b.
tuor² animalium et in medio seniorum agnum ¹⁻¹ A. V. Et uidi et ecce.
stantem tanquam³ occisum habentem cornua ² A. quattuor.
septem et oculos septem qui sunt septem⁴ spiri- ³ A. tamquam.
tus dei missi in omnem terram. et uenit et ⁴ A. om.
accepit de dextera sedentis in trono⁵ librum⁶ ⁵ A. V. throno.
quatuor² animalia et uiginti. IIII. seniores ⁶ A. V. + et cum aperuisset
ceciderunt coram agno habentes singuli citha- librum.
ras et fiolas⁷ aureas plenas odoramentorum que ⁷ A. V. phialas.
sunt orationes sanctorum. et cantabant⁸ can- ⁸ A. cantant.
ticum⁹ nouum⁹ dicentes; dignus es domine¹⁰ ⁹ A. transposes.
deus¹¹ accipere librum. et aperire signacula ¹⁰ A. om. ¹¹ A. V. om.
eius⸕ quoniam occisus es et redemisti nos deo
in sanguine¹² tuo ex omni tribu et lingua¹³ et ¹² A. V. sanguine.
populo et natione et fecisti nos¹⁴ deo nostro ¹³ A. V. lingua. ¹⁴ A. eos.
regnum et sacerdotes et regnabunt super ter- Fol. 167 a.
ram; et uidi et audiui uocem angelorum multorum in circuitu throni. et animalium et
seniorum. et erat numerus eorum milia ᵃ milium ᵇ ᵃ V. millia. ᵇ V. millium.
uoce¹⁵ magna¹⁵ dicentium;¹⁵ dignus est agnus ¹⁵ A. V. dicentium uoce
qui occissus¹⁶ est accipere uirtutem. et diuini- magna.
tatem. et sapientiam. et fortitudinem. et honorem. ¹⁶ A. V. occisus.
et gloriam et benedictionem⸕¹⁷ in secula secu- ¹⁷⁻¹⁷ A. V. om.
lorum.¹⁷

ᵃ ᵇ ᵃ ᵇ ᵉ Exultabunt sancti.
ᵇ Cantate.

secundum lucam P.
¹In illo tempore¹⸕ eleuatis ihesus² oculis in Luc. vi. 20-23.
discipulos suos dicebat; beati pauperes⸕ quia P. [The R. Gosp. is Luc. vi.
uestrum est regnum dei. beati qui nunc esu- 17-23. S. Joh. xvii. 11-26.]
ritis⸕ quia saturabimini; beati qui nunc fletis⸕ ¹⁻¹ A. V. Et ipse.
quia ridebitis. beati eritis cum uos oderint ² A. V. om.
homines⸕ et cum separauerint uos et expro- Fol. 167 b.
brauerint⸕ et eiecerint.³ nomen uestrum tan- ³ A. V. eiecerint.
quam⁴ malum propter filium hominis; gaudete ⁴ A. V. tamquam.
in illa die et exultate⸕ ecce enim merces
uestra⸕ multa in celo;

offertorium
Exultabunt sancti in gloria R.

secreta
Altare tuum domine muneribus cumulamus
oblatis. da quesumus. ut ad salutem nostram
omnium sanctorum tuorum precatione proficiant quorum sollennia uentura precurrimus.
per.

P.

communio

Ego uos elegi.
Sacramentis domine et gaudiis obtata celebritate expletis quesumus ut eorum precibus adiuuemur, quorum recordationibus exhibentur. per.

in die ad missam.

Fol. 168 a.

Gaudeamus omnes in domino diem festum celebrantes sub honore sanctorum omnium de quorum sollemnitate gaudent angeli et collaudant filium dei. psalmus. Exultate. iusti in domino.

oratio

Omnipotens sempiterne deus qui nos omnium sanctorum merita sub una tribuisti celebritate uenerari; quesumus ut desideratam nobis tuę propitiationis abundantiam multiplicatis intercessoribus largiaris per dominum.

Apoc. vii. 1-12.

lectio libri apoc[olipsis] iohannis apostoli.

1.1 A. post hæc.

[1] Ego iohannes [1] uidi. IIII. angelos stantes

supra IIII angulos terrę / tenentes. IIII. uentos

[2] V. flarent. [3] V. om.

terrę. ne flaret [2] uentus [3] super terram neque super mare. neque in ullam arborem. Et uidi alterum angelum ascendentem ab ortu solis

Fol. 168 b.

habentem signum dei uiui; et clamauit uoce magna. IIII. angelis quibus datum est nocere terre et mari dicens; nolite nocere terrę et mari neque arboribus / quoadusque signemus seruos dei nostri in frontibus eorum; Et audiui

numerum signatorum centum quadraginta.IIII.

[a] V. millia. A. V. + signati.

milia [a] / ex omni tribu filiorum israhel.

Ex tribu iuda /   XII. milia [a] signati;
Ex tribu ruben /   XII. milia [a] signati;
Ex tribu gad /   XII. milia [a] signati;
Ex tribu aser /   XII. milia [a] signati;

[b] A. Nepthalim. V. Nephthali. [1] A. V. Manasse.

Ex tribu neptalim.[b]   XII. milia [a] signati;
Ex tribu manasse [1] /   XII. milia [a] signati;

[5] A. Symeon.

Ex tribu simeon [5] /   XII. milia [a] signati;
Ex tribu leui.   XII. milia [a] signati.,

[6] A. V. Issachar.

Ex tribu isachar [6] /   XII. milia [a] signati;
Ex tribu zabulon /   XII. milia [a] signati;
Ex tribu ioseph /   XII. milia [a] signati;

Fol. 169 a.

Ex tribu beniamin /   XII. milia [a] signati;

Post hec uidi turbam magnam quam denu-

[7] A. V. dinumerare.

merare [7] nemo poterat ex omnibus gentibus et

tribibus[a] et populis et lingis stantem[9] ante thronum et in conspectu agni⸴ amicti stolis[10] albis[11]⸴ et palmę in manibus eorum; et clamabant uoce magna dicentes., salus deo nostro⸴ qui sedet[12] super thronum et agno; et omnes angeli stabant in circuitu throni et seniorum⸴ et. IIII. animalium; et ceciderunt in conspectu troni[13] in facies suas⸴ et adorauerunt dicentes[14] amen; benedictio et claritas. et sapientia. et gratiarum actio. et[15] honor et uirtus et fortitudo deo nostro⸴ in secula seculorum.[16]

graduale Timete omnes sancti eius quoniam nihil deest. timentibus eum.

[b] Inquirentes autem dominum non deficient omni bono.

[b] Gloriosus deus. Alleluia.

[b] Iudicabunt sancti nationes et dominabuntur populis et regnabit illorum rex in ęternum.

secundum matthęum

[1] In illo tempore[1]⸴ uidens[2] turbas ihesus[3]⸴ ascendit in montem; et cum sedisset⸴ accesserunt ad eum discipuli eius; et aperiens os suum⸴ docebat eos dicens; beati pauperes in spiritu⸴ quoniam ipsorum est regnum celorum; beati mites⸴ quoniam ipsi possidebunt terram; beati qui lugent⸴ quoniam ipsi consolabuntur; beati qui essuriunt[4] et sitiunt iustitiam⸴ quoniam ipsi saturabuntur; beati misericordes⸴ quoniam ipsi misericordiam consequentur; beati mundo corde⸴ quoniam ipsi deum uidebunt. beati pacifici⸴ quoniam[5] filii dei uocabuntur; beati qui persecutionem patiuntur propter iustitiam⸴ quoniam ipsorum est regnum celorum. beati estis cum maledixerint[6] uobis et persecuti uos fuerint⸴ et dixerint omne malum aduersum uos. mentientes⸴ propter me; gaudete et exultate⸴ quoniam merces uestra copiosa est in celis.,

offertorium

Mirabilis deus in sanctis suis deus israhel ipso dabit uirtutem et suae benedictus deus

secreta

Munera tibi domine nostrę deuotionis offerimus que et pro cunctorum tibi grata sint honore sanctorum et nobis salutaria te miserante reddantur. per.

communio

Gaudete iusti in domino alleluia. rectos decet collaudatio. alleluia.

[8] A. V. tribubus.
[9] A. V. stantes.
[10] A. stolas.   [11] A. albas.

[12] A. sedit.

[13] throni.
[14] A. V. + deum.
[15] V. om.
[16] A. V. + amen.

Fol. 169 b.

P.
S.

Mat. v. 1-12.
[1.1] A. om.   [2] A. + autem.
[3] A. om.

[4] A. V. esuriunt.
Fol. 170 a.

[5] A. + ipsi.

[6] A. V. maledixerint.

S.

S.

Fol. 170 b.
[The rest of fol. 170 b is blank, separating the Proprium de Sanctis from the Commune Sanctorum.]

postcommunio
Da quesumus domine fidelibus populis omnium sanctorum tuorum semper ueneratione letari. et eorum perpetua supplicatione muniri. per.

Uigilia unius apostoli

Ego sicut oliua fructificaui in domo domini speraui in misericordiam dei mei et expectabo nomen tuum quoniam bonum est ante conspectum sanctorum tuorum. **psalmus** Quid gloriaris.

Fol. 171 a.

[The arrangement of the Com. SS. resembles that of pre-Tridentine Missals, in which much variety exists.]

oratio.

Quesumus omnipotens ut beatus apostolus. N. tuum pro nobis imploret auxilium ut a nostris reatibus absoluti a cunctis etiam periculis eruamur. per.

P.

sapien[tis]

Beatus homo qui inuenit sapientiam ⁊ et qui affluit prudentia melior est. adquisitio[1] eius negotiatione argenti et auri primi et purissimi ⁊ fructus eius pretiosior est cunctis opibus. et omnia que desiderantur huic non ualent comparari; longitudo dierum in dextera eius.[2] in sinistra illius diuitiæ et gloriæ;[3] uiæ eius uiæ pulchrę ⁊ et omnes semitte[4] illius pacificę. lignum uitæ est his qui apprehenderint eam ⁊ et qui tenuerit eam beatus; dominus sapientia fundauit terram ⁊ stabiliuit celos prudentia; sapientia illius eruperunt abissi[5] ⁊ et nubes rore concrescunt.

Prov. iii. 13-20.
S.
[1] V. acquisitio.

Fol. 171 b.   [2] V. + et.
[3] V. gloriæ.
[4] V. semitæ.

[5] V. abyssi.

gradale

Iustus ut palma florebit sicut cedrus libani multi*plicabitur* in domo domini.

b Ad annuntiandam mane *misericordiam* tuam et ueritatem tuam per noctem.

secundum iohannem

¹ In illo tempore ⁊ dixit dominus ihesus discipulis suis;¹ si manseritis in me. et uerba mea in nobis manserint. quodcumque[b] uolueritis petetis. et fiet uobis; in hoc clarificatus est pater meus. ut fructum plurimum aferatis[2] ⁊ et efficiamini mei discipuli; sicut dilexit me pater ⁊ et ego dilexi uos; manete in dilectione mea; si precepta mea seruaueritis ⁊ manebitis in dilectione mea; sicut et ego patris mei precepta seruaui ⁊ et maneo in eius dilectione; hec locutus sum uobis ⁊ et[3] gaudium meum in nobis[4] ⁊ et gaudium uestrum impleatur.

Joh. xv. 7-11. P.
1-1 A. V. *om.*

[b] V. quodcumque.
Fol. 172 a.
[2] A. adferatis. V. afferatis.

[3] A. V. ut.
[4] A. V. + sit.

offertorium

Gloria et honore *coronasti* eum domine et eum *super* opera *manuum* tuarum

secreta

Intercessio quesumus domine beati. N. apostoli tui munera nostra tibi commendet ⁊ ut eius sacrata natalicia et temporaliter frequentemus et conspiciamus eterna. per.

P.

Missale Vetus

communio

Magna est gloria eius in salutari tuo gloriam et magnam decorem imponens super eum domino.

Fol. 172 b.
S.

postcommunio

Presta nobis eterne largitor eius ubique pia protegi oratione cuius natalicia per hec sancta que sumpsimus uotiuo preuenimus obsequio. per.

[This missa is Sarum except where it is otherwise indicated. In the present Missale R. there is no Communio unius Apostoli.]

In die ad missam.[1]

Mihi autem nimis honorati sunt amici tui deus nimis confortatus est principatus eorum.

psalmus Domine probasti me.

oratio.

P.

Deus qui eclesiam tuam beati. N. apostoli tui predicatione docuisti. et martirio coronasti:/ concede fidelibus tuis eius semper meritis adiuuari et beneficiis gratulari:/ per.

Eph. ii. 19-22.
[1] A. V. ergo.
[2] A. V. domestici.

ad effesseos

Fratres[1]:/ iam non estis hospites et aduene:/ sed estis ciues sanctorum et domistici[2] dei super edificati super fundamentum apostolorum et prophetarum ipso summo angulari lapide christo ihesu; in quo omnis edificatio constructa:/ crescit in templum sanctum in domino; in quo[3] uos coedificamini in habitaculum dei:/ in spiritu sancto.[4]

Fol. 173 a.

[3] A. V. + et.

[4] A. V. om.

offertorium

In omnem terram exiuit sonus eorum et in fines orbis terra uerba eorum

ᵥ Celi enarrant gloriam dei et opera manuum eius annunciat firmamentum.

Alleluia ᵥ Nimis honorati sunt amici tui deus nimis confortatus est principatus eorum alleluia.

secundum iohannem

Joh. xv. 12-16. P.
1,1 A. V. om.

[1]In illo tempore:/ dixit dominus ihesus discipulis suis;[1] hoc est preceptum meum:/ ut diligatis inuicem sicut dilexi uos; maiorem hoc dilectionem nemo habet:/ quam ut animam suam ponat[2] quis[2] pro amicis suis; uos amici mei estis:/ si feceritis que ego precipio uobis; iam non dico uos seruos:/ quia seruus nescit quid faciat dominus eius; uos autem dixi amicos:/ quia omnia quecumque[3] audiui a patre meo nota feci uobis; non uos me elegistis:/ sed ego elegi uos et posui uos ut eatis et fructum afferatis et fructus uester maneat; ut quodcumque[4] petieritis patrem in nomine meo:/ det uobis.

[2] A. transposes.

Fol. 173 b.
[3] A. V. quæcumque.

[4] A. V. quodcumque.

Hibernicum. 179

offertorium.
Constitues eos principes super omnem terram memores erunt nominis tui domine in omni progenie et generatione.

secreta
Munusoblatum quesumus domine propitiatus P.
adtende. et ut digne tuis famulemur altaribus sancti. N. apostoli tui intercessione que delinquimus indulge. per.

communio
Uos qui secuti estis sedebitis super sedes iudicantes. xii. tribus israhel dicit dominus.

postcommunio P.
Presta domine sacramentis beato apostolo tuo interueniente deprecamur. ut que pro illius celebrata sunt gloria nobis proficiant ad medelam. per. Fol. 174 a.

alia oratio
Omnipotens sempiterne deus. qui huius diei P.
uenerandam sanctamque letitiam in beati. N. [In S. R. this Collect is
apostoli tui festiuitate tribuisti / da eclesie tue assigned to S. Bartholomew.]
quesumus et amare quod credidit et predicare
quod docuit / per.

Plurimorum apostolorum
P.
[This Missa appears neither in the R. nor S. Missal.]

Mihi autem nimis

Deus qui nos annua apostolorum tuorum. N. solemnitate letificas. presta quesumus / ut quorum gaudemus meritis instruamur exemplis. per.

ad romanos. Rom. viii. 28-32.
Fratres¹ / scimus² quoniam diligentibus ¹ A. V. *om.*   ² A. V. + *autem.*
deum omnia cooperantur in bonum / his³ qui ³ V. iis.
secundum propositum uocati sunt sancti; nam
quos presciuit et predestinauit. conformes fieri Fol. 174 b.
imaginis filii sui / ut sit ipse primogenitus in
multis fratribus; quos autem predestinauit / hos
et uocauit; et quos uocauit / hos et iustificauit /
quos autem iustificauit / illos et magnificauit;¹ ¹ V. glorificavit.
quid ergo dicemus ad hec? si deus pro nobis
quis contra nos? qui etiam proprio⁵ filio suo ⁵ A. *om.*
non pepercit / sed pro nobis omnibus. tradidit
illum;

gradale In omnem.
b Celi enarrant. Alleluia.
Nimis honorati.

secundum iohannem. Joh. xv. 17-25.
¹ In illo tempore / dixit dominus ihesus dis- ¹¹ A. V. *om.*

180 *Missale Vetus*

cipulis suis;[1] hec mando uobis: ut diligatis inuicem; si mundus nos odit: scitote quia me priorem uobis hodie[2] habuit; si de mundo fuissetis: mundus quod suum erat diligeret; quia uero de mundo non estis; sed ego elegi uos de mundo; propterea odit uos mundus; mementote sermonis mei quem ego dixi uobis: non est seruus maior domino suo; si me persecuti sunt: et uos persequentur; si sermonem meum seruauerunt: et uestrum seruabunt; sed hec omnia facient uobis propterea[a] nomen meum: quia nesciunt eum qui me[b] misit;[b] si non uenissem. et locutus fuissem cum[3] eis: peccatum non haberent; nunc autem: excussationem[4] non habent de peccato suo; qui me odit: et patrem meum odit; si opera non fecissem in eis que nemo alius fecit: peccatum non haberent; nunc autem: et uiderunt. et oderunt et me et patrem meum; sed ut impleatur[c] sermo qui in lege eorum scriptus est: quia odio habuerunt[5] me[δ] gratis

Constitues eos.

offertorium

secreta

Munera domine que pro apostolorum tuorum N sollennitate deferimus propitius suscipe et mala omnia que mereamur auerte. per.

communio

Uos qui secu*ti* estis.

Quesumus domine salutaribus repleti misteriis ut quorum sollennia celebramus eorum orationibus adiuuemur. per.

uigilia unius martiris.[a]

Iustus ut palma florebit sicut cedrus libani multiplicabitur plantatus in domo domini in atris domus dei nostri.

psalmus Bonum est confiteri.

Presta quesumus omnipotens deus ut intercedente beato .N. martire tuo et a cunctis aduersitatibus muniamur in corpore et a prauis cogitationibus mundemur in mente. per.

sapientiae

Beatus uir[1] qui inuentus est sine macula: et qui post aurum non abiit nec sperauit in [2]thesauris pecunie[2] quis est hic et laudabimus eum? fecit enim mirabilia in uita sua; quis[3]

---

[2] A. V. odio.

Fol. 175 a.

[a] A. V. propter.
[b] V. transposes.
[3] A. V. om.

[4] A. V. excusationem.

[c] V. adimpleatur.

[δ] A. transposes.

Fol. 175 b.

P.
[a] [This title appears neither in the R. nor S. Missal. Its component parts will be found distributed under various R. and S. headings.]

Ecclus. xxxi. 8-11.
[1] V. dives.

[2,2] V. pecunia et thesauris.
Fol. 176 a.   [3] V. qui.

Hibernicum.

probatus⁴ in illo et perfectus inuentus⁵ est? et⁵ erit illi gloria eterna? quis³ potuit transgredi et non est transgressus? et⁵ facere mala et non fecit; ideo stabilita sunt bona illius in domino,/ et elimoysinas⁶ illius enarrabit,/ omnis eclesia⁷ sanctorum.

⁴ V. + est. ⁵ V. *om.*

⁶ V. eleemosynas.
⁷ V. ecclesia.

grabale Beatus uir qui timet dominum in mandatis eius cupit nimis.
b Potens in erit *semen* eius *generatio rectorum benedicetur.*

secundum lucam. Luc. ix. 23-27.
¹ In illo tempore,/ dixit dominus ihesus discipulis suis;¹ si quis uult post me uenire,/ abneget semet² ipsum et tollat crucem suam cotidie³ et sequatur me; qui enim uoluerit animam suam saluam facere,/ perdet illam; nam qui perdiderit animam suam propter me,/ saluam faciet illam; quid enim proficit homini³ si lucretur uniuersum mundum salutem⁴ perdat⁵ ipsum⁵ et detrimentum sui faciet? nam qui me erubuerit et meos sermones,/ hunc filius hominis erubescet⁶ cum uenerit in maiestate sua. et patris et sanctorum angelorum; dico autem uobis; uere sunt aliqui hic stantes,/ qui non gustabunt mortem,/ donec uideant regnum dei.

¹·¹ A. V. Dicebat autem ad omnes.

² A. sc.
³ V. quotidie.

³ A. V. homo.
Fol. 176 b.
⁴ A. V. sc autem.
⁵ A. V. *transpose.*

⁶ A. erubescit.

offertorium
Gloria et honore *coronasti* eum domino et *super* eum opera *manuum tuarum.*

secreta
Ut nostrę saluti munera oblata proficiant. sancti. N. martiris tui quesumus domine intercessio salutaris obtineat. per.

communio
Magna est gloria eius in salutari tuo *gloriam et decorem impones* super eum domine.

postcommunio
Uotiua domine pro beati. N. martiris tui passione dona percepimus. quesumus ut eius precibus et presentis uitę nobis pariter et eternę tribuas conferre subsidium. per.

in natal[e] unius martiris.

Lætabitur iustus in domino et sperauit in eo et laudabuntur omnes recti corde.
psalmus Exaudi deus oratio*nem* meam cum de*precor.*

oratio.
Presta quesumus omnipotens deus ut qui

Fol. 177 a.
[There are many variations in this and the following missæ communes from the corresponding R. and S. missal.]

P.

beati. N. martiris tui natalicia colimus. a cunctis malis imminentibus eius intercessionibus liberemur. per.

Sap. iv. 7-15. P.
[1] V. + autem.
[2] V. senectus.
[3] V. transposes.
[4] V. annorum.

sapientiae

Iustus[1] si morte preoccupatus fuerit ⁊ in refrigerio erit; senecti[2] enim uenerabilis est non diuturna neque numero[3] annuorum[3 4] computata; cani enim sunt sensus hominis ⁊ ætas senectutis uita immaculata. placens deo factus

Fol. 177 b.
[5] V. malitia.
[6] Verso 12 is omitted.

dilectus ⁊ et uiuens inter peccatores translatus est; raptus est ne in aliua[5] mutaret intellectum illius ⁊ aut ne fictio deciperet animam illius;[6] consummatus in breui expleuit tempora multa; placita enim erat deo anima illius ⁊ propter hoc

[7] V. iniquitatum.
[8] The last half of v. 14 is omitted.

properauit educere illum de medio iniquitatis[7 8] quoniam gratia dei et misericordia est in sanctos eius ⁊ et respectus in electos illius.

gradale Posuisti domine super caput eius coronam de lapide pretioso
v Desiderium animę eius tribuisti ei et uoluntate labiorum eius non fraudasti eum. Alleluia
v Gloria et honore coronasti eum domine

Luc. xiv. 26-33.
[1 4] A. V. om.

secundum lucam

[1] In illo tempore ⁊ dixit dominus ihesus discipulis suis;[1] si quis uenit ad me et non odit patrem suum et matrem. et uxorem. et filios. et fratres. et sorores. adhuc autem et animam suam ⁊ non potest meus esse discipulus; et qui

Fol. 178 a.   [2] A. V. baiulat.

non baiolat[2] crucem suam et uenit post me ⁊ non potest meus esse discipulus; quis enim ex

[3] A. turrem.   [4] A. nonne.
[5] A. habet.

uobis uolens turrim[3] edificare non[4] prius sedens computat sumptus qui necessarii sunt si habeat[5] ad perficiendum? ne posteaquam posuerit fun-

[6] A. poterit. V. potuerit.
[6] A. V. uident.
[7] A. inludere.
[8] A. V. aut.   [9] A. qui.
[10] A. V. iturus.
[*] [A later hand has written "iturus" and "sedens" over "iustus" and "sedo."]
[11] A. V. committere.
[12] A. adversum.
[13] A. V. sedens.
[14] V. millibus.
Fol. 178 b.

damentum. et non potuit[6] perficere. omnes qui uiderint[6] incipiant illudere[7] ei dicentes; quia hic homo cepit edificare ⁊ et non potuit consummare; adhuc[8] quis[9] rex iustus[10*] committe[11] bellum aduersus[12] alium regem. non sedo[13*] prius cogitat si possit cum decem milibus[14] occurrere ei. qui cum uiginti milibus[14] uenit ad se ⁊ alioquin ⁊ adhuc illo longe agente legationem mittens rogat ea que pacis sunt; sic ergo omnis ex uobis qui non renunciat omnibus que possidet non potest meus esse discipulus.

offertorium
Iustus ut palma florebit sicut cedrus libano multiplicabitur.

Secreta.
Hostiam nostram quesumus domine sancti. P.
N. martiris tui et ueneranda confessio. et exaudibilis commendet oratio.
communio
Lætabitur iustus in domino et sperauit in eo et laudabuntur omnes recti corde.
postcommunio
[S]umentes domine diuina misteria quesumus ut beati N. martiris tui intercessione eterne nobis prebeant incrementa letitiæ. per   [S. p. 838.]

in tempore pasc'ali¹
¹ See note fol. 177 a.

Protexisti me deus a conuentu malignantium a multitudine operantium iniquitatem
psalmus Exaudi deus orationem meam cum deprecor.

Deus qui sanctam nobis huius diei sollennitatem pro commemoratione beati. N. confessoris tui fecisti꞉ adesto familiæ tuæ. precibus et da ut cuius festa celebramus eius meritis intercessionibus adiuuemur꞉ per.   [S. p. 942.]
Fol. 179 a.

sapientiae
Beatus uir qui in sapientia sua¹ morabitur? et in sensu cogitauit² circumspectionem dei; cibauit³ illum pane uitæ et intellectus꞉ et aqua sapientiæ salutaris potauit⁴ illum; et firmabitur in illo et non flectetur꞉ et contristabit⁵ illum et non confundetur et exaltabit illum apud proximos suos; et nomine eterno hereditabit illum꞉⁶ "dominus deus noster."

Ecclus. xiv. 22-xv. 3, 4, 6.
¹ V. om.
² V. cogitabit.
³ V. cibabit.
⁴ V. potabit.
⁵ V. continebit.
⁶·⁶ V. om.

Grabale Iustus non conturbabitur quia dominus firmat manus eius.
v Tota die miseretur et commodat et semen eius in benedictione erit. Alleluia.
v Lætabitur iustus in domino et sperauit in eo et laudabuntur omnes recti corde.

eua[ngelium]
Si manseritis in me. respice in uigilia unius apostoli ᵃ   ᵃ Fol. 171 b.

Secreta
Intende quesumus domine obeata tibi munera et deprecatione sancti N. martiris tui nos ipsos eademque sanctifica. per.   Fol. 179 b.

communio
Magna est gloria eius in tuo gloriam et decorem impones super eum domine.

postcommunio
Tua sancta sumentes domine suppliciter deprecamur꞉ ut cuius celebramus passionem sentiamus protectionem꞉ per.

184 *Missale Vetus*

[1] See note fol. 177 a.

In natale plurimorum martirum.[1]

Sapientiam sanctorum narrent populi et laudem
eorum nuntiet eclesia. nomen autem eorum uiuet in
eternum.
psalmus Exultate iusti in.

Da quesumus omnipotens deus ut qui sanctorum martirum tuorum NN. sollemnia colimus eorum apud te intercessionibus adiuuemur. per.

Sap. iii. 1-8.
[1] A. + autem.
Fol. 180 a.

Iustorum[1] animae in manu dei sunt:/ et non tanget illos tormentum mortis; nisi sunt oculis insipientium mori:/ et estimata est afflictio exitus eorum. et quod a nobis est iter extermini[2]:/ illi autem sunt in pace; et si coram hominibus tormenta passi sunt:/ spes illorum immortalitate plena est; in paucis uexati:/ in multis bene disponentur:/ quoniam deus temptauit[3] eos et inuenit illos dignos se; tanquam aurum in fornace probauit illos:/ et quasi holocausta[4] hostię[5] accepit illos:/ et in tempore erit respectus illorum; fulgebunt iusti:/ et tanquam scintillae in arundineto discurrent;[6] iudicabunt nationes et dominabuntur populis:/ et regnabit dominus illorum im[7] perpetuum.

[2] V. exterminium.

[3] V. tentavit.

[4] V. holocausti.
[5] V. hostiam.
[6] V. discurrent.

[7] V. in.

graduale. Anima nostra sicut passer *ereptus est de uenantium*.

b Laqueus contritus est et nos liberati sumus adiutorium nostrum in nomine domini qui fecit celum et terram. Alleluia.

Fol. 180 b.

b Sancti tui domine florebunt *sicut lilium sicut odor balsami erunt* ante te.

Luc. vi. 20-23.

secundum lucam

In illo tempore:/ eleuatis ihesus oculis in discipulos suos:/ dicebat; beati pauperes spiritu[1]:/ quoniam[2] uestrum est regnum dei; beati qui nunc esuritis:/ quia saturabimini; beati qui nunc fletis:/ quia ridebitis; beati eritis cum uos oderint homines et cum separauerint uos et exprobrauerint et eiicerint nomen uestrum tanquam malum:/ propter filium hominis; gaudete in illa die et exultate:/ ecce enim merces uestra:/ multa est[3] in celo.

[1] A. V. *om.*   [2] A. V. quia.

[For various readings see fol. 167 a.]   [3] A. *om.*

offertorium

Letamini in domino et *iusti* et *omnes recti corde*.

secreta

Sanctorum tuorum domine tibi grata confessio et munera nostra commendet et tuam nobis indulgentiam semper imploret. per.

communio

Gaudete iusti in domino alleluia. rectos decet collaudatio alleluia. alleluia.

Ut percepta nos domine sancta uiuificent sanctorum martirum tuorum merita gloriosa nos adiuuent. per.   Fol. 181 a.

unius confessoris non pontificis [1]

[1] [So R. = S. De quocunque confessore, with considerable variations.]

Os iusti meditabitur sapientiam et lingua eius loquetur iudicium lex dei eius in corde ipsius
psalmus Noli emulari.

oratio

Adesto domine precibus nostris quas in sancti. N. confessoris tui commemoratione deferimus ut qui nostrę iustitiae fiduciam non habemus eius qui tibi placuit precibus et meritis adiuuemur. per.

sapien[tię.]

Iustum deduxit dominus[1] per uias rectas;
et ostendit illi regnum dei. et dedit illi scientiam sanctorum; honestauit illum in laboribus;
et compleuit labores illius; in fraude circumuenientium[2] illi[3] affuit[3]; et honestum fecit
illum; custodiuit eum ab inimicis; et a seductoribus liberauit[4] illum; et certamen forte
dedit illi ut uinceret; et sciret quoniam omnium
potentior est sapientia. hec uenditum iustum
non dereliquit; sed a peccatoribus liberauit
eum; descenditque cum illo in foueam; et in
uinculis non dereliquit illum; donec afferret illi
sceptrum regni; et potentiam aduersus eos qui
eum deprimebant; et mendaces ostendit qui
maculauerunt illum; et dedit illi claritatem
ęternam. dominus[5] deus[5] noster.[5]

Sap. x. 10-14.
[1] V. om.

[2] V. + illum.
Fol. 181 b.   [3] V. affuit illi.

[4] V. tutauit.

[5] V. om.

gradale Iurauit dominus et non penitebit cum tu es sacerdos in secundum ordinem Melchisedech.
  v Dixit dominus domino meo sede a meis. Alleluia
  v Iustus germinauit sicut lilium et florebit ante dominum.
gradale Qui seminant in lacrimis in gaudio mettent.
  v Euntes ibant et mittabant semina sua.
  v Uenientes autem uenient cum exultatione portantes   Fol. 182 a.
manipulos suos.
gradale. Beatus uir qui timet dominum in eius cupit nimis.
  v Potens in terra erit semen eius generatio rectorum benedicetur.
  v Gloria et diuitię in eius et eius manet in seculum.
Alleluia.

Luc. xi. 33-36.
1.1 A. V. *om*.
² A. V. accendit.
³ A. V. supra.

⁴ A. V. + si oculus tuus.

Fol. 182 b.

P.

¹ [= R. Com. Confessoris Pontificis. S. In natali unius confessoris. With variations.]

Fol. 183 a.
[Adapted from Ecclus. xliv., xlv.]

♱ Elegi to dominus sibi in sacerdotem magnum in populo suo.

secundum lucam

¹ In illo tempore ⁄ dixit dominus ihesus discipulis suis ¹ nemo lucernam ascendit ² et in abscondito ponit neque sub modio sed super ³ candelabrum ⁄ ut qui ingrediuntur lumen uideant; lucerna corporis tui ⁄ est oculus tuus ⁴ fuerit simplex totum corpus tuum lucidum erit; si autem nequam fuerit ⁄ etiam corpus tuum, tenebrosum erit; uide ergo ⁄ ne lumen quod in te est tenebrę sint; si ergo corpus tuum totum lucidum fuerit non habens aliquam partem tenebrarum ⁄ erit lucidum totum; et sicut lucerna fulgoris ⁄ illuminabit te.

offertorium

Desiderium animę eius tribuisti ei et uoluntate laborum eius non fraudasti eum. alleluia.

secreta

Eius tibi precibus domine quesumus grata reddatur oblatio pro cuius festiuitate immolatur. per.

communio

Fidelis seruus et prudens quem constituit dominus super familiam suam ut det illis in tempore tritici mensuram.

Ut nobis domine tua sacrificia dent salutem. beatus. N. confessor tuus quesumus precator accedat. per.

unius confessoris et pontificis ¹

Statuit ei dominus testamentum pacis et principem fecit eum ut sit illi sacerdotii dignitas in eternum.
psalmus. Misericordias domini in eternum

oratio

Deus qui conspicis quia ex nulla nostra uirtute subsistimus ⁄ concede propitius. ut intercessione beati N confessoris tui atque pontificis contra omnia aduersa muniamur. per.

lectio libri sapientię

Ecce sacerdos magnus qui in diebus suis placuit deo ⁄ et inuentus est iustus; et in tempore iracundiæ ⁄ factus est reconciliatio; non est inuentus similis illi ⁄ qui conseruaret legem excelsi; ideo iure iurando ⁄ fecit illum dominus crescere in plebem suam benedictionem omnium gentium dedit illi ⁄ et testamentum suum confirmauit super caput eius ⁄ cognouit eum in

Hibernicum.

benedictionibus suis⸴ conseruauit illi misericordiam suam. et inuenit gratiam coram oculis domini; magnificauit eum in conspectu regum⸴ et dedit illi coronam gloriae; statuit illi testamentum sempiternum⸴ et dedit illi sacerdotium magnum et beatificauit illum in gloria; fungi sacerdotio et habere laudem in nomine ipsius et offerre illi incensum dignum⸴ in odorem suauitatis.

grabale Ecce sacerdos *magnus* qui in *suis placuit* deo. Non est inuentus similis *illi* qui *conseruaret legem* excelsi.

Fol. 183 b.

secundum matheum

[1] In illo tempore dixit dominus ihesus discipulis suis. parabolam hanc[1] homo quidam[2] peregre proficiscens uocauit seruos suos⸴ et tradidit illis bona sua; et uni dedit quinque talenta⸴ alii autem duo alii uero unum; unicuique secundum propriam uirtutem⸴ et profectus est statim; abiit autem qui quinque talenta acceperat⸴ et operatus est in eis et lucratus est alia quinque: similiter[a] qui duo acceperat⸴ lucratus est alia duo: qui autem unum acceperat abiens fodit in terram[3] et abscondit peccuniam[4] domini sui; post multum uero temporis⸴ uenit dominus seruorum illorum et posuit rationem cum eis: et accedens qui quinque talenta acceperat⸴ obtulit[5] alia quinque talenta dicens; domine⸴ quinque talenta tradidisti[6] mihi⸴ ecce alia quinque super lucratus sum; ait illi dominus eius; euge serue[7] bone[7] et fidelis⸴ quia super pauca fuisti fidelis super multa te constituam: intra in gaudium domini tui; accessit autem qui duo talenta acceperat⸴ et ait; domine⸴ duo talenta tradidisti mihi⸴ ecce alia duo lucratus sum. ait illi dominus eius; euge serue[7] bone[7] et fidelis⸴ quia super pauca fuisti fidelis super[8] multa te constituam intra in gaudium. domini tui.

Mat. xxv. 14-23.
[11] A. V. sicut enim.
[2] A. V. om.

[a] V. + et.

[3] A. terra.
[4] A. V. pecuniam.
Fol. 184 a.

[5] A. optulit.

[6] A. *transposes*.

[7] A. bone serue.

[8] V. + et.

[9] A. supra.

offertorium.

Ueritas mea et misericordia mea cum ipso et in nomine meo *exaltabitur cornu* eius.

secreta

Hostias quas tibi offerimus domine propitius suscipe. et intercedente beato confessore tuo atque pontifice uincula peccatorum nostrorum absolue. per.

Fol. 184 b.

communio

Beatus seruus qui cum uenerit dominus inuenerit

uigilantem amen dico nobis super omnia bona sua constituet eam.

postcommunio

Diuini muneris largitate satiati quesumus domine deus noster intercedente beato. N. confessore tuo atque pontifice. eius semper participatione uiuamus.

[= R. alia Missa de eodem Communi. S. In natali uuius confessoris et doctoris. With variations.]

plurimorum confessorum.[1]

Sacerdotes dei benedicite dominum sancti et humiles corde laudate deum.
Benedicite omnia opera domini domino et super exaltate eum in secula.

Deus qui conspicis nos ex nostra infirmitate deficere. ad amorem tuum nos misericorditer. per sanctorum tuorum exempla restaura. per.

Heb. vii. 23-27.
Fol. 185 a.
¹ A. V. Et alii quidem.
ª A. V. om. ² A. V. idcirco.
ᴬ [Erasures have taken place, and these words have been partially rewritten, probably by a later hand.]
³ A. V. permanere.
ᵇ A. V. hic. ᶜ A. V. maneat.
⁴ A. perpetuo.
⁵ A. V. accedentes.
⁶ A. inpollutus.
⁷ A. peccatis. ᵈ V. quotidie.
ᵉ V. + transposes.
ᶠ A. V. populi.
ᵍ A. V. + semel.
ᵍ V. + ipsum. ᵒ A. om.
¹⁰·¹⁰ A. V. om.

ad ebreos.

Fratres ¹⋅ʼ plures facti sunt sacerdotes secundum ª legem ª⋅ʼ iccirca ² quod morte prohiberentur ᴬ permanente;³ ihesus ᵇ autem eo quod manet ᶜ in eternum⋅ʼ sempiternum habet sacerdotium; unde et saluare in perpetuum ⁴ potest⋅ʼ accedens ⁵ per semet ipsum ad deum ᴬ semper uiuens ad interpellandum ᴬ pro nobis; talis enim decebat. ut nobis esset pontifex⋅ʼ sanctus innocens impollutus ⁶ segregatus a peccatoribus.⁷ et excelsior celis factus; qui non habet cotidie ᵈ necessitatem ᵉ quemadmodum sacerdotes prius pro suis delictis hostias offerre⋅ʼ deinde pro populo;ᶠ hoc enim fecit ᵍ se ᵍ offerendo semel⁹⋅ʼ dominus ¹⁰ noster ihesu christus.¹⁰

Fol. 185 b.

gradale. Timete dominum omnes sancti eius quoniam nihil deest timentibus eum.

ᵇ Inquirentes autem dominum non deficient omni bono. Alleluia

ᵇ Sancti et iusti in domino gaudete uos elegit deus in hereditatem sibi.

secundum lucam.

Luc. xii. 36-40.
¹·¹ A. V. om.

²·² A. om

³ A. V. aperiant.
⁴ A. V. servi.

⁷ A. præcingit.

¹ In illo tempore⋅ʼ dixit dominus ihesus discipulis suis;¹ sint lumbi uestri precincti⋅ʼ et lucerne ardentes ² in manibus uestris;² et uos similes hominibus expectantibus dominum suum⋅ʼ quando reuertatur a nuptiis; ut cum uenerit et pulsauerit⋅ʼ confestim aperiat ³ ei; beati sui ⁴ illi⋅ʼ quos cum uenerit dominus inuenerit uigilantes; amen dico uobis⋅ʼ quod precinget ⁷ se et faciet illos discumbere. et transiens ministrabit illis; et si uenerit in secunda

uigilia⁶ uenerit et ita inuenerit⸵ beati sunt⁷ serui illi; hoc autem scitote quoniam si sciret pater familias qua hora fur ueniret⸵ uigilaret utique et non sineret perfodi⁸ domum suam: et uos estote parati⸵ quia qua⁹ non putatis filius hominis ueniet.

⁶ A. V. + et si in tertia vigilia.
⁷ A. om.
Fol. 186 a.   ⁸ A. perfodiri.
⁹ A. V. + hora.

offertorium
Letamini iusti in et iusti et omnes recti corde

secreta
Da nobis domine pure devotionis affectum et intercedentibus sanctis tuis etiam munera nostra propitius intuere. per.

communio
Ego uos elegi de mundo quia mundus odie uos habet. Sumpta munera domine sanctorum confessorum tuorum .N. et N. precibus santificationem nobis quesumus operentur⸵ per.

P. D. 91 b.

unius uirginis et martiris¹

Loquebar de testimoniis tuis in conspectu regum et non confundebar. et meditabor in mandatis tuis quo dilexi nimis
psalmus Beati immaculati.

Deus qui inter cetera potentiæ tuæ miracula etiam in sexu fragili uictoriam martirii contulisti⸵ concede propitius. ut cuius natalicia colimus. per eius ad te exempla gradiamur. per.

¹ [= R. pro virgine et martyre. S. In natali unius virginis et martyris. With variations.]

Fol. 186 b.

sapientie

¹ Domine deus meus¹ exaltasti super terram habitationem meam⸵ et pro morte defluenti² deprecata³ sum innocaui dominum patrem domini mei⸵ ut non derelinquat me in die tribulationis meæ⁴ in tempore superborum sine adiutorio; laudabo nomen tuum assidue⸵ et collaudabo illud in confessione et exaudita est oratio mea;⁴ liberasti me de perditione⸵ et eripuisti me de tempore in⁵ quo;⁵ propterea confitebor et laudem dicam nomini tuo⁶⸵ domine.⁷

Ecclus. li. 13-17.
¹·¹ V. om.
² V. defluente.
³ V. deprecatus.
⁴ V. + et.
⁵ V. iniquo.
⁶ V. om.
⁷ V. domini.

gradale. Propter ueritatem et mansuetudinem et iustitiam et deducet te mirabiliter dextera tua.
℣ Audi filia et uide et inclina aurem tuam quia concupiuit rex faciem tuam.
gradale. Qui seminant.
℟. ℟. Alleluia.
℣ Specie tua et tua intende prospere procede et.

¹ In illo tempore⸵ dixit dominus ihesus discipulis suis;¹ simile est regnum celorum the-

Fol. 187 a.
Mat. xiii. 44-52.
¹·¹ A. V. om.

sauro abscondito in agro:/ quem qui inuenit homo abscondit et pre gaudio illius uadit et uendit uniuersa que habet et emit agrum illum; iterum simile est regnum celorum homini negotiatori:/ querenti bonas margaritas inuenta autem una pretiosa margarita:/ abiit et uendidit omnia que habuit et emit eam; iterum simile est regnum celorum sangine[2] missę in mare:/ et ex omni genere piscium congregandi;[3] quam cum impleta esset educentes. et secus litus sedentes:/ elegerunt bonas[4] in uassa[5] sua.[6] malos autem foras miserunt; sic erit in consummatione seculi; exibunt angeli:/ et separabunt malos de medio iustorum. et mittent eos in caminum ignis; ibi erit. fletus et stridor dentium; intellexistis hec omnia? dicunt ei; etiam ait illis; ideo omnis scriba doctus in regno celorum similis est homini patri familias:/ qui profert de thesauro suo:/ noua et uetera.

[2] A. V. sagenæ.
[3] A. V. congreganti.
[4] A. V. bonos.
[5] A. V. vasa.   [6] A. V. om.
Fol. 187 b.

offertorium
Difusa est gratia in tuis *propterea benedixit te deus in.*

secreta
P.   Grata tibi sint quesumus domine munera quibus sanctę. N. martiris tuę magnifica passio recensetur. per

communio
Simile est regnum celorum homini negotiatori querenti bonas margaritas inuenta una pretiosa dedit omnia sua et comparauit eam.

postcommunio
Fol. 188 a. S. p. 886.   Redemptionis nostrę misteria sumentes domine deus ut beate. N. martiris tuę meritis muniamur et uisionis tuę gloria perfruamur. per dominum

Unius uirginis non martiris[1]

[1] [= R. Pro virgine tantum. S. In natali unius virginis non martiris. With variations.]

Dilexisti iustitiam et odisti iniquitatem propterea unxit te deus deus tuus oleo pre participibus tuis. Psalmus Eructauit cor.

Deus qui nos hodie beate. N. annua sollemnitate lætificas concede propitius ut eius adiuuemur meritis cuius castitatis irradiamur exemplis. per.

ad corintheos.
2 Cor. x. 17-xi. 2.
[1] A. V. om.   [2] A. V. + autem.
[a] V. se.

Fratres[1]:/ qui[2] gloriatur in domino glorietur; non enim qui semet[a] ipsum commendat ille probatus est:/ sed quem deus commendat; utinam sustineretis modicum quid insipientiæ

meæ: sed et subportate³ me; emulo⁴ enim uos dei emulatione; despondi⁵ enim uos uni uiro uirginem castam exhibere christo.   ³ A. V. supportate.
⁴ A. V. æmulor.
⁵ A. dispondi.

gradale. Difusa est gratia in *tuis propterea benedixit te deus* in.
Propter ueritatem et et et te *mirabiliter dextera* tua.   Fol. 188 b.
Alleluia
b *Specie* tua

euangelium
Mat. xiii. 44.
Simile est regnum celorum thesauro absconditio. rl.

offertorium
Difusa est gratia in *tuis propterea benedixit te.*
Annue quesumus omnipotens deus ut sacrificia pro sanctę. N. uirginis tuæ festiuitate oblata. desiderium nos temporale doceant habere contemptui: et ambire dona faciant celestium gaudiorum. per.   P.

communio.
Simile est regnum

postcommunio
Hec in nobis domine gratia tua semper exerceat ut et diuinis instaurat nostra corda misteriis. et sancte uirginis tuę. N. commemoratione lętificet. per.   S. p. 963.

Plurimarum uirginum¹

¹ [This Missa differs both from R. Plur. Virg. et Mart. and S. In natali plur. Virg.]

Gaudeamus omnes in domino diem festum celebrantes sub honore sanctorum uirginum de quarum sollennitate gaudent angeli et filium.
Psalmus Eructauit cor meum uerbum bonum.
Sanctarum uirginum tuarum quesumus domine supplicationibus tribue nos foueri. ut quarum uenerabilem commemorationem agimus earum intercessionibus commendemur et meritis. per.   Fol. 189 a.
P.

sapien[tię]
Sap. iv. 1, 2.   S. p. 728.
O quam pulcra¹ est casta generatio: cum claritate; immortalis est enim memoria illius: quoniam et apud deum nota est. apud homines; cum presens est imitantur illam: et desiderant eam cum seduxerit.² et in perpetuum coronata triumphat; in quo inquinatorum³ certaminum: primum⁴ uincens.   ¹ V. pulchra.
² V. se eduxerit.
³ V. incoinquinatorum.
⁴ V. præmium.

gradale Anima nostra. Alleluia.
b Adducentur regi *uirgines post eam proximas eius afferentur* tibi.

¹ In illo tempore: dixit dominus ihesus dis-   Mat. xxv. 1-13.   ¹¹ A. V. om.

cipulis suis parabolam hanc;[12] simile est[3] regnum celorum decem uirginibus:/ que accipientes lampades suas exierunt obuiam sponso et sponsæ; quinque autem ex eis erant fatuę:/ et quinque prudentes; sed quinque fatue acceptis lampadibus:/ non sumpserunt[4] oleum secum; prudentes uero acceperunt oleum in uasis[5] suis:/ cum lampadibus; moram autem faciente sponso dormitauerunt omnes:/ et dormierunt media autem nocte clamor factus est:/ ecce sponsus uenit exite obuiam ei; tunc surrexerunt omnes uirgines ille:/ et ornauerunt lampades suas; fatue autem:/ sapientibus dixerunt; date nobis de leo[6] uestro:/ quia lampades nostre extinguntur; responderunt prudentes dicentes; ne forte non sufficiant[7] nobis et nobis; ite potius ad uendentes et emite uobis; dum autem irent emere:/ uenit sponsus et que par₂te erant intrauerunt cum eo ad nuptias et clausa est ianua; nouissime uero[8] uenerunt[9] et relique uirgines:/ dicentes; domine domine:/ aperi nobis; at ille respondens:/ ait; amen dico uobis:/ nescio uos; uigilate ergo[10]:/ quia nescitis diem:/ neque horam.

offertorium
Offerentur regi *uirgines* post eam *proximæ* eius afferentur in *letitia*.

secreta
Attende quesumus domine munera altaribus tuis per sanctarum uirginum tuarum commemoratione proposita, ut sicut beata misteria illius gloriam contulisti:/ ita nobis indulgentiam largiaris. per

communio
Quinque prudentes uirgines acceperunt oleum in uasis suis cum lampadibus alleluia.

postcommunio
Respice domine propitius plebem tuam et quam diuinis tribuis participare sacramentis:/ sanctarum uirginum tuarum meritis ab omnibus absolue peccatis. per.,

Incipit ordo baptismi secundum * *

Inprimis interroget presbiter nomen infantis et sufflet in faciem eius tribus uicibus ita dicendo.

Exi satana redde honorem deo uiuo et uero. redde honorem iesu christo et filio et spiritu sancto paraclito.

Deinde faciat crucem cum pollice in fronte eius ita dicendo.

Signum crucis salvatoris domini nostri iesu christi in frontem tuam pono.

Deinde faciat crucem ita dicens

Signum crucis salvatoris domini nostri iesu christi in pectus tuum pono. super *
Signo oculos tuos ut uideas claritatem dei.
Signo aures ut audias uerbum dei.
Signo nares tuas ut percipias odorem sauitatis.
super os
Signo os tuum ut confitearis ei.
Signo cor tuum ut credas in eum.
Signaculum dei patris et filii et spiritus sancti qui te sanum et integrum faciet omni tempore uitæ tuæ tibi trado ut nullam habeat diabolus portionem in te. sed trinitas diuina reget te in uitam ęternam.,

Post hec ponat sacerdos manum suam super caput infantis masculi tam quam feminę faciens crucem in fronte eius et dicens.

Accipe signaculum dei patris et. et. s*piritus*

oratio

Omnipotens sempiterne deus pater domini nostri iesu christi respicere dignare super hunc famulum. N. quem ad rudimenta fidei uocare dignatus es omnem eccitatem cordis ab eo. expelle. dirumpe omnes laqueos satanę quibus fuerat colligatus aperi ei domine ianuam pietatis tuę ut signo sapientię tuę iinbutus omnium cupiditatum careat fetoribus. et ad suuem odorem preceptorum tuorum lętus tibi in ęcclesia tua deseruiat et proficiat de die in diem ut idonius efficiatur accedere ad gratiam baptismi tui percepta medicina. per.

Fol. 191 a.
[There are considerable variations here from the Ordo Baptismi in the S. Manual, and in the Rit. R.; comp. Greg. Sacr.; Grimoldi Sacr. in Pamelius *Liturg.* tom. ii.; Gerbertus, *Liturg.* Aleman. ii. 8.]

Fol. 191 b.

Fol. 192 a.

super masc*ulum* et fem*inum* similiter.

Preces nostras quesumus domine clementer exaudi et hunc electum tuum crucis dominicę cuius impressione cum signamus custodi ut magnitudinis glorię tuę rudimenta fidei seruans per custodiam mandatorum tuorum ad regenerationis gloriam peruenire mereatur. per.

Fol. 192 b.

oratio

Deus qui humani generis ita es conditor ut sis etiam reformator propitiare populis adoptiuis et nouo testamento sobolem nouę prolis ascribe ut filii promissionis quod non potuerunt assequi per naturam gaudeant se recepisse per gratiam. per dominum.

consecratio salis.

Exorcizo te creatura salis. in nomine dei patris omnipotentis et in caritate domini nostri ihesu christi et in uirtute spiritus sancti. exorcizo te creatura salis per deum uiuum per deum ue ✠ rum per deum sanctum qui te ad tutelam humani generis procreauit et populo uenienti ad credulitatem per seruos suos consecrari precepit. proinde rogamus te domine deus noster ut hec creatura salis in nomine sanctæ trinitatis efficiatur salutare sacramentum ad effugandum inimicum quam tu domine santificando sanctifices benediceu ✠ do benedi ✠ cas ut fiat omnibus accipientibus perfecta medicina permanes in uisceribus eorum in nomine domini nostri ihesu christi qui uen*turus*.

Fol. 193 a.

Deinde ponit de ipso sale in os infantis

Accipe salem. N. sapientię ut habeas uitam eternam. amen.

Dominus uobiscum

Deus patrum nostrorum deus uniuersę conditor creature[1] te supplices exoramus ut hunc famulum. N. respicere digneris propitius et hoc primum pabulum salis gustantem non diutius essurire permittas quatinus cibo expleatur celesti quatenus sit semper spiritu feruens spe gaudens tuo semper nomini seruiens perduc eum ad nouę regenerationis lauacrum et cum fidelibus tuis promissionum tuarum eterna premia consequi mereatur. per eundem.

[1] R. veritatis.

Fol. 193 b.

Deinde faciat crucem in fronte eius ita dicens

Accipe signaculum crucis in nomine patris et filii et spiritus sancti. amen.

tam super mares quam super feminas.

Deus abraam, deus isaac, deus iacob, deus qui moysen famulo tuo in monte sinai apparuisti et filios israhel de terra egipti eduxisti, deputans ei angelum pietatis tue qui custodiret eos die ac nocte, te quesumus domine ut mittere digneris sanctum angelum tuum, ut similiter custodiat et hunc famulum tuum, N. et perducat eum ad gratiam baptismi tui, per eum qui,

super mascu*los* tantum faciat crucem in fronte eius

Deus immortale presidium omnium postulantium, liberatio supplicum pax rogantium, uita credentium resurrectio mortuorum, te inuocamus domine super hunc famulum tuum qui baptismi tui donum petens eternam consequi gratiam spirituali regeneratione desiderat accipe eum domine, et qui dignatus es dicere, petite et accipite querite et inuenietis pulsate et aperietur uobis petenti itaque premium porrige, et ianuam pande pulsanti ut eternam celestis lauacri benedictionem consequtus promissa tui muneris regna percipiat per eundem.

expulsio diaboli.

Ergo maledicte diabole recognosce sententiam tuam et da honorem deo uero et uiuo, da honorem ihesu christo filio eius et spiritui sancto et recede ab hoc famulo dei, quia istum sibi deus et dominus noster ihesus christus ad suam sanctam gratiam et benedictionem fontemque baptismatis dono suo uocare dignatus est et hoc signum sanctę crucis quod fronti eius damus tu maledicte diabole nunquam audias uiolare. per.

super mascu*los* tantum canitur, et dicat sacerdos.

Accipe N. *signaculum domini.*

Audi male*dicte* satana adiuratus per nomen eterni dei et saluatoris nostri ihesu christi filii eius cum tua uictus inuidia, tremens gemensque discede, nihil tibi sit commune cum seruo dei iam celestia cogitante ac remunerante tibi et seculo tuo et beata immortalitate uicturo, da igitur honorem aduenienti spiritui sancto, qui ex summa celi arce descendens proturbatis fraudibus tuis diuino fonte purgatum pectus id est sanctificatum deo templum et habitaculum proficiat ut ab omnibus penitus preteritorum criminum liberatus seruus dei gratias perenni deo referat semper et. benedicat nomen eius in secula seculorum. amen. Ergo male*dicte* diabole.

Item super mares faciat crucem in frontibus eorum.

Exorcizo te immunde spiritus et nomine patris et filii et spiritus sancti. ut exeas et recedas ab hoc famulo dei. N. ipse enim tibi imperat[1] dampnate atque dampnande[1] qui pedibus super mare ambulauit et petro mergenti dexteram porrexit. Ergo male*dicte* diabole.

1.1 R. maledicte damnate.

Item super feminas faciat crucem

Fol. 195 b.

Deus celi deus terrę deus angelorum deus archangelorum. deus patriarcharum. deus profetarum. deus apostolorum. deus confessorum. deus martirum. deus uirginum. deus omnium bene uiuentium. deus cui omnis lingā confiteatur[1] et omne genu flectetur[2] celestium et terrestrium et infernorum. te inuoco ut liberes hanc famulam tuam. N. et perducere eam et custodire digneris ad gratiam baptismi tui. Ergo male*dicte*.

[1] R. confitetur.
[2] R. flectitur.

Item faciat crucem super feminas

P.

Deus abraam. deus isaac. deus iacob deus qui tribus israhel de ęgiptiaca seruitute liberatas per moysen famulum tuum de custodia mandatorum tuorum in deserto nonuisti et sussannam de falso crimine liberasti. te supplex deprecor domine ut liberes hanc famulam tuam. N. et perducere eam digneris ad gratiam baptismi tui. Ergo male*dicte*.

Item faciat crucem super feminas.

Fol. 196 a.

Exorcizo te immunde spiritus per patrem et filium et spiritum sanctum. ut exeas et recedas ab hac famula dei. N. ipse enim tibi imperat maledicte dampnate atque[1] damnande[1] qui ceco nato oculos aperuit et quadriduanum lazarum suscitauit de monumento. Ergo male*dicte*

[1] R. om.

Tam super masculos quam super feminas. crucem faciat.

Eternam ac iustissimam pietatem tuam deprecor domine sancte pater omnipotens ęterne deus qui es auctor luminis et ueritatis ut super hunc famulum tuum. N.[1] benedictionem tuam infundas et[1] digneris eum illuminare lumine et

1.1 R. om.

intelligentiç tuç munda cum et sanctifica, da ei
scientiam ueram ut dignus efficiatur accedere
ad gratiam baptismi tui. teneat firmam spem
consilium rectum doctrinam sanctam ut aptus
sit ad perficiendam[2] gratiam tuam, per eum
qui.

[2] R. percipiendam.

Hac expleta imponat sacerdos manum super caput
infantis et dicat
Dominus uobiscum.
R ei. Et cum spiritu tuo.

Fol. 196 b.

Et ponant circumstantes manus suas super corpus infantis   P.

sequentia sancti euangelii secundum marcum

[S. There is no gospel in the present R. Ordo.]
Marc. x. 13-16.

[1] In illo tempore[1]? offerebant ihesu[2] paruulos ut tangeret eos.[3] discipuli autem commina-
bantur offerentibus: quod cum uidisset[4] ihesus
indigne tulit et ait illis; sinite paruulos uenire
ad me et ne prohibueritis eos; talium est[a]
enim[5] regnum celorum.[5] amen dico uobis quis-
quis[6] non receperit regnum dei sicut[7] paruuli.[8]
non intrabit in illud; et complexans eos et
imponens manum[9] super illos benedicebat eos;

[1,1] A. V. Et.
[2] A. V. illi.
[3] A. V. illos.
[4] A. V. uideret.
[5] V. transposes.
[5] A. V. dei.
[a] A. quisque.
[7] A. V. uelut.
[8] A. V. parvulus.
[9] A. V. manus.

**Dicit sacerdos circumstantibus. cantate simbalum aposto-
licum. et orationem dominicam. postea imponat manum super
caput infantis et catacizet eum his**

Nec te lateat satana imminere tibi penas
imminere tibi tormenta imminere tibi diem
iudicii diem supplicii sempiterni diem qui uenturus est uelut clibanus ardens in quo tibi atque
uniuersis angelis tuis[1] çternus ueniet[1] interitus.
proinde dampnate atque damnande. da hono-
rem deo uino.[2] da honorem ihesu christo filio
eius et spiritu sancto[3] in cuius nomine atque
uirtute precipio tibi quicumque spiritus immunde ut exeas et recedas ab hoc famulo dei.
N. quem hodie[4] dominus noster ihesus christus
ad suam sanctam gratiam et benedictionem
fontemque baptismatis dono suo uocare dignatus est ut fiat eius templum per aquam regenerationis in remissionem omnium peccatorum
in nomine domini nostri ihesu christi qui uenturus est iudicare.

Fol. 197 a.

[1,1] R. præparatus sempiternus erit.
[2] R. + et vero.
[3] R. + Parclito.
[4] R. + idem deus et.

**Deinde cum digito tangat nares et aurea de aputo[1] et dicat ei
ad aurem dextram. et ad narem.**

[1] R. saliva.

Effeta quod est adaperire in odorem sanitatis.

ad aurem dextram

Missale Vetus

Tu autem effugare diabole.

et ad aurem sinistram

Fol. 197 b.

Appropinquauit enim indicium dei. Benedictio dei patris et filii et spiritus sancti descendat super te et maneat semper tecum.

Sacerdos intrat in templum cum infante et cum circumstantibus et dicat.

1.1 R. ut habeas partem cum Christo in vitam æternam.

Ingredere in templum dei[1] uiui ut habeas uitam çternam et uiuas in secula[1]

Sacerdos accedat ad fontem et benedicat eum his uerbis.

Exi satanas da honorem deo uiuo fuge spiritus immunde da locum spiritui sancto paraclito
Kyrri eleyson. christe eleyson. christe audi nos.
Pater de celis deus miserere nobis.
Filii redemptor mundi deus miserere nobis.
Spiritus sancte deus   Sancte raphael
  misere nobis

There is a similar Lit. in the Baptismal Office in the "Rede Boke of Darbye," MS. sæc. xi. C.C.CC.

Sancta trinitas unus deus.	Sancte iohannes baptista ora
Sancta maria ora pro.	Sancte petre ora
Sancta uirgö uirginum. ora	Sancte paule ora
Sancta dei genitrix. ora	Sancte andrea ora
Sancte michael	Sancte iohannes ora
Sancte gabriel	Sancte iacobe ora
Sancte pilippe ora	Sancte cipriane ora

Fol. 198 a.

Sancte bartholomee ora	Sancte laurenti ora
Sancte mathee ora	Sancte georgi ora
Sancte toma ora	Sancte martine ora
Sancte iacobe ora	Sancte siluester ora
Sancte simon ora	Sancte leo ora
Sancte tathee ora	Sancte hilarii ora
Sancte mathia ora	Sancte ambrosii ora
Sancte barnaba ora	Sancte augustine ora
Sancte luca ora	Sancte hironime ora
Sancte marce ora	Sancte grigorii ora
Sancte zep'ane ora	Sancte benedicte ora

[1] Apostle of Ireland, d. 493.
[2] Abbot of Iona, d. 597.
[3] Abbot of Clonfert, d. 577.
[4] Abbot of Clonard, d. 552.
[5] Abbot of Clonmacnoise, d. 548.
[6] Irish abbot, d. 653.

Fol. 198 b.

Sancte line ora	Sancte patricii[1] ora
Sancte anclete ora	Sancte columbe[2] ora
Sancte clemens ora	Sancte brendine[3] ora
Sancte ignati ora	Sancte finniane[4] ora
Sancte xiste ora	Sancte ciarane[5] ora
Sancte cornelii ora	Sancte fursee[6] ora
Sancte paule ora	Sancta anastassia ora
Sancte antoni ora	Sancta eugenia ora

Sancte nicolai   ora   Sancta lucia   ora
Sancta felicitas   ora   Sancta scholastica ora
Sancta perpetua   ora   Sancta petronilla ora
Sancta agatha   ora   Sancta margareta ora
Sancta agna   ora   Sancta brigida   ora
Sancta cicilia   ora   Omnes sancti orate pro nobis

Propitius esto parce nobis domine.
Propitius esto libera nos domine. Ab omni malo
A clade et peste et fame *libera nos domine*
Ab hoste malo *libera nos domine*.
A periculo mortis *libera*.
Ab ira tua *libera*.
Per crucem tuam *libera nos domine*.
Peccatores te rogamus audi *nos*.
Ut pacem nobis dones te *rogamus audi nos*.
Ut sanitatem nobis *dones te rogamus audi nos*.
Ut aeris temperiem *nobis*
Ut remissionem omnium peccatorum nobis *dones*.
Ut *domnum* apostolicum in sancta relegione conseru*are* di*gneris*.
Ut ei uitam et sanitatem atque uictoriam concedere di*gneris* Fol. 199 a.
Ut dominum illum regem et exercitum chris- See Introd. p. 47.
tianorum in perpetua pace et prosperitate di*g*-
neris.
Ut populo christiano pacem et unitatem concedere di*gneris*.
Ut çclesiam tum sublimare di*gneris*.
Ut istam congregationem in sancta relegione conseru*are* di*gneris*
Filii dei te rogamus audi nos.
Agne dei qui tollis peccata *mundi* parce *nobis* domine
Agne dei qui tollis pec*cata* mun*di* exa*udi* *nos* domine.
Agne dei qui tollis pec*cata* mun*di* miserere nobis
Christe audi nos. Kyr*ri eleyson*. Christe.
Kyrri el*eyson*
Dominus nobiscum. Et cum.

Incipit consecratio fontis.

Omnipotens sempiterne deus. adesto magne

	pietatis tuę misteriis adesto sacramentis et ad recreandos nouos populos quons *tibi* fons baptismatis parturit spiritum adoptionis immitte
Fol. 199 b.	humilitatis nostrę gerendum est misterio tuę uirtutis impleatur effectu. per.
	Dominus nobiscum ℟. Et cum spiritu tuo Sursum corda.
¹ R. S. habemus.	℟. Habeamus ¹ ad dominum.
	Gratiam agamus domino deo nostro.
	℟. Dignum est iustum est
	U. D. et iustum est ęquum et salutare nos tibi semper et ubique gratias domine sancte pater omnipotens ęterne deus. qui inuisibili potentia sacramentorum tuorum mirabiliter operaris effectum. et licet nos tuis misteriis exequendis simus indigni tu tamen gratię tuę dona non deserens etiam ad nostras preces aures tuę pietatis inclinas. deus cuius spiritus super aquas inter ipsa mundi primordia ferebatur ut tunc iam uirtutem sanctificationis aquarum natura conciperet. Deus qui nocentis
Fol. 200 a.	mundi crimina per aquas regenerationis abluens speciem in ipsa diluuii effusione signasti ut unius eiusdemque elementi misterio et finis esset uitiis et origo uirtutibus. respice ergo quesumus domine in facie ęclesię tuę et multiplica in ea regenerationes tuas qui gratię tuę affluentis impetu letificas ciuitatem tuam fontemque baptismatis operis toto orbe terrarum gentibus innouandis ut tuę maiestatis imperio sumat unigeniti tui gratiam de spiritu sancto.
	hic tangat aquam in modum crucis.
¹ R. numinis.	Qui hanc aquam regenerandis hominibus preparatam arcana sui luminis ¹ admixtione fecundet ut sanctificatione concepta ab immaculato diuini fontis utero in nouam renatam creaturam progenies emergat celestis. et quos
Fol. 200 b.	aut sexus in corpore aut ætas discernit in tempore omnes in unam pariat gratia mater infantium
	Hic sufflat ter in aquam
P.	Procul ergo hinc iubente te domine omnis immundus spiritus.
P.	**iterum sufflat ter in aquam**
	Procul tota nequitia diabolicę fraudis absistat.
P.	**atque iterum sufflat ter in aquam**
	Nihil hic loci habeat contrarię uirtutis ad-

mixtio non insidiando circumuolet non latendo
subripiat.² non inficiendo corrumpat. sit hec   ² S. surrepat.   R. subrepat.
sancta et innocens creatura. libera ab omni
impugnatoris incursu et totius nequitię purgata
discessu.

Hic eleuat sacerdos aquam super manum dex*tram*.

Sit fons uiuus aqua regenerans unda puri-
ficans ut omnes hoc lauacro diluendi salutifero
operante in eis spiritu sancto perfectę purgationis indulgentiam consequamur. per.

hic aquam mittit in fontem.

Unde benedico te creatura aquę per deum   Fol. 201 a.
uiuum per deum uerum per deum sanctum per
deum qui te in principio uerbo separauit ab
arida cuius spiritus super te ferebatur qui te
de paradiso manare precepit.

Hic aquam in .iiii. partes diuiditur in modum hu + ius figure.

Et in quatuor fluminibus totam terram rigare
precepit qui te in deserto amaram sanitate
indita fecit esse potabilem et sitienti populo
de petra produxit. benedico te et per ihesum
christum filium eius unicum dominum nostrum
qui te in channan galileę signo admirabili suę
potentię conuertit in uinum qui pedibus super
mare ambulauit et ab iohanne in iordane in te
baptizatus est qui te una cum sanguine de latere
suo produxit et discipulis suis iussit ut credentes in te baptizarentur dicens. ite docete   Fol. 201 b.
omnes gentes baptizantes eas in nomine patris
et filii et spiritus sancti.

hic motat uocem quasi lectionem legens.

Hec nobis domine precepta seruantibus tu
deus omnipotens clemens adesto tu benignus
aspira.

Hic sufflat ter in aquam.

Tu has simplices aquas tuo ore benedicito
ut preter naturalem emundationem quam lauan-
dis posuit¹ adhibere corporibus sint etiam puri-   ¹ S. possint. R. possunt.
ficandis mentibus efficaces. per.

Hic deponit in aquam guttas ardentes cereę in modum crucis¹   ¹ S.

Descendat in hanc plenitudinem fontis uirtus
spiritus sancti et totam huius aquae substantiam ¹ ² regenerandis hominibus preparatam   ¹ ² R. S. om.
arcano sui luminis³ fecundet effectu   ³ R. S. + regenerandi.

Missale Vetus

¹ R.

<small>Hic sufflat tribus uicibus in aquam in similitudinem huius figurę¹</small>

Fol. 202 a.

℣ Hic omnium maculę peccatorum deleantur hic natura ad imaginem tuam condita et ad honorem sui reformata principii cunctis uetustatis selaloribus emundetur ut omnis homo hoc sacramentum regenerationis ingressus in uerę innocentię nouam infantiam renascantur.

P.

<small>Tunc spargat aquam super circumstantes et qui uoluerint accipiant aquam in uassis suis ad spergendum ubi uoluerint. postea dicat hanc orationem.</small>

Sanctificetur et fecundetur fons iste salutis in nomine patris et filii et spiritus sancti ex eo renascentibus in uitam eternam. amen

<small>Hic mittitur de oleo sancto in aquam in modum crucis.</small>

Coniunctio olei unctionis et aquæ baptismatis in nomine patris et filii et spiritus sancti.

<small>Hic mittat crisma solum in fontem.</small>

Coniunctio crismatis huius sanctificationis et olei unctionis et aquę baptismatis in nomine patris et filii et spiritus sancti.

P.

<small>Ponant circumstantes manus super caput infantis deinde accipiat sacerdos manum dextram infantis et * * * *</small>

Fol. 202 b.

Abrenuntias satanę. N. ℟
<small>* dicit sacerdos</small> Et omnibus pom * *
Abrenuntio
<small>Iterum sacerdos dicit.</small> Et *
℟ Abrenuntio
<small>Sacerdos * *</small>

Credis in deum patrem omnipotentem
℟ Credo.
<small>iterum interrogat.</small>
Credis in * christum filium eius unicum dominum
℟ Credo
<small>Et iterum interrogat</small>

¹ R. + et.
² R. om.

Credis et in spiritum sanctum sanctamque ęclesiam catholicam sanctorum communionem remissionem peccatorum carnis resurrectionem¹ mortuorum² in² uitam eternam.
℟ Credo

<small>Hic * infans. postea tangat * *
*   de oleo exorciza
*   faciat   *   uocato nomine *</small>

Et ego te linio * oleo salutis in * ihesu domino nostro

Hibernicum.

Et accipiat prespiter
* * * * * *
* * * * *
b a
as ęternam uitam et uiuas in secula seculorum.

[* A leaf is missing here.]
Fol. 203 a.

Hic uestitur infans. et si episcopus fuerit statim confirmare eum crismate oportet.[1]

oratio

Omnipotens sempiterne deus ^{qui} regenerasti famulum tuum ex aqua et spiritu sancto quique dedisti ei remissionem omnium peccatorum tribue continuam sanitatem et ueram scientiam ad cognoscendam unitatis tuæ ueritatem. per dominum.

oratio

Omnipotens sempiterne deus maiestatem tuam supplices deprecamur ut hunc famulum tuum. N. digneris serenis aspectibus presentare et cui donasti baptismi sacramentum longeuam tribuas ei sanitatem. per.

[1] There is a similar rubric in the Missal of Robert of Jumièges at Rouen; S. Man.; "Rede Book of Darbye;" and in Ordines Bapt. xi. xii. in Marteno de *Ant. Ec. Rit.* i. i. 18, in all of which communion as well as confirmation is ordered.
P.
P.

Fol. 203 b.
[Ordo ad faciendam aquam benedictam. Rit. Rom.]

Exorcizo te creatura salis per ✠ deum uiuum. per ✠ deum uerum. per ✠ deum sanctum. per deum qui te per helesseum profetam in aquam mitti iussit. ut sanaretur sterilitas aquę. ut efficiaris sal exorcizatum in salutem. et sis omnibus te sumentibus sanitas animę et corporis ⁊ et effugiat atque discedat ab eo loco quo aspersum fueris omnis fantasie et nequitia uel uersutia diabolice fraudis ⁊ omnis que spiritus inmundus adiuratus; per eum qui *uenturus*.

oratio

Fol. 204 a.

Immensam clementiam tuam omnipotens ęterne deus humiliter imploramus; ut hanc creaturam salis quam in usum generis humani tribuisti. bene ✠ dicere et sancti ✠ ficare tua pietate digneris. ut sit omnibus sumentibus salus mentis et corporis; et quicquid ex eo tactum uel respersum fuerit careat omni immundita ⁊ omnique impugnatione spiritualis nequitię; per uirtutem eiusdem domini nostri ihesu christi.

[* Exorcismus?]

* aquae

Exorcizo te creatura aquę in nomine dei pa ✠ tris omnipotentis; et in nomine ihesu christi filii eius do ✠ mini nostri; et in uirtute spiritus sancti ⁊ ut fias aqua exorcizata. ad effugandam omnem potestatem inimici; et ipsum inimicum eradicare et explantare ualeas cum angelis suis apostalicis. per uirtutem eiusdem domini.

oratio.

¹ Condidisti [added by a later hand on the margin].
Fol. 204 b.

ᴬ [Expetita has been written after and over nominis by a later hand.]

Deus qui ad salutem humani generis maxima queque sacramenta in aquarum substantia¹ adesto propitius inuocationibus nostris et elemento huic multimodis purificationibus preparato uirtutem tuę benedictionis infunde; ut creatura ministerii tui tibi seruiens ad abiiciendos demones morbosque pellendos. diuinę gratię sumat effectum ⁊ ut quicquid in domibus uel in locis fidelium hec unda resperserit. careat omni immunditia; liberetur a noxa ⁊ non illic resideat spiritus pestilens ; non aura corrumpens ⁊ discedant omnes insidię latentis inimici; et si quid est quod aut incolomitati habitantium inuidet aut quieti; aspersione huius aquę effugiat ⁊ ut salubritas per inuocationem sancti tui nominisᴬ ab omnibus sit impugnationibus defensa. per.

hic mittit sal in aquam

Hibernicum.

Commixtio salis et aquę pariter in nomine patris et filii et spiritus sancti.
dominus uobiscum
Deus inuictæ uirtutis auctor. et insuperabilis imperíí rex ac semper magnificus triumphator qui aduersę dominationis uires reprimis qui inimici rugientis scuitiam superas; qui hostiles nequitias potens expugnas; te domine trementes et supplices deprecamur ac petimus: ut hanc creaturam salis et aquę dignanter accipias; benignus illustres. pietatis tuę more[1] sanctifices: ut ubicumque fuerit aspersa per innocationem sancti tui nominis. omnis infestatio inmundi spiritus abiiciatur; terrorque uenenosi serpentis procul pellatur: et presentia sancti spiritus nobis misericordiam tuam poscentibus ubique adesse dignetur. per uirtutem eiusdem domini nostri. ihesu. christi. qui.

Fol. 205 a.

[1] R. rore.

ad processionem

Asperges me domine isopo et cetera
℣ Ostende *nobis* domine
preces. Domine exaudi orationem meam.
Dominus uobiscum.

[Benedictio domorum. Rit. Rom.]

oratio

Exaudi nos domine sancte pater omnipotens ęterne deus et mittere digneris sanctum angelum tuum de celis. qui custodiat foueat protegat uisitet ac defendat omnes habitantes in hac domu. per.

Fol. 205 b.

benedictio domus ubi infirmus iacet.

Pax huic domui et omnibus habitantibus in ea pax ingredientibus et regredientibus atque ad nostrę humilitatis introitum infirmus iste pristinam consequatur salutem

oratio

Adesto domine supplicationibus nostris et hanc domum serenis oculis tuæ pietatis illustra ut discendat super omnes habitantes in ea gratię tuæ larga benedictio ut in his manu sanctis[1] habitaculis cum salubritate manentes ipsi tuum semper sint habitaculum. per eum qui. *uerus* est.

This and the next two Collects occur in the S. Ordo fammlos Dei includendi.

[1] S. factis.

oratio.

Exaudi nos domine sancte pater omnipotens ęterne deus ut si qua sint aduersa si qua

Ib.

Fol. 206 a.

con * ria in hac domu famuli tui auctoritate maiestatis tuae pellantur. per cum.

Ib. Benedic omnipotens deus domum istam ut sit nobis in ea sanitas sanctitas uirtus sanctimonia humilitas bonitas benignitas mansuetudo et plenitudo legis. et obedientia deo patri et filio et spiritui sancto. et sit benedictio super hanc domum et super omnes habitantes in ea. per.

[Visitatio infirmi.]

[This office exhibits many variations from the offices of R. Rit. and S. Man.]

hic sacerdos interroget de credulitate sua dicens.

Credis in deum patrem et filium et spiritum sanctum.

℣ Credo

interrogat iterum

Credis quod istæ tres personę quas modo diximus pater et filius et spiritus sanctus tres personę sunt et unus deus.

℣ Credo

iterum interrogat eum.

Credis quod in ipsa carne in qua nunc es resurgere habes in die iudicii et recipere siue bonum siue malum quod egisti.

℣ Credo

iterum interrogat eum.

Fol. 206 b.   Uis dimittere eis qui in te peccauerint domino dicente si non remisseritis hominibus peccata eorum neque pater uester celestis dimittet uobis peccata uestra.

Si respon*dit*. Tunc predica ei ut se obseruet ab .viii. principalibus uitiis. id est superbia. ira. fornicatione. auaritia. tristitia. uentris ingluuie. inani gloria et quecunque ex his nascuntur. faciat eum confiteri peccata sua et ad ultimum dicere. Multa sunt peccata mea in factis in uerbis in cogitationibus et in omnibus operibus malis. Deinde osculetur a cunctis.

Kyrri eleyson.
Pater noster.
Saluum fac seruum tuum
Mitte ei domine
Esto ei domine turris fortitudinis
Domine exaudi orationem
Dominus uobiscum. et.

Oremus dominum nostrum ihesum christum dilectissimi fratres et cum omni intenta supplicatione deprecamur ut hunc famulum suum. N.

Fol. 207 a.   per angelum sanctum suum uisitare et letificare atque confortare dignetur. qui cum.

Deus qui famulo tuo ezechię. ter. quinos annos ad uitam donasti ita et famulum tuum a lecto erigat ad salutem.

Respice domine famulum tuum in infirmitate
sui corporis laborantem et hominem refoue
quem creasti ut castigationibus emendatus continuo
sentiat tua medicina saluatum.

oratio
Domine sancte pater omnipotens ęterne deus
qui fragilitatem conditionis nostrę infussa uirtutis
tuę dignatione confirmas ut salutaribus
remediis pietatis tuę corpora nostra et membra
uegitentur super hunc famulum tuum propitiatus
intende ut omni necessitate corporeę
infirmitatis exclusa gratię in eo pristinae sanitatis
perfecta reparetur. per.

Omnipotens sempiterne deus qui subuenis in
periculis et necessitate laborantibus maiestatem
tuam suppliciter exoramus ut mittere digneris
sanctum angelum tuum qui famulum tuum in
angustiis et necessitatibus laborantem consolationibus
piis attollat quibus et de presenti consequatur
auxilium et eterna remedia comprehendat. per.

oratio
Deus qui facture tuę pio semper dominaris
affectu inclina aurem tuam supplicationibus
nostris et famulum tuum ex aduersa ualitudine
corporis laborantem placatus respice et uisita
in salutari tuo ac celestis gratię presta medicinam. per.

Deus misericors deus clemens qui secundum
multitudinem miserationum tuarum peccata
penitentiam deles et preteritorum criminum
culpas uenia remissionis euacuas qui indulgentiam
tuam nulla temporum lege concludis sed
pulsantibus misericordię tuę ianuam aperis
penitentes sub ipsius uitae termino non repellis
respice propitius super hunc famulum tuum remissionem
sibi omnium peccatorum tota cordis
contritione poscentem renoua in eo piissime
pater quod actione quod uerbo quod ipsa denique
cogitatione diabulica fraude uitiatum est
et unitati corporis ęcclesię membra tuae redemptionis
adnecte miserere domine gemitum miserere
lacrimarum et non habentem fiduciam nisi
in tua misericordia ad sacramentum reconciliationis
admitte quia nullius animę in hoc corpore
constitutę dificilis apud te aut tarda • catia
est fidelis enim es in uerbis tuis. qui conuersum
peccatorem non per longa temporum spatia

differendum sed mox ut ingemuisset dixisti esse saluandum. per.

antifona Saluator mundi salua nos omnes sancta dei genitrix uirgo semper maria ora pro nobis precibus.que sanctorum apostolorum martirum confessorum atque uirginum suppliciter petimus ut nos a malis omnibus mereamur erui bonisque omnibus nunc et semper perfrui mereamur.

Psalmus. dominus nobiscum.

oratio.

Omnipotens sempiterne deus qui per beatum iacobum apostolum tuum dixisti si quis infirmatur in uobis inducat prespiteros ecclesie et orent super eum ungentes eum oleo sancto nomine domini et oratio fidei saluau*it* infirmum et alleuabit eum dominus. et si in peccatis sit dimittentur ei. te suppliciter exoramus ut hic famulus tuus per ministerium sanctę unctionis et donum tuę sanctę pietatis peccatorum suorum ueniam consequi et ad uitam eternam peruenire mereatur. qui cum.

Sacerdote accedente ad infirmum incipiat iste

Psalmus Usque quo domine *obliuisceris.*[1]

quo decantato unget eum de oleo sancto et faciat crucem super oculos ita dicens.

Per istam unctionem et suam piissimam misericordiam indulgeat tibi dominus quicquid peccasti per uisum. amen.

psalmus Exaltabo te domine.[2]

super aures.

Per istam unctionem et suam. *peccasti* per auditum

psalmus. Iudica me deus discerne.[3]

Per istam unctionem et. peccasti per odoratum

psalmus Deus in nomine[4]

super labia.

Per istam unctionem et per gustum et per illicita uerba.

psalmus Deus in ad*iutorium*[5]

super manus.

Per istam unctionem et per tactum

psalmus Inclina domine[6]

super pedes.

Per istam unctionem per incessum.

psalmus Domine deus salutis[7]

Fol. 208 b.

[Ordo minist. Sacr. Extremæ Unctionis.]
This Coll. occurs at the close of the R. office, but has been placed here in the revised old Catholic Rit.

The following Pss. are in the S. Man. The R. Rit. substitutes the seven penitential Pss., or other prayers.
[1] Ps. xii.

Fol. 209 a.

[2] Ps. xxix.

[3] Ps. xlii.
[4] Ps. liii.

[5] Ps. lxix.

[6] Ps. lxxxv.

[7] Ps. lxxxvii.

<small>super umbilicum et cor.</small> P.

Per istam unctionem per illicitas cogitationes
et per ardorem libidinis

<small>erigens se sacerdos dicat.</small> S.

In nomine patris et filii et spiritus sancti. sit
olei unctio ad purificationem mentis et corporis
et ad munimen et defensionem contra iacula
immundorum spirituum.
Psalmus. Domine cla*maui*.¹ ¹ Ps. cxl.

<small>Interim ablutis manibus dicat.</small> P.

Domine deus saluator noster qui es uera   S. Man. Fol. xcvi.
salus et medicina et a quo omnis sanitas et
medicamentum uenit quique nos apostoli tui Fol. 209 b.
iacobi documento instruxisti ut langidos olei
liquore orantes ungeremus. respice propitius
super hunc famulum tuum. et quem langor
curat ad exitum et uirium defectus trahit ad
occassum medela gratiç tuç saluti restituat
castigatum extingë in eo clementissime deus
omnium febrium estus dolorum stimulos et
cunctorum langorum cruciatus niscerum quoque et secretorum interna medica atque medularum sana discrimina. compagum etiam et
artuum dele cicatrices ueteres et accerrimas
compesce passiones. reformetur in eo carnis ac
sanguinis quam creasti perfecta materies. sicque
illum iugiter tua custodiat pietas. ut nec aliquando ad corruptionem sanitas. nec ad per-
ditionem perducat infirmitas sed fiat illi hec
olei sacra perunctio concita morbi presentis. et Fol. 210 a.
langoris expulsio et peccatorum exoptata remissio. per te saluator mundi. qui cum.

ab communicandum infirmum.

Domine sancte pater omnipotens eterne deus
te suppliciter deprecamur ut accipienti huic
fratri nostro sacrosanctum corpus et ¹sangi-   ¹ R. om.
nem¹ filii tui domini nostri ihesu christi tam
corporis quam animç sit salus. amen.
psalmus Lauda a*nima*²   ² Ps. cxlv.
Deus qui peccatores scelerum onere uulne-   P.
ratos sacerdotibus tuis ostendere iussisti. deus
qui discipulis tuis ut bene haberent manus
super infirmos ponere precepisti. deus qui per
apostolos tuos infirmos oleo ungere et pro eis
orare docuisti. deus qui per impositionem sacer-

dotum manus cum sancti tui nominis inuocatione peccata relaxari uoluisti. exaudi orationes nostras et huic famulo tuo. N. infirmitatis noxa oppresso per hoc sacrum misterium quod nos indignos famulos tuos agere uoluisti remissionem omnium peccatorum largire. quatenus per hanc sacri olei unctionem et corporis ac sanguinis tui. perceptionem. atque manus nostrę impositionem cuncta ei facinora sancti spiritus gratia relaxentur sanitas animę et corporis restituatur ut non ei plus noceat conscientia reatus ad penam quam indulgentia tuae pietatis prosit ad emendationem et ueniam. te concedente saluator mundi. qui cum patre in unitate

Benedicat te deus pater sanct te dei filius illuminet te spiritus sanctus corpus tuum custodiat animam tuam saluet cor tuum irradiat sensum tuum dirigat et ad sempiternam patriam te perducat qui in trinitate perfecta uiuit et regnat.

Benedicat te deus celi adiunet te christus filius dei corpus tuum in suo sancto scruitio custodiri et conseruari faciat mentem tuam illuminet sensum tuum custodiat gratiam suam ad perfectum animę tuae in te augeat et ab omni malo te liberet omnia peccata tua deleat dextra sua te defendat qui sanctos suos semper adiuuat ipse te adiuuare et conseruare dignetur. qui cum patre.

Benedicat te deus pater qui in principio cuncta creauit, benedicat te deus filius qui de supernis sedibus pro nobis saluandis descendit et crucem subire non recussauit. benedicat te spiritus sanctus qui in similitudine columbe in flumine iordane in christo requieuit ipseque te in trinitate sanctificet quem omnes gentes uenturum expectant ad iudicium. qui cum deo patre in.

Absoluimus te uice beati petri apostolorum principis cui dominus potestatem ligandi atque soluendi dedit et * ad te pertinet accussatio et ad nos remissio sit tibi omnipotens uita et salus et omnium peccatorum tuorum indultor et qui dedit tibi compunctionem cordis. det ueniam peccatorum longeuamque tibi atque felicem uitam in hoc seculo largiatur et in futuro cum christo et cum omnibus sanctis eius sine fine manentem per eundem saluatorem nostrum qui uiuit et regnat per * .

<small>Cum anima sit in exitu sui dissolutione corporis uisa fuerit laborare tunc omnes fratres cum summa uelocitate occurrant canendo moderata uoce. Credo in unum deum. Cum uero illuc peruenerint cantent. uii. psalmos penitentiales sine gloria. sed subiungant hoc capi*tul*um.</small>

[Three blank lines are left at the bottom of fol. 211 b.]

Parce domine parce famulo tuo quem redimere dignatus es pretioso sangine tuo ne in ęternum irasceris ei.

Fol. 212 a.
[Ordo commendationis animæ.]

<small>Hoc dicatur tribus uicibus tam a presbitero quam a toto conuentu ita ut presbiter prius dicat.,</small>

Pater de celis miserere animæ famuli tui
Filii redemptor mundi deus miserere animæ eius.
Spiritus sancte deus miserere animæ eius.
Sancta trinitas unus deus miserere animæ eius.
Ipse qui es trinus et unus deus miserere animę eius.
Sancte saluator mundi deus miserere animæ eius.
Sancta maria intercede pro anima eius.,
Sancta dei genitrix intercede pro anima eius.
Sancta uirgo uirginum intercede pro anima eius.
Sancte michael intercede pro anima eius.
Sancte gabriel intercede pro anima eius.
Sancte raphael intercede pro anima eius.
Omnes sancti angeli et archangeli intercedite. pro.
Omnes sancti beatorum spirituum ordines intercedite pro anima eius
Omnes sancti patriarćę et prophete intercedite. pro.

S. Man. Fol. xcix [with variations]. See Lit. in Codex Gemmeticensis in Martene de Rit. Ec. Antiq. iv. 1094.

Fol. 212 b.

Sancte petre intercede. pro.
Sancte paule intercede pro
Sancte andrea intercede pro.
Sancte iohannes intercede pro
Sancte iacobe intercede pro.
Sancte p'ilippe intercede
Sancte mathee intercede. pro.

Sancte zephane intercede. pro.
Sancte clemens intercede. pro.
Sancte sixte intercede pro.
Sancte corneli intercede. pro.
Sancte cipriane. intercede pro
Sancte laurentii intercede pro
Sancte uincenti intercede. pro.

Sancte marce intercede. pro.
Sancte lucas. intercede. pro.
Sancte barnabba intercede
Omnes sancti apostoli et euangelize intercedite
Omnes sancti innocentes intercedite. pro

Sancte georgi intercede pro.
Sancte sebastiane intercede
Sancte cristofore. intercede pro
Sancte dionisi cum sociis tuis intercede pro.

Sancte muricii cum sociis tuis intercede.

[The Lit. ends here abruptly, the last leaf of this gathering, as well as the first (p. 203), being lost.]

INDEX

OF

COLLECTS, SECRETS, AND POSTCOMMONS FOUND IN THE CORPUS, AND NOT IN THE ROMAN AND SARUM MISSALS.

COLLECTS.

	Page
beati Zephani protomartiris tui q. dne	75
celorum atque terrarum conditor et gubernator	147
D. o. D. Abraham. D. Isaac D. Jacob. immitte	126
D. qui ecclesiam tuam b. s. apostoli tui	178
„ Ierusalem ueniens rex appellari	106
„ peccati ueteris hereditariam	121
„ sanctum Patricium Scotorum apostolum	150
„ unigenito filio tuo Dno. n.	106
inclina Dne aures pietatis tue et exaudi	69
o. Dne ut animæ famuli tui s. cujus	70
o. s. D. edificator et custos supernæ	67
presta q. o. D. ut qui b s. martiris tui	181
propitiare q. D. nobis famulis tuis per sanctorum	63
q. o. ut b. apostolus s. tuum pro nobis	177
sanctarum uirginum tuarum q. Dne supplicationibus	191

SECRETS.

adesto Dne. supplicationibus nostris et hanc	70
annue q. o. D. ut sacrificia pro sancto	191
ecclesiae tuæ q. Dne. preces et hostias b. Brigidæ	147
eius tibi precibus Dne. q. grata reddatur	186
grata sit tibi D. hec oblatio munerum	67
grata tibi sint q. Dne. munera quibus	190
hostias tibi quas in honore s. Patricii	150
intercessio q. Dne. b. s. apostoli tui munera	177
munus oblatum q. Dne. propitiatus attende	179
o. s. D. respice propitius in hos famulos tuos	69
suscipe Dne hec munera pro animabus	77
„ „ q. pro animabus famulorum	74
„ q. Dne hostias placationis et laudis quas	75
suscipiat clementia tua q. de munibus nostris munus	63

POSTCOMMONS.

adiuvent nos q. Dne hec misteria sancta	147
ascendant ad te Dne preces nostræ ut animas	76
celesti munere sacrati q. o. D. tua nos protectione	61

	Page
da nobis misericors D. eius presenti festiuitato	150
da q. famulis tuis N. sperata suffragia	69
D. infinitæ misericordiæ et maiestatis immensæ	65
diuina libantes quo pro sanctorum confessorum	63
exaudi nos o. D. ut quod nostro ministratur	84
hec nos communio. Dne purget a crimine	62
o. D. uniuersitatis auctorem suppliciter	150
o. s. D. collocare digneris animam et spiritum	71
„ qui huius diei uenerandam	179
plebs tua Dne. capiat sacræ benedictionis	66
presta Dne. sacramentis b. apostolo tuo	179
propitiare Dne supplicationibus nostris ut animas	74
protege nos Dno subsidiis pacis mentis	67
purificent nos q. Dne et diuini sacramenti	68
respice Dno propitius plebem tuam	192
sacrificium salutis nostræ sumentes concede	59
sumpta munera Dne sanctorum confessorum	189

ADDENDA ET CORRIGENDA.

Page 36, line 27, *for* "sanitas" *read* "sanitas."
„ 40, „ 32, *for* "torches" *read* "tapers."
„ 40, „ 36, *for* "Sanctus" *read* "Offertory."
„ 40, „ 34, *after* "Mass" *add*: An Eastern custom. Compare the opening rubric in the ἀκαλουθία τοῦ ἀρραβῶνος in the Euchologion.
„ 173, „ 40, *after* "multa" *add* as note [5]: "V. + est."

www.ingramcontent.com/pod-product-compliance
Lightning Source LLC
Chambersburg PA
CBHW021826230426
43669CB00008B/879